建築鋼構造の基礎

Basics of
Steel Structure
Building

木村 祥裕 著

森北出版

まえがき

　建築分野における鋼構造を取り扱った著書は数多く発刊されており，力学特性・現象から構造設計まで幅広い内容となっています．本書でも同様にこれらを網羅していますが，鋼構造とは力学特性・現象に関する学問が体系化され，それに基づいて構造設計法が確立されたものであることを重視しました．

　そのため，大学および高専の建築系の学生，若手の建築技術者が，鋼構造の基礎と最新の知識を習得できるように，鋼構造特有の力学特性や現象を理論的にわかりやすく記述しています（第2〜8章）．そして，これらの力学特性に基づいた，構造設計の基礎である許容応力度設計法の説明（第9章）へと展開しています．とくに，許容応力度設計に用いられる式は鋼構造の力学特性や現象を構造力学（弾性論）に基づいて展開されたものであるため，これらの関係を理解することは非常に重要です．そのため，設計式の根拠となる弾性論について詳しく説明しています．さらに，大地震時により塑性化・損傷を生じる建築物の安全性を確認するための設計法として，保有水平耐力計算などを説明しています．

　鋼はほかの構造材料に比べて比強度が高く，さまざまな形状に加工できることから，鋼構造建築物は優れたデザイン性を備えた大規模で複雑な形状を創生できます．そして，コンピューターの演算能力・記録容量の大幅な向上と設計プログラムの普及に伴い，数値解析を行えば，複雑な形状の鋼構造建築物であっても，想定されるさまざまな荷重に対して各部材や各接合部に作用する応力や変位を出力できます．設計者は得られた膨大なデータから，数値解析結果が意味する力学現象の本質を理解し，解の妥当性を検証しなければなりませんが，部材の作用応力・変位と各設計式より求められる耐力・変形性能との関係を見定めることができれば，複雑な形状の建築物であっても構造設計が可能となります．

　本書では，鋼構造における力学とその延長にある設計法について理解を深める大切さを学んでいただけるよう心がけました．そのため，

　「第1章 はじめに」では，鋼構造の特徴や建築構造に鋼が適用されるまでの歴史に触れ，現在の設計・施工法に至る経緯を説明しています．

　「第2章 鋼構造における構造形式と部材断面」では，第1章で説明した背景をふまえて，実際に建築物に作用する荷重・外力と損傷の関係を説明するとともに，このよ

うな荷重・外力に耐えるための各種構造形式を紹介しています．とくに，多くの鋼構造建築物に採用されているラーメン構造や筋かい付きラーメン構造などの階層構造の特徴を説明しています．

「第 3 章 鋼材の機械的性質」では，鋼の力学的特性の説明に始まり，現在使われている鋼材の規格と種類について説明し，材料の観点から鋼構造の優位性と問題点を述べています．

「第 4 章 引張材」では，引張応力を受ける鋼部材の力学特性と実際の構造物に使用される際の問題点（ボルト接合による断面欠損や偏心）を説明し，具体的な応力算定方法を示しています．

「第 5 章 圧縮材」では，圧縮応力を受ける鋼部材に用いられる断面形状について概説し，圧縮材の力学現象として代表的な曲げ座屈と，この現象が生じるときの荷重式の導出過程を説明しています．

「第 6 章 曲げ材」では，第 5 章と同様，曲げ応力を受ける鋼部材に用いられる断面形状について概説し，曲げ材の応力状態，そして力学現象として代表的な横座屈と，この現象が生じるときの荷重式の導出過程を説明しています．さらに，軸力と曲げを受ける部材の力学現象を説明しています．

「第 7 章 板材」では，圧縮材や曲げ材を構成する板材の力学現象である板座屈（局部座屈）と，この現象が生じるときの荷重式の導出過程を説明しています．

「第 8 章 接合」では，梁や柱といった部材を組み立てて骨組を形成する際，各部材をつなぐための接合について，その方法・種類を概説し，各種接合方法の応力伝達機構や耐力算定式を説明しています．

「第 9 章 構造設計」では，各種構造設計法について概説していますが，第 3～8 章までのさまざまな力学特性・現象が体系化された学問との関係を示しつつ，とくに一次設計（許容応力度計算）を説明しています．さらに，実際の構造設計に用いられる二次設計（保有水平耐力計算など）についても述べています．最後に，第 3～9 章までの知識を活用するために，演習問題を用意しています．

執筆にあたっては，力学特性や現象を基礎から解説するとともに，自習でも有効に活用できるように，各章に例題や多くの演習問題も設けています．これらには，丁寧に解法を誘導した解答例もあわせて示しているので，より理解が深まるものと思います．また，本書の範囲外ではあるものの，教養として学んでいただきたいという主旨で，鋼構造の研究・設計・施工における時事問題，力学特性・現象を取り上げて，本文とは別に「解説」に掲載しています．

そして，大学や高専の講義を考慮してまとめていますので，内容の難易度や量を適宜選択して時間配分していただければ幸いです．

最後に今回の出版に際し，さまざまなご助言をいただいた大阪公立大学 古川幸講師，仙台高等専門学校 吉野裕貴助教，東北大学 鈴木敦詞助教に深く感謝いたします．また，最後までご尽力いただいた森北出版 藤原祐介氏に厚く御礼申し上げます．

目　　次

1 はじめに ———————————————————————————————— 1

1.1 鋼構造の特徴　1
　　1.1.1 鋼構造建築物とは？　1
　　1.1.2 鋼構造建築物ができるまで　3
1.2 鉄と建築構造の歴史　7
　　1.2.1 鉄から鋼にいたるまで　7
　　1.2.2 鋼構造建築物の設計法と自然災害　9
演習問題　11

2 鋼構造における構造形式と部材断面 ————————————— 12

2.1 建築物における荷重・外力と損傷レベル　12
　　2.1.1 荷重と外力　12
　　2.1.2 荷重・外力に対する建築物の損傷レベル　13
2.2 鋼構造建築物における各種構造形式　15
　　2.2.1 鋼構造の材料および断面の特徴　15
　　2.2.2 鋼構造建築物の施工上の特徴　15
　　2.2.3 鋼構造の構造形式　16
2.3 階層構造　16
　　2.3.1 ラーメン構造　17
　　2.3.2 筋かい付きラーメン構造　22
　　2.3.3 トラス構造　25
演習問題　26

3 鋼材の機械的性質 ——————————————————————————— 27

3.1 機械的性質　27
　　3.1.1 応力度－ひずみ度関係　27
　　3.1.2 繰り返し応力度－ひずみ度関係　29
　　3.1.3 硬さ／衝撃／疲労破壊　31
3.2 規格と種類　32
　　3.2.1 化学成分と機械的性質　32
　　3.2.2 構造用鋼材の種類　32
演習問題　35

4 引 張 材 ——————————————————————————— 36

4.1 引張材の断面形状（有効断面積）　36
　　4.1.1 並列ボルト配置　36
　　4.1.2 千鳥配置または不規則なボルト配置　37
4.2 偏心　40
4.3 その他の注意事項　41
　　4.3.1 引張材の細長比　41
　　4.3.2 局所的なちぎれ破断　42

5 圧 縮 材 ——————————————————————————— 44

5.1 圧縮材の断面形状　44
5.2 単一圧縮材　45
　　5.2.1 弾性曲げ座屈（オイラー座屈）　45
　　5.2.2 座屈長さ　47
　　5.2.3 非弾性曲げ座屈　48
　　5.2.4 圧縮材の支点の補剛　50
5.3 組立圧縮材　55
　　5.3.1 有効細長比　55
　　5.3.2 つづり材　58
　　5.3.3 構造上の注意点（構造細則）　59
　　5.3.4 トラス材の曲げ座屈　60
演習問題　62

6 曲 げ 材 ——————————————————————————— 64

6.1 曲げ材（梁）とは？　64
　　6.1.1 曲げ材（梁）の断面形状　64
　　6.1.2 曲げ応力度　65
　　6.1.3 せん断応力度　69
6.2 横座屈　72
　　6.2.1 横座屈　72
　　6.2.2 一様曲げを受ける梁の弾性横座屈　73
　　6.2.3 勾配曲げを受ける梁の弾性横座屈　75
　　6.2.4 横座屈応力度と細長比　79
　　6.2.5 非弾性横座屈　82
　　6.2.6 横座屈補剛　83
　　6.2.7 梁の材端支持条件　84
　　6.2.8 トラス梁の横座屈　85
6.3 軸力と曲げを受ける材（柱）とは？　86
　　6.3.1 軸力と曲げを受ける材（柱）の断面形状　86
　　6.3.2 曲げ応力度　87
　　6.3.3 柱の応力状態と変形挙動　88
演習問題　90

7 　板　　材 ──────────────────────────────── 91

7.1　板座屈（局部座屈）　91

　　7.1.1　板座屈の概要　91

　　7.1.2　圧縮を受ける板　92

　　7.1.3　曲げを受ける板　94

　　7.1.4　せん断を受ける板　94

　　7.1.5　組み合わせ応力を受ける板　95

7.2　板座屈補剛（スティフナー）　96

　　7.2.1　スティフナー　96

　　7.2.2　開口とスティフナー　99

演習問題　99

8 　接　　合 ──────────────────────────────── 100

8.1　接合方法　100

8.2　ボルト接合　101

　　8.2.1　ボルトの種類　101

　　8.2.2　接合形式　101

　　8.2.3　応力伝達機構と破壊形式　103

　　8.2.4　ボルトおよび接合材の耐力　103

　　8.2.5　適用範囲および使用条件　104

8.3　高力ボルト接合　105

　　8.3.1　高力ボルトの種類　105

　　8.3.2　接合形式　106

　　8.3.3　応力伝達機構と破壊形式　108

　　8.3.4　すべり耐力　110

8.4　溶接接合　110

　　8.4.1　溶接方法の種類　110

　　8.4.2　溶接継目の種類　112

　　8.4.3　溶接継目の耐力　114

　　8.4.4　溶接部での応力・変形と欠陥　116

8.5　接合部　118

　　8.5.1　継手　118

　　8.5.2　柱梁接合部　126

　　8.5.3　大梁と小梁の接合部　132

　　8.5.4　柱脚　133

　　8.5.5　トラス構造の接合　138

9 　構造設計 ──────────────────────────────── 140

9.1　各種構造設計法の概要　140

9.2　荷重と外力　141

　　9.2.1　荷重と外力の概要　141

　　9.2.2　固定荷重　143

　　9.2.3　積載荷重　143

　　9.2.4　積雪荷重　144

　　9.2.5　風圧力　144

　　　　9.2.6　地震力（一次設計）　145

　　　　9.2.7　地震力（二次設計）　148

　9.3　一次設計（許容応力度等計算）　150

　　　　9.3.1　鋼材の基準強度　150

　　　　9.3.2　引張材　152

　　　　9.3.3　圧縮材　152

　　　　9.3.4　曲げ材（梁など）　153

　　　　9.3.5　軸方向力と曲げが作用する材（柱など）　157

　　　　9.3.6　板材　159

　　　　9.3.7　高力ボルト接合　160

　　　　9.3.8　溶接接合　161

　　　　9.3.9　高力ボルト接合と溶接接合の併用　161

　　　　9.3.10　梁および柱の継手　162

　　　　9.3.11　柱梁接合部パネル　163

　9.4　二次設計　171

　　　　9.4.1　耐震設計法の概要　171

　　　　9.4.2　ルート1　172

　　　　9.4.3　ルート2　172

　　　　9.4.4　ルート3　176

　演習問題　179

　演習問題解答　184

　参考文献　208

　索　引　209

1

はじめに

　本書は，鋼構造建築物自体や建築物を構成する構造部材の材料特性，力学特性について学び，これらの特性が設計法にどのように活かされているかを知ることで，単に設計手順を覚えるのではなく，設計式の力学的背景の理解を深めることを目的としている．

　そこで，本章では，鋼構造建築物について深く学ぶために，建築構造物における鋼構造の特徴や発展を通して，その象徴である現存の超高層建築物や大空間構造物を紹介する．次に，鋼構造部材の製造過程から施工までのプロセス，鋼の歴史，近年の自然災害の教訓と設計法の変遷・確立について概説する．

1.1　鋼構造の特徴

1.1.1　鋼構造建築物とは？

　建築物の構造種別には，鋼構造，鉄筋コンクリート構造，木質構造などさまざまなものがある．**図 1.1** は，国内の建築物における鋼構造の位置づけを示したものである．図 (a) は各種構造の延べ床面積をまとめたものであり，1960 年代から 1980 年代後半までは木質構造の占める割合がもっとも高い．それらは主に戸建て住宅によるものである．鋼構造は 1960 年代から徐々に増加し，増減を繰り返しているものの，1980 年代後半には木質構造を超え，延べ床面積が最大となり，その後も木質構造とほぼ同程度で推移している．事務所ビル，商業施設，倉庫などの空間構造物に用いられることから，1960 年代の高度成長期以降，日本経済の成長とともに延べ床面積は増加している．一方で，1970 年代のオイルショックや 1990 年代前半から始まったバブル経済の崩壊時期には，主に住宅に適用される木質構造に比べて鋼構造の延べ床面積が急激に減少している．このことから，事務所ビルや商業施設などに用いられる鋼構造は，日本経済に大きく連動して需要に大きな影響を受けることがわかる．

　鋼は強度，剛性，靭性に優れ，安定した材料として，建築物だけでなく車両，船舶，機械，橋梁，ケーブルなど幅広く使われている．鋼とコンクリートの材料特性の違いを**表 1.1** で説明する．鋼の密度はコンクリートの 3 倍以上である一方，剛性・圧縮強度は 10 倍，引張強度は 100 倍程度であることから，圧縮時の比強度は 3 倍以上，引張時は 30 倍以上となる．鋼構造では，製造上の理由（1.1.2 項）と断面効率の観点（第 6 章）から，薄板でかつ細長い部材が用いられる．そして鋼構造は，これらの構造部材を組み合わせる「軸組み工法」により，多くの超高層建築や大空間構造に採用されている．

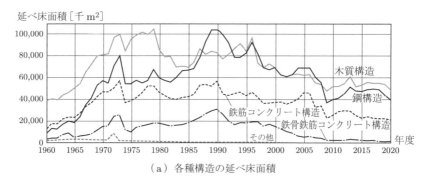

（a）各種構造の延べ床面積

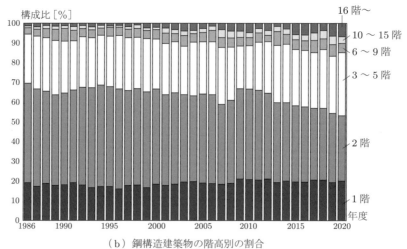

（b）鋼構造建築物の階高別の割合

図 1.1　各年度の国内の建築物における鋼構造（国土交通省建築着工設計調査）

表 1.1　鋼とコンクリートの材料特性の比較

材料		鋼	コンクリート
密度		7.8 g/cm^3	2.3 g/cm^3
剛性		$205{,}000 \text{ N/mm}^2$	$20{,}000 \sim 30{,}000 \text{ N/mm}^2$
強度	圧縮	$235 \sim 600 \text{ N/mm}^2$	$20 \sim 60 \text{ N/mm}^2$
	引張	圧縮と同様	圧縮強度の 1/10 以下
比強度	圧縮	$30 \sim 77$	$8.7 \sim 26$
	引張	圧縮と同様	圧縮強度の 1/10 以下

　建築物は高さによって低層・中層・高層・超高層に分類されるが，明確な定義は示されていない．建築基準法における構造計算規定では，高さ 31 m，60 m で区別しており，31 m 以下を中層建築物，31 m を超えて 60 m 以下を高層建築物と考えることができる．なお，31 m という中途半端な高さは，1919 年（大正 8 年）に制定された市街地建築物法で建築物の高さを 100 尺（1 尺 = 30.3 cm で 30.3 m）以下に制限したことに起因し，現在にいたるまで適用されている．また，低層建築物を 1, 2 階，中層建築物を 3〜5 階と定義している場合もある．一方で，超高層建築物は 100 m 以上と定義されることもある．図 1.1 (b) には，鋼構造建築物の階高別の割合を示してい

る．年代によらず1，2階建ての建築物の占める割合が約60%となっており，5階建て以下の割合が約90%となっている．低層建築物としては商業施設や倉庫，事務所ビルが，中低層建築物としては事務所ビルがシェアを占めている．鋼構造は，大空間構造を形成でき，工期も鉄筋コンクリート構造（RC構造）より短いことから，商業施設に適している一方，防音などの居住性に問題があることから，マンションなどの住宅施設への適用には工夫が必要となる．図(b)からは，16階以上の鋼構造建築物は近年増加傾向にあるものの，その割合は少ないことがわかる．

　日本国内でもっとも高い超高層建築物としては，**図1.2**(a)のあべのハルカス（大阪，300m），次に高い超高層建築物は図(b)の横浜ランドマークタワー（横浜，296m）であり，いずれも鋼構造（一部，コンクリート充填鋼管構造（CFT構造），鉄骨鉄筋コンクリート構造（SRC構造））である．通常の建築物は地震荷重により設計されるが，これらの超高層建築物は，地震荷重よりも風荷重が大きいことから，主に風荷重に対して設計されている．また，建築物ではないが，国内でもっとも高い鋼構造建造物（電波塔）は図(c)の東京スカイツリー（東京，634m）である．電波塔としては世界最大で，人工の建造物では，図(d)のBurj Khalifa（ブルジュ・ハリーファ）（ドバイ，828m）に次ぐ高さである．

　（a）あべのハルカス　（b）横浜ランドマークタワー　（c）東京スカイツリー　（d）Burj Khalifa
　　（300m），2014年　　　（296m），1993年　　　　（634m），2012年　　　（828m），2010年

図1.2　世界と日本における超高層建築物とタワー

　鋼構造は，**図1.3**に示すような全国各地の大空間構造物（ドーム）にも用いられており，長さ200mを超える非常に広い空間を実現している．

1.1.2　鋼構造建築物ができるまで

　建築物は，柱，梁，柱梁接合部，筋かいなどの構造部材に加えて母屋，胴縁，外装材，屋根などの非構造部材で構成される．鋼構造建築物では，現在これらの部材のほとんどに，「鋼」とよばれる金属材料が用いられている．本項では，鋼を製造する製鉄所，鋼を加工して部材とする鉄骨製作工場（ファブリケーター）について説明する．

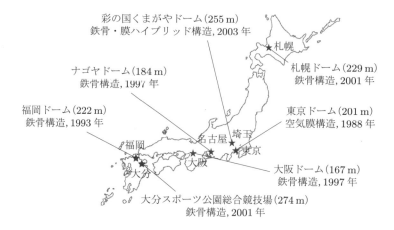

彩の国くまがやドーム(255 m)
鉄骨・膜ハイブリッド構造, 2003 年

ナゴヤドーム(184 m)
鉄骨構造, 1997 年

福岡ドーム(222 m)
鉄骨構造, 1993 年

札幌ドーム(229 m)
鉄骨構造, 2001 年

東京ドーム(201 m)
空気膜構造, 1988 年

大阪ドーム(167 m)
鉄骨構造, 1997 年

大分スポーツ公園総合競技場(274 m)
鉄骨構造, 2001 年

図 1.3　日本各地の代表的な大空間構造物

製鉄所（図 1.4 に示す製造過程）

(1) 原材料である鉄鉱石の輸入：鉄は地球の 1/3 の重量を占める豊富な資源であるが，わが国では 100% 輸入している．海外から大型船で輸送されることから，製鉄所は港湾沿いにある．大型船から輸送された鉄鉱石および石炭は，ヤードとよばれる仮置き場にクレーンで保管される．

(2) 鉄鉱石から鉄（銑鉄）の取り出し：鉄鉱石（鉄分は 60% 程度）から鉄分を取り出すため，鉄鉱石に石灰石を混ぜて焼き固めた焼結鉱とコークスを高温の高炉（溶鉱炉）に入れる．これにより銑鉄が取り出せる．

(3) 銑鉄から鋼へ：銑鉄は炭素を多く含んでおり，硬く脆いので，転炉に銑鉄と高純度の酸素を吹き込み，炭素やそのほかの不純物を取り除くことで，鋼を取り出す．

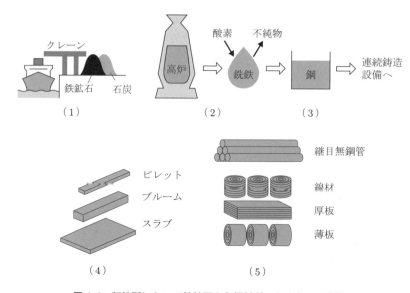

図 1.4　製鉄所において鉄鉱石から鋼材ができるまでの過程

(4) 鋼片の製造：(3) では溶けた鋼（溶鋼）の状態で連続鋳造設備を分厚い固まりとして流れてくる．そして，固まった帯状の鋼片をビレット，ブルーム，スラブとよばれる形状に切断する．

(5) 鋼材の製造：ビレット，ブルーム，スラブを圧延機や継目無鋼管製造設備などにより，用途に応じて継目無鋼管，線材，厚板，薄板，さらには形鋼などの鋼材とする．これらの断面寸法や長さはあらかじめ製鉄所で決められている．形鋼は，**図 1.5** に示されるような断面を有する鋼材であり，JIS（日本産業規格）で規定されている．熱間圧延による棒材・平鋼・形鋼と，冷間成形による軽量形鋼・鋼管・角形鋼管などがある．これらは製鉄所で，あらかじめ定められた寸法規格に基づいて製造されている．それ以外にも，後述する鉄骨製作工場（ファブリケーター）で，鋼板を溶接して製作することもある．

　それぞれの形鋼の用途としては，たとえば 2.3 節のラーメン構造では梁に H 形鋼，柱に角形鋼管が，筋かい付きラーメン構造では梁，柱ともに H 形鋼，筋かい

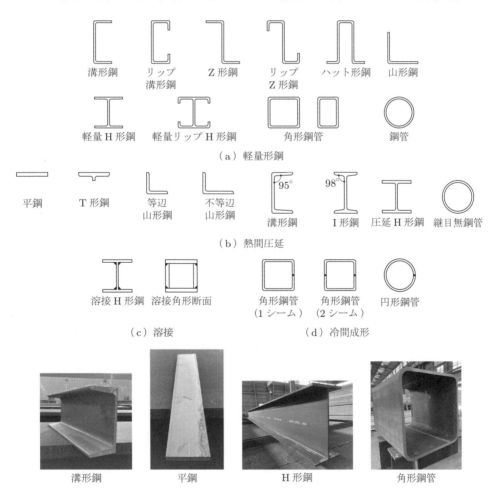

図 1.5　鋼構造部材に用いられるさまざまな断面と実物写真（東北鉄骨橋梁（株）提供）

材に山形鋼，溝形鋼，丸棒が主に用いられる．また，トラス構造では山形鋼や溝形鋼，円形鋼管などが用いられる．

鉄骨製作工場（ファブリケーター）および建築現場

　建築物は基本的にオーダーメイドであり，柱や梁の断面や長さは建物ごと（場合によっては階ごと）に異なることから，製鉄所であらかじめ決められた寸法（定尺）により製造された形鋼をそのまま使用できない．そのため，鉄骨製作工場では建築現場で組み立てができるように部材を製造・加工する．そして図 1.6 に示すように，建築現場における鋼構造建築物の施工では，クレーンなどの大型工作機械を使って，工場で製作された各部材を組み上げていくことが可能となる．国土交通大臣により認定された鉄骨製作工場は，もっとも高いSから順にH，M，R，Jの五つのグレードのいずれかをもち，これらの工場で図 1.7 の工程を経て製作される各部材（柱，梁，柱梁接合部など）は，工業製品として高い寸法精度や溶接性能を有する．工場における具体的な工程は以下のとおりである．

(1) 構造設計された鋼構造建築物に関する設計図書を基に，各部材の具体的な工作図を作成し，製鉄所で製造された鋼材や溶接材料などを調達する．

(2) 工作図に基づき，柱，梁，柱梁接合部などに必要な鋼材を切断・孔あけなどの加工を行い，必要に応じて溶接し，組み立てる．とくに，柱と梁の一部（ブラケットとよばれる）などを工場で組み立てることで（図 1.7 (d)，(e)），建築現場での工期が短縮されるため，柱と梁をつなぐ柱梁接合部の組み立ては重要な工程となる．図 (f) は組み立てが完了した柱梁接合部である．

(3) 工場で製作した部材（工程 (2)）は，大型トレーラーなどで建築現場に搬送される．その際，搬送上の理由で，部材長さには制限がある（通常 9 m 程度）．

高力ボルト接合

現場溶接接合

図 1.6　建築現場における部材の組み立て（（一社）鉄骨建設業協会 提供）

（a）H形鋼の切断

（b）孔あけ

（c）ビルドH形鋼の溶接

（d）柱の組立てと仕口部の溶接

（e）柱梁接合部の溶接（拡大）

（f）柱梁接合部

図 1.7 鉄骨製作工場における鋼材から部材製作の工程（東北鉄骨橋梁（株）提供）

（4）工場より建築現場に搬送された部材どうしを，図 1.6 に示すように高力ボルトや溶接で接合する．

1.2 鉄と建築構造の歴史

1.2.1 鉄から鋼にいたるまで

1.1.2 項では，現在建築材料として使用されている鋼材の製造工程を説明したが，人類が鉄から鋼を利用するにいたるまでにはいくつかの段階を経てきた．ここでは，鉄と建築物との関係を説明する．

人類は紀元前 2000 年頃から鉄製の道具や武器を使用し始めたといわれている．粘土や石でつくられた溶解炉に，木炭と鉄鉱石を層状に置き，ふいごで風を送ると木炭が燃えて，一酸化炭素が発生する．それを鉄鉱石中の酸素と結合させて二酸化炭素とすることで，鉄鉱石から鉄が抽出される．さらに，鍛錬して不純物を取り除くことで，さまざまな鉄製品となる．しかし，この方法では大量生産することは難しく，建造物に使用することはできなかった．

15 世紀頃には，これまで人力でふいごを動かしていたのとは異なり，水車を利用することで，強力な風を炉内に送り込み，高い温度を発生させ，融解状態の鉄を取り出せる高炉が発明された．これにより大量の鉄を生産できるようになったものの，炭素量が多く脆いため，建造物に使用されることはほとんどなかった．そして，大量の木炭を使用したことから，森林破壊を引き起こすという問題を抱えていた．

18 世紀には，木炭に替わり，石炭を蒸し焼きにしたコークスを用いた高炉による製法が英国で成功したことで，多くの建造物に鉄が用いられるようになった．代表的な建造物は 1779 年に建造されたスパン約 30.6 m のアイアンブリッジ（英国）で，世界

初の鉄製のアーチ橋である（**図 1.8** (a)）．この当時用いられていた鉄は鋳鉄とよばれ，比較的炭素量が多い鉄であった．18世紀後半に，鉄鉱石から銑鉄，さらに銑鉄を精錬するパドル法により錬鉄が製造できるようになった．錬鉄はこれまでの鋳鉄と異なり，鉄に含まれる炭素量が少なく純度が高い強靭な鉄であったことから，以降，鋳鉄に替わり，多くの建造物に使われるようになった．錬鉄による代表的な建造物は，1889年に建造されたエッフェル塔（フランス）である（図 (b)）．建設当時の高さは312.3 mと世界一であり，18,000個の部材が250万個のリベットで接合されている．まだ高力ボルトが開発されておらず，溶接接合もできなかったことから，当時はリベット接合が用いられた（第8章）．

（a）アイアンブリッジ（英国），1779年　　　（b）エッフェル塔（フランス），1889年

図 1.8　世界の歴史的鉄骨建造物

　そして，19世紀半ばに，ベッセマー転炉，ジーメンス・マルティン平炉の発明により，パドル法による錬鉄からより炭素量を抑え，高い靭性を有する鋼へ移行していく．

　日本では，古代よりたたら製鉄法により鉄を生産してきたが，幕末に反射炉の建設，海外からの鋼の輸入により，徐々にその技術が失われていった．1857年に釜石で高炉による製鉄が初めて行われ，1880年に製鉄所が操業開始し，1901年に北九州で八幡製鉄所が創業した．日本で最初に鋼が使われた建築物は東京の秀英舎印刷工場（1894年）で，13.5 m × 12.6 m，高さ10.8 mである（**図 1.9** (a)）．鋳鉄管，錬鉄管，

（a）秀英舎印刷工場，1895年　　　（b）霞が関ビルディング，1968年

図 1.9　日本の代表的な歴史的鉄骨建造物　((a)写真提供：DNP 大日本印刷株式会社)

鋼材が用いられ，これらはフランスからの輸入であった．

　日本で最初の鋼構造の超高層建築物は，1968 年に竣工した霞が関ビルディング（一部，鉄骨鉄筋コンクリート構造，鉄筋コンクリート構造）であり，高さ 147 m である（図 (b)）.

1.2.2 鋼構造建築物の設計法と自然災害

　1.2.1 項では，鉄と建造物の歴史を概説した．わが国では明治以降，欧米式の建築様式が取り入れられてきたが，これらの建築物は必ずしも高い耐震性能を有しているとはいえず，大地震発生時には大きな被害を生じてきた．日本人の建築構造の研究者・技術者は，大地震（濃尾地震，1891 年など）のたびに教訓を得て，構造技術の発展と設計法の確立に尽力してきた．1923 年に発生した関東大地震では，米国フラー社の設計による建築物は壊滅的な被害を受けたのに対し，地震による水平力を想定した日本式の耐震設計による建築物は軽微な被害であったことから，以降，耐震設計の重要性が改めて認識され，法制化されていった．

　戦後の大地震と設計法・法令の関係を図 1.10 に示す．1950 年に建築基準法が制定されて以降，日本の高度経済成長による高さ 31 m 制限の廃止（1965 年），十勝沖地震被害による RC 造規定改正（1971 年），耐震規定大改正（新耐震設計法，1981 年），性能規定化（1998 年）などの大きな改正が行われた．1981 年以前，一般的な建築物は「剛構造」として許容応力度設計法（9.3 節参照）で設計されていたが，1981 年に部材の塑性化を考慮した保有水平耐力計算（9.4.4 項参照）が導入され，塑性変形能力に優れた鋼構造部材の優位性が示されるとともに，塑性変形能力を確保するための規定が定められた（第 9 章）．さらに，1998 年の性能規定化では，これまでの部材の仕様規定に替わり建築物全体の性能を規定するため，限界耐力計算法（建築基準法施行令第 82 条の 5）が導入された．ただし，すでに確立されている一次設計（許容応力度計算）と二次設計（保有水平耐力計算）も継続して認められており，これまでの流れから，多くの建築物は一次設計・二次設計により耐震設計されている．

　一方で，日本で最初の超高層建築物である霞が関ビルディングの構造設計では，耐

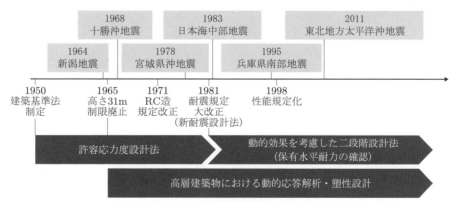

図 1.10　地震被害と設計法・法令

震設計だけでなく耐風設計も行われている．耐風設計のために，周辺の敷地を含めた縮小模型による風洞実験で設計風圧力が算定された．そして，構造部材には，重量を抑え，曲げ剛性を高めたハニカムビームや地震エネルギー吸収を高めたスリット耐震壁など，当時の革新的技術が導入された．これらの部材に対する大型構造実験が実施され，塑性領域まで得られた構造性能がコンピュータによる地震応答解析に取り入れられ，柔構造として塑性設計が行われた．こうしたさまざまな技術・設計法は，今日の超高層建築物の設計法の礎となっている．その後，1970 年代に建設された東京副都心（新宿区）の超高層建築物群をはじめ，国内には 200 m を超える超高層建築物は 50 棟程度現存している．超高層建築物のような大規模建造物は，鋼構造のみでなく，SRC 造や RC 造との複合構造となることが多い．

　1995 年の兵庫県南部地震では，従来の地震被害で見られた柱や梁の局部座屈や横座屈，筋かいの曲げ座屈などの不安定現象を生じたとともに（第 5〜7 章），1 月早朝という低気温による影響もあり，高層建築物における柱や柱梁接合部，露出型柱脚のアンカーボルト破断など（第 8 章），多くの損傷が生じた．その後の建築基準法の改正では，継手や柱梁接合部に関する規定が追加されている．

　2011 年の東北地方太平洋沖地震では，筋かい材の座屈や破断が生じた事例が確認されたものの，それ以外で地震による鋼構造建築物の構造部材の損傷はあまり見られなかった．一方で，体育館などの吊り天井落下など，非構造部材の損傷が多く見られた．また，津波により多くの建築物が流出したものの，鋼構造建築物では外装材の流出にとどまり，構造骨組は残った事例が多い．そのため，1 階をピロティ形式とした鋼構造を適用した津波避難ビルが建設されている．

　このように，地震被害によって得られた教訓を基に建築基準法の改正や耐震設計法・解析手法の改善が進められ，今日にいたっている．

解説

剛構造と柔構造

　剛構造とは，建築物を剛とし，大きな地震力に対して抵抗させる構造形式である．耐震構造の多くは剛構造である．地震力に対して柱，梁を弾性に保ち，柱梁接合部を剛接合とし，筋かいや耐震壁を入れることで，建築物全体を剛強にすることができる．

　柔構造とは，建築物の固有周期を長くし，ゆっくり揺れるようにすることで，大きな地震力が建築物に作用しないようにする構造形式である．代表的な柔構造として，免震構造や超高層建築物があげられる．

　大地震に対して剛構造と柔構造のどちらが建築物としては安全なのか？　という「剛柔論争」が日本建築学会にて

　　　　第 1 次（大正 15 年〜昭和 4 年）
　　　　第 2 次（昭和 5 年〜6 年）
　　　　第 3 次（昭和 10 年〜11 年）

にわたって繰り広げられたが，最終的な決着にはいたらなかった．

演習問題

1.1　超高層建築物や大空間構造物には RC 構造でなく，鋼構造が採用されることが
　　　多い．この理由を述べよ．

2

鋼構造における構造形式と部材断面

　本章では，鋼構造建築物に作用する荷重・外力について紹介し，荷重・外力の大きさと建築物の損傷レベルとの関係について説明する．そこで，実際の建築物に用いられる構造形式とその抵抗機構（応力伝達機構）・崩壊機構について概説する．とくに鋼構造の代表的な構造形式である階層構造（ラーメン構造やトラス構造など）について，その特徴や応力伝達機構，設計上の留意点について説明する．

2.1　建築物における荷重・外力と損傷レベル

2.1.1　荷重と外力

　鋼構造に限らず，建築物には**図2.1**の5種類の荷重（固定荷重，積載荷重，積雪荷重，風荷重，地震荷重）が作用する．設計用荷重に関しては第9章にて説明するので，ここでは概略について述べる．

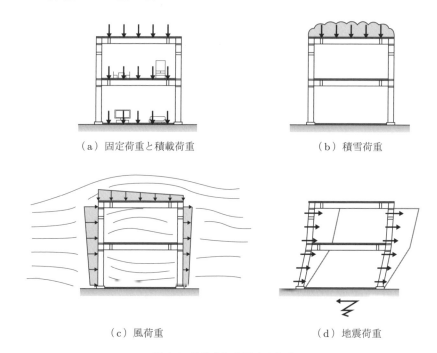

（a）固定荷重と積載荷重　　　　　（b）積雪荷重

（c）風荷重　　　　　　　（d）地震荷重

図2.1　建築物に作用する荷重

常時（長期）荷重と短期荷重

図 (a) の固定荷重（建築物の自重）と積載荷重は長期荷重とよばれ，建築物に常時作用する荷重である．図 (b) の積雪荷重は多雪地域では長期間にわたることから長期荷重として扱われ，そのほかの地域では短期荷重となる．一方，図 (c) の風荷重，図 (d) の地震荷重は，上記の荷重に比べてごく短い時間に生じることから，短期荷重とよばれる．

鉛直荷重と水平荷重

固定荷重，積載荷重，積雪荷重は，建築物に鉛直方向に作用することから，鉛直荷重とよばれる．一方，風荷重，地震荷重は建築物の水平方向に作用することから，水平荷重とよばれる．

設計者は建築物の用途に応じて最適な構造形式を選択し，これらの荷重により生じる応力に対して，安全性を保つように構造部材を設計しなければならない（第 9 章）．

2.1.2　荷重・外力に対する建築物の損傷レベル

建築物に作用する荷重・外力と損傷レベルの関係は，鋼構造に限らず下記の三つが設定されており，これらは建築物の設計における根拠となるものである．

使用限界

建築物に作用する長期荷重に対して，建築物が長期間の使用に対し構造上の問題を生じず，十分な耐久性を有しなければならない．そのときの最大荷重を使用限界という．そのため，損傷限界時の安全率よりも高い安全率を設定する（第 9 章）．

損傷限界（弾性限界）

建築物に稀に生じる荷重（短期荷重）に対して建築物を損傷させてはならない．そのときの最大荷重を損傷限界という．

安全限界（崩壊）

ごく稀に生じる荷重に対しては建築物の損傷は許容するものの，人命を守るため，崩壊（倒壊）させてはならない．そのときの最大荷重を安全限界という．

安全限界にいたるまでの過程について，水平荷重を受ける 1 層 1 スパンラーメン骨組を例に，模式的に示したものが**図 2.2** である．柱脚が固定で柱頭が梁に接合している柱の曲げモーメント分布は，柱頭よりも柱脚で大きく，最初に柱脚で損傷限界に達する（この時点で梁は損傷限界に達していない）．なお，損傷限界とは，本来は弾性限界（降伏モーメント時）を意味するが，ここでは損傷過程をわかりやすいモデルで説明するため，降伏モーメントを超えた全塑性モーメント M_p 時を損傷限界とする（第 6 章）．その後，骨組を構成する部材の性能により以下の二つの状態に大別される．

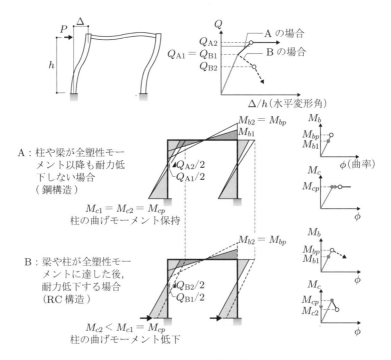

図 2.2　建築物の崩壊機構

A：柱や梁が全塑性モーメント M_p 以降も耐力低下しない部材で構成された骨組（鋼構造など）

　　柱脚で M_p に達した後，柱頭および梁端が M_p に達する．その間，柱の作用せん断力 Q の傾きは増加していく（$Q_{A1} \to Q_{A2}$）．そして，すべての部位で M_p に達したとき，一定値を保ちながら，水平荷重 P は骨組の大変形領域まで安定した状態を保つ（安全限界に到達しない）．

B：梁や柱が全塑性モーメント M_p に達した後，耐力低下する部材で構成された骨組（RC 構造など）

　　柱脚で M_p に達した後，曲げモーメントが低下しつつ，柱頭および梁端で曲げモーメントが増加していくが，柱の作用せん断力は低下していく（$Q_{B1} \to Q_{B2}$）．そのため，骨組は水平荷重に耐えられず，早期に倒壊する（安全限界に達する）．

　一般に，第 9 章の構造設計に準拠した鋼構造建築物であれば A の挙動（高靭性 ＝ 大変形しても耐力低下しない）となり，RC 構造建築物は B の挙動（低靭性 ＝ 最大耐力後，すぐに耐力低下する）となる．一方で，鋼構造建築物を構成する部材であっても次節で示す不安定現象を生じる可能性があることから，このような不安定現象（第 5〜7 章）を理解し，適切な設計をしなければならない．

2.2 鋼構造建築物における各種構造形式

2.2.1 鋼構造の材料および断面の特徴

表 1.1 に示したように，鋼はコンクリートに比べて密度が大きく，剛性，強度はさらに高いことから，比強度も高くなっている．また，材料単価も高額であることから，鋼構造建築物は RC 建築物と異なり，図 1.5 に示す薄板かつ細長い部材で構成される．そのため，

(1) 鋼が引張応力を受け，弾性限界を超えて降伏した後も，大変形領域（塑性化）まで応力を保持することから，崩壊機構を形成しても安定する（第 3，6 章）

(2) 一方で，薄板もしくは細長い部材が圧縮応力を受けると，降伏に達する前に座屈という不安定現象を生じる（第 5〜7 章）．作用応力や部材の形状によって，曲げ座屈（第 5 章），横座屈（第 6 章），板座屈（第 7 章）を生じる．座屈を生じるときの荷重や変形は，部材の形状や作用応力によって異なる

という特徴がある．

2.2.2 鋼構造建築物の施工上の特徴

1.1.2 項で説明したように，鋼構造建築物を構築する工程は

(1) 製鉄所で製造された形鋼や鋼板など（図 1.5）が，鉄骨製作工場で柱・接合部・梁の一部（ブラケット）などの部材（図 1.7 (f)）として製造・加工される

(2) 建築現場では，**図 2.3** に示すように，(1) で製造・加工された部材どうしが継手とよばれる箇所で，高力ボルト接合，溶接接合（第 8 章）により組み上げられる（図 1.6）

というものであり，製作精度の高い部材どうしを接合していくことから，建築物全体としても歪みの少ない構造形式となっている．

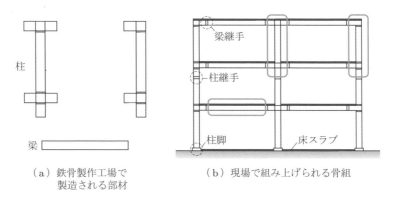

（a）鉄骨製作工場で
製造される部材

（b）現場で組み上げられる骨組

図 2.3　鋼構造ラーメン骨組の各部位

2.2.3 鋼構造の構造形式

　鋼構造の主な構造形式としては，床を層状に重ねた階層構造と屋根構造に分類される．階層構造の代表は**図 2.4** (a) ①，②のラーメン構造，③の筋かい付きラーメン構造である．一方，屋根構造に代表される図 (b) ④〜⑥のトラス構造と⑦〜⑨のアーチ構造，シェル構造などがある．

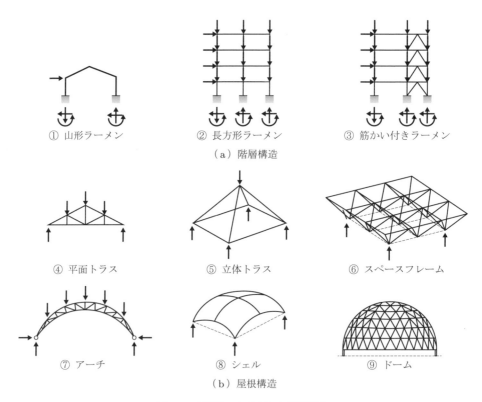

① 山形ラーメン　　② 長方形ラーメン　　③ 筋かい付きラーメン

（a）階層構造

④ 平面トラス　　　⑤ 立体トラス　　　⑥ スペースフレーム

⑦ アーチ　　　　　⑧ シェル　　　　　⑨ ドーム

（b）屋根構造

図 2.4　鋼構造のさまざまな構造形式

　ラーメン構造は柱や梁が曲げによって荷重に抵抗するタイプ，筋かい付きラーメン構造は軸力で抵抗する筋かい材と曲げで抵抗する柱，梁が併用されたタイプである．また，トラス構造やアーチ，シェル構造は軸力によって荷重に抵抗するタイプである．

　次節以降では，鋼構造の代表的な構造形式である階層構造（ラーメン構造，筋かい付きラーメン構造）を中心に説明し，トラス構造についても概説する．

2.3　階層構造

　鋼構造建築物の 80% 以上を占める中低層建築物を対象として，その特徴などについて説明する．

2.3.1　ラーメン構造

ラーメン構造の特徴

(1) 概要：ラーメン構造は，空間を広く使え，大きな開口を自由にとることができることから，事務所ビルなどで多く用いられている．**図 2.5** (a) に示すように，構造部材である柱と梁，接合部（仕口，継手），床スラブなどで構成され，柱と梁の接合は基本的に剛接合とする構造である．梁は，2.1.1 項の鉛直荷重（固定荷重，積載荷重）を支持し，地震・風による曲げモーメントに抵抗することから，その向きに対して強軸回りとなるように（曲げ剛性が大きくなるように）配置された H 形鋼（図 1.5）が主に用いられる．柱は，鉛直荷重を支持するとともに，2 方向から作用する地震や風によるせん断力，曲げモーメントに抵抗するため，剛性・耐力の等しい角形鋼管や円形鋼管が用いられることが多い．

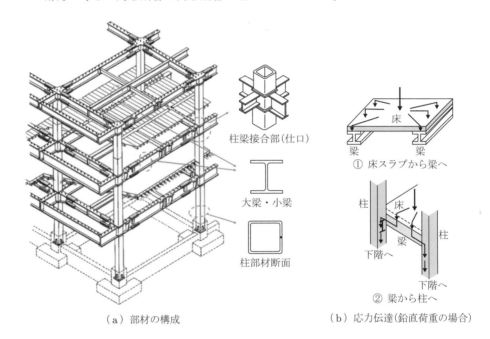

（a）部材の構成　　　　　　　　　　　　（b）応力伝達（鉛直荷重の場合）

図 2.5　中低層ラーメン骨組の例

(2) 応力伝達：建築物は固定荷重として床スラブ，小梁，大梁，柱などの部材の重量が大きく，さらに積載物もある．積載物の重量は床スラブで支え，さらに重量が大きく面的に広がっている床スラブは小梁もしくは大梁に支持されている．大梁は柱に接合していることから，最終的には柱がこれらの重量を支持することになる．これらの鉛直荷重（固定荷重，積載荷重）は床スラブ → 小梁および大梁（図 2.5 (b) ①）→ 柱（図②）の順に伝達される．そして，荷重は上層から下層に伝達されることから，柱に要求される支持力は下層ほど大きくなり，さらには基礎・地盤に伝達される（第 9 章）．

(3) 接合部（仕口）：(2) の応力が適切に伝達されるためには，各部位の接合方法が重要となる．そのため，接合形式は各部位への作用応力によって異なる．たとえば，床と大梁・小梁の接合には，梁の上フランジにスタッドとよばれる突起物を設け，コンクリートの床スラブと一体化を図る（解説「鋼梁と床スラブ」の図 C.1 を参照）．大梁と柱の接合部は (1) でも説明したように，鉛直荷重のみならず水平荷重（風荷重，地震荷重）による応力を伝達する必要があることから，図 2.5 (a) 右上に示すように，剛接合となる接合形式とする（第 8 章）．大梁と梁の接合部を仕口とよぶ．

(4) 接合部（継手）：1.1.2 項でも述べたように，鉄骨製作工場で製造・加工される部材は，建築現場への搬送の問題から長さに制約がある．そこで，搬送された部材を建設現場で組み立てる必要があり，各部材を接合する作業を行う．このとき，図 2.3 に示すように同一の部材（柱と柱，梁と梁）を直線的に接合する接合箇所を継手とよぶ（第 8 章）．

解説　鋼梁と床スラブ

　図 C.1 に示すように，鉄筋コンクリート床スラブと鋼梁にシアコネクタ（ずれ止め）が接合され，両者が一体となって変形する部材を合成梁とよぶ．スラブには場所打ちコンクリートスラブ，デッキプレート付きスラブ，プレキャスト版などがあり，鋼梁には，図 6.2 (a)，(b)，(g)，(h) のような H 形鋼，ラチス梁，トラス梁などがある．

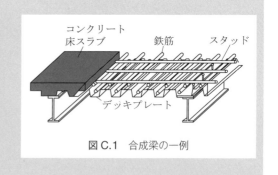

図 C.1　合成梁の一例

　コンクリートスラブが圧縮応力を負担するため，合成梁の弾性剛性は鋼梁だけの場合の 2〜4 倍程度，曲げ耐力は 1.3〜2 倍程度大きくなる．床スラブは横座屈補剛効果（第 6 章）を有するとともに，上フランジの局部座屈変形（第 7 章）も拘束する効果をもつ．

骨組のモデル化と作用荷重・外力，応力分布

　図 2.3 のラーメン骨組は，柱，梁，これらを接合する柱梁接合部，継手，柱脚で構成されている．柱，梁は細長い部材であることから，一般にはそれぞれ 1 本の棒（線材）に置換でき，柱梁接合部，柱脚は線材を結ぶ点（節点とよぶ）として，図 2.6 のように表される．このようにモデル化された骨組に鉛直荷重（図 (a)）や水平荷重（図 (b)）が作用した場合に生じる応力（軸方向力，せん断力，曲げモーメント）を求める．鉛直荷重が作用したときの軸方向力，せん断力，曲げモーメント分布は，図 2.7 (a)〜(c)，水平荷重が作用したときは，図 2.8 (a)〜(c) となる．鉛直荷重による各部

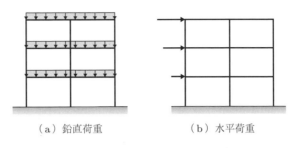

（a）鉛直荷重 （b）水平荷重

図2.6 鋼構造ラーメン骨組と作用荷重

設計では床スラブによる剛床
仮定で梁の軸方向力は0と
する(他の荷重時も同様)

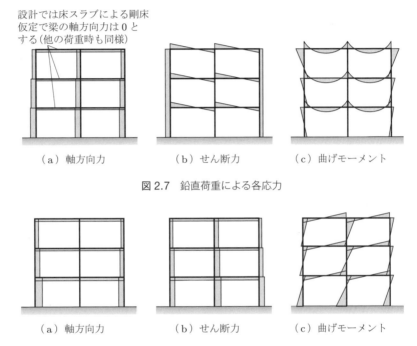

（a）軸方向力 （b）せん断力 （c）曲げモーメント

図2.7 鉛直荷重による各応力

（a）軸方向力 （b）せん断力 （c）曲げモーメント

図2.8 水平荷重による各応力

材の応力分布（図2.7）では，上階の重量が下階に伝達されるため，1階の柱がもっと
も大きな鉛直荷重を支持することになる．梁にも軸方向力が作用するが，実際の建築
物では梁に取り付く剛な床スラブが軸方向力を負担するため，設計時には梁には生じ
ないものと仮定する（剛床仮定とよばれる）．逆にいえば，後述する図2.13のように
剛性が低い屋根折板や波板スレートが取り付く場合は剛床仮定が成り立たないため，
筋かいを入れて面内剛性を確保することになる．

　水平荷重による各部材の応力分布（図2.8）では，柱や梁にせん断力や曲げモーメン
ト，さらに柱には軸方向力が作用する．実際に骨組に作用する応力は，図2.7と図2.8
の荷重を足し合わせたものであることから，**図2.9** (a)～(c) のようになる．前述の
とおり，梁には剛床仮定により軸方向力が作用しないものとして，せん断力と曲げ
モーメントが作用し，柱には軸方向力，せん断力，曲げモーメントが同時に作用する
ものとして，これらの応力に対して安全性を検討する．ただし，地震時には水平荷重

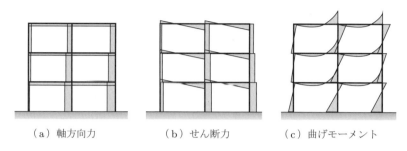

（a）軸方向力　　　　　（b）せん断力　　　　　（c）曲げモーメント

図 2.9　鉛直荷重・水平荷重の合力による各応力

は繰り返し生じることから，図 2.6 (b) の荷重が左右反転するため，図 2.8 (a)〜(c)，図 2.9 (a)〜(c) も荷重の向きで応力分布が異なる．

ラーメン構造の崩壊形

　ラーメン骨組に図 2.6 の鉛直荷重や水平荷重が作用すると，梁にはせん断力，曲げモーメント，柱にはせん断力，曲げモーメントに加えて軸方向力が生じる．このうち，主に曲げモーメントによる作用応力が大きいことから，ラーメン構造は曲げ抵抗型の構造に分類される．部材どうしが剛接合されているラーメン骨組は，不静定構造物であることから，柱や梁の断面形状・長さを適切に選択することで，多くの梁が全断面で降伏する，いわゆる全塑性状態（塑性ヒンジとよぶ）を形成することができる．塑性ヒンジを形成しても，応力再配分により大変形領域まで安定した状態を保つ．一方で，不適切な場合，特定の層に変形が集中して層崩壊し，建築物は倒壊にいたる危険がある．**図 2.10** は図 2.6 の鉛直荷重と水平荷重が作用したとき，図 2.9 の応力分布を基に損傷過程を模式的に示したものである．

(1) 全体崩壊形（梁崩壊形）

　　図 (a) は大地震時に大変形領域まで安定した状態となる全体崩壊を形成する場合で，梁崩壊ともよばれる．①で曲げモーメントが大きい 1 層梁右端で損傷限界となる．さらに水平荷重が大きくなると，②のように 1 層梁右端以外でも損傷限界に達して，1 層梁右端では塑性ヒンジを形成する．さらに水平荷重が大きくなると，②のときに損傷限界に達したすべての部位で③のように塑性ヒンジを形成して崩壊にいたる．このとき，建築物の自重（固定荷重）を支持する柱はほぼ弾性であることから，これは建築物を倒壊させない理想的な崩壊形である．そして，後述する図 (b) とは異なり，大地震時に塑性化部位（塑性ヒンジ箇所）となるため，各部位での損傷は小さくなる．結果的に建築物全体のエネルギー吸収量が多くなるため，建築物の倒壊を防ぐことができる．ただし，柱や梁の断面形状や長さが適切でない場合，弾性限界時に柱や梁で横座屈（第 6 章）および局所的に板座屈（第 7 章）を生じ，耐力低下が起こることから，②の状態をむかえる前に倒壊する可能性がある．

崩壊系	損傷限界時 (弾性限界時)	初期塑性 ヒンジ形成時	安全限界時 (崩壊時)
（a）全体崩壊 （梁崩壊）	①	②	③
（b）層崩壊 （柱崩壊）	④	⑤	⑥

○: 損傷限界（降伏）　　●: 塑性ヒンジ(損傷小)　　●: 塑性ヒンジ(損傷大)

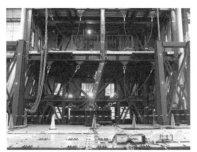

⑦ 4層鋼構造ラーメン骨組の倒壊実験(最下層層崩壊)

図 2.10　ラーメン骨組の崩壊形
(写真：鉄骨造建物実験研究 完全崩壊再現実験（2007年実施）(E-Defense 実験データアーカイブ（ASEBI) https://doi.org/10.17598/nied.0020 より))

(2) 層崩壊形（柱崩壊形）

　　図 (b) は大地震時に早期に建築物が倒壊する層崩壊を形成する場合で，柱崩壊ともよばれる．④で曲げモーメントが大きい1層梁右端や，圧縮力が大きい1層右柱の柱脚で損傷限界となる．さらに水平荷重が大きくなると，⑤のように1層梁右端，1層右柱の柱脚以外の最下層の各部位で損傷限界に達する．さらに水平荷重が大きくなると，⑥のように最下層のすべての柱頭と柱脚で塑性ヒンジを形成するが，図 (a) に比べて塑性ヒンジを形成する部位が少ないため，各部位での損傷が大きく，最下層で大きな水平変形を生じて層崩壊にいたり，建築物は倒壊してしまう．⑦は最下層で層崩壊を生じた例として，2007 年 9 月に E-Defence で実施された実大 4 層鋼構造ラーメン骨組の振動台実験後の様子を示したものである．最下層の柱の柱頭・柱脚で弾性限界に達したことで，層剛性を失い，不安定な挙動となった．

　　このように，構造設計時には，柱や梁の断面形状や長さを適切に設定するだけでなく，建築物を構成する各部材のバランスを考える必要がある．

構造部材を設計する際に考えるべきこと

建築物に求められる性能（要求性能）には，荷重・外力レベルに応じて使用限界，損傷限界と安全限界が設定されていることを 2.1.2 項で説明した．

一方，鋼構造ラーメン骨組における部材の不安定現象としては，具体的に以下が生じる可能性がある．

(1) 部材で降伏が生じる（第 3 章）

(2) 薄板で構成される部材のため，圧縮力や曲げモーメントにより断面に圧縮応力が作用すれば，板座屈（局部座屈）（第 7 章）が生じる

(3) 圧縮力と曲げモーメントにより（図 2.7〜2.9），柱では曲げ座屈（第 5 章）や横座屈（第 6 章）を生じる

(4) 曲げモーメントにより，梁では横座屈（第 6 章）を生じる

(5) 引張応力もしくはせん断応力により，接合部の溶接継目やボルトで降伏を生じる（第 8 章）

そこで，損傷限界時には，稀に生じる荷重・外力に対して (1)〜(5) の現象を防ぐために，部材断面寸法や材長を定めることになる（許容応力度設計法）（第 9 章）．

また，安全限界状態時には，きわめて稀に生じる荷重・外力に対して (3)，(4) の現象を防ぐために，部材断面寸法や材長を定める一方，(1)（場合によっては (5)）を許容し，断面の一部が降伏した後，全塑性状態（第 6 章）となるようにする．最終的には図 2.10 (a) に示すように，多くの部材で塑性ヒンジを形成させつつ，建築物が大変形まで安定するように設計する（保有水平耐力計算，限界耐力計算）（第 9 章）．

2.3.2　筋かい付きラーメン構造

筋かい付きラーメン構造の特徴

(1) 概要：筋かい付きラーメン構造は，2.3.1 項のラーメン構造に筋かいを設置した構造であり，体育館や工場などに用いられている．**図 2.11** に示すように，筋かい材が取り付く構面では開口部の位置に制約があることから，1 方向を筋かい付きラーメン構造，他方向をラーメン構造とする構造形式が多い．ラーメン構造と同様，梁には H 形鋼が用いられるが，柱にも H 形鋼が用いられることが多く，このときラーメン構造側に強軸回り，筋かい付きラーメン構造側に弱軸回りとなるように配置される．これは，地震や風による水平荷重に対して大きな水平抵抗力（耐力）を有する筋かい材に荷重を負担させることができ，柱には高い剛性や大きな耐力を期待しなくてもよいためである．

なお，梁・柱に用いられる H 形鋼には，梁には強軸回りの曲げ剛性を効率よく高めるために細幅断面が，柱には弱軸回りの曲げ剛性も考慮して広幅断面が用いられる．ラーメン骨組に筋かいを配置する場合，引張筋かい材で水平荷重に抵抗する X 形，圧縮・引張筋かい材で抵抗する K 形や V 形などがある．軽量建築物

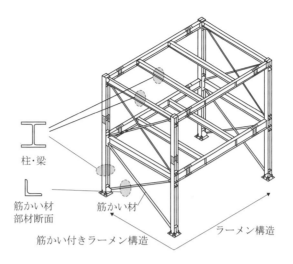

柱・梁

筋かい材
部材断面

筋かい材

筋かい付きラーメン構造

ラーメン構造

図 2.11　中低層筋かい付きラーメン骨組の例

に X 形を配置する場合，筋かい材には施工時に取り扱いやすい丸鋼，山形鋼など（図 1.5）が，重量建築物に K 形や V 形を配置する場合，断面積に対して断面二次モーメントが大きい H 形鋼，円形鋼管，角形鋼管など（図 1.5）が用いられる．

(2) 応力伝達：基本的にはラーメン構造と同様である．筋かい材は軸方向力のみ伝達するものとする．そして，建築物の水平荷重を負担するものの，鉛直荷重は支持しないように建設時に手順が検討される．

(3) 接合部（仕口）：筋かい材と梁・柱梁接合部・柱脚などとの接合部以外は，基本的にはラーメン構造と同様である．筋かい材は軸方向力のみを伝達するように設計される．筋かい材との接合は，ガセットプレートとよばれる鋼板を梁・柱梁接合部・柱脚に溶接接合もしくはボルト接合とすることが一般的である（第 8 章）．その際，筋かい材からの軸方向力をラーメン骨組に伝達できるようにガセットプレートの形状を適切に選択する．

(4) 接合部（継手）：筋かい材に継手を設ける場合，梁や柱はラーメン構造と同様である．

骨組のモデル化と作用荷重・外力，応力分布

　基本的にはラーメン構造と同様である．筋かい材も細長い部材であることから，柱や梁と同様，線材に置換される．筋かい材は軸方向力のみ伝達することから，両端をピン支持とモデル化することが多い．また，筋かい材の軸方向力がラーメン骨組の各部材に作用する点に注意する．たとえば，地震荷重を受ける筋かい付きラーメン骨組（図 2.12 (a)）では，筋かい材の接合部が梁中央にあることから，筋かい材からの軸方向力の鉛直成分がせん断力として，水平成分が軸方向力として梁に作用し，筋かい材の鉛直成分が軸方向力として，水平成分がせん断力として柱に作用する（図 (b)）．その結果，軸方向力分布（図 (c)）では筋かいが取り付く構面の梁で軸方向力，せん断

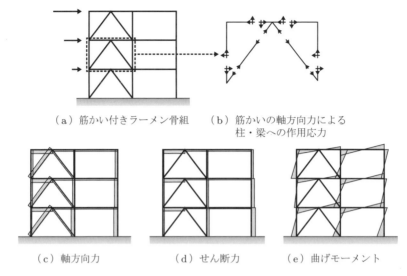

（a）筋かい付きラーメン骨組　　（b）筋かいの軸方向力による
　　　　　　　　　　　　　　　　　　柱・梁への作用応力

（c）軸方向力　　　　　　（d）せん断力　　　　　　（e）曲げモーメント

図 2.12　地震荷重による各応力

力（図 (d)）が筋かい接合部をはさんで異なることから，曲げモーメント分布（図 (e)）も異なる．

構造部材を設計する際に考えるべきこと

　基本的にはラーメン構造と同様であるが，筋かい材およびその接合部について以下に追記する．筋かい材の配置や形状によって，引張応力による降伏（第 3，4 章）および圧縮応力による曲げ座屈（第 5 章）を生じる可能性があることから，損傷限界時にはこれらを防ぐように部材断面寸法や材長を定めることになる（許容応力度設計法）（第 9 章）．そして，接合部に取り付く部材からの応力が複雑となることから，接合部の応力伝達機構ができるだけ明確となる形状が望ましい．

筋かい付きラーメン構造の崩壊形

　一般的には，前述のラーメン構造が崩壊する前に，剛性・耐力の高い筋かい材が以下のようになる．

(1) 断面が小さく細長い場合，主に引張応力に抵抗し，降伏する（第 3，4 章）
(2) 断面が大きく材長が短い場合，圧縮・引張応力に対して抵抗し，最初に圧縮応力により曲げ座屈を生じる（第 5 章）

　これらの損傷により，筋かい材が水平力を負担できなくなると，ラーメン骨組の梁・柱で荷重を負担し，最終的にはラーメン構造と同じ過程で崩壊する．

2.3.3 トラス構造

トラス構造の特徴

(1) 概要：2.2.3項で紹介したトラス構造は，部材（個材）が三角形を構成するように組み立てられ，理想的には各節点をピン接合とする構造である．荷重は節点に作用するものとすれば，各個材には圧縮・引張の軸方向応力のみが生じることから，軸力抵抗型に分類される．トラス構造は平面トラスと立体トラスに分類されるが，前者は図 2.13 に示すように大スパンの梁や階高の高い柱に，後者は大空間構造の屋根などに用いられる．また，平面トラス梁もしくは柱は図 2.14 に示すように腹材の配置がさまざまである．トラス材によって構成される梁や柱は少ない鋼材量でも大きな断面二次モーメントとなることから，大スパン構造に適している．

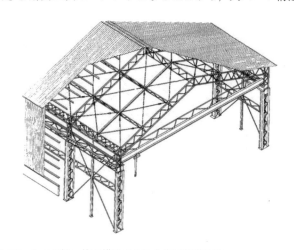

図 2.13　トラス梁・柱で構成される大空間鋼構造物
梁間方向：ラーメン構造，桁行方向：筋かい付きラーメン構造

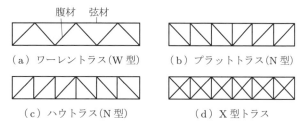

（a）ワーレントラス（W型）　　（b）プラットトラス（N型）

（c）ハウトラス（N型）　　（d）X型トラス

図 2.14　トラス材（梁もしくは柱）

(2) 応力伝達：トラス構造は，各部材間で軸方向力のみを伝達する軸力抵抗型であり，高い剛性と耐力を有する．

(3) 接合部（仕口）：軸方向力のみを伝達するために，自由に回転できる機構を有するピン接合や，曲げモーメントを負担させない簡便な接合部などがある．

(4) 接合部（継手）：基本的に部材に継手を設けることはない．

骨組のモデル化と作用荷重・外力，応力分布

各部材は軸方向力のみを伝達するモデルとする．

構造部材を設計する際に考えるべきこと

筋かい材と同様，トラス構造における部材の配置や形状によって，引張応力による降伏（第 3，4 章）および圧縮応力による曲げ座屈（第 5 章）を生じる可能性があることから，損傷限界時にはこれらを防ぐために部材断面寸法や材長を定めることになる（許容応力度設計法）（第 9 章）．そして，各部材の接合部の応力伝達機構ができるだけ明確となるように（軸方向力のみが作用するように）接合部形状を選択する．

なお，実際のトラス構造においては，接合部をピン接合とすることは難しく，接合部に曲げモーメントが作用するものの，この曲げモーメントは軸方向力に対しては非常に小さい．

トラス構造の崩壊形

トラス構造における各個材に生じる応力により，引張に対しては降伏，圧縮に対しては降伏もしくは曲げ座屈を生じる（第 3〜5 章）．曲げ抵抗型のラーメン構造に比べて，軸力抵抗型であるトラス構造は，剛性が大きく，たわみを生じにくい．しかし，トラス構造を構成する一つの部材で曲げ座屈を生じれば，応力が再配分され，連鎖的に複数の部材が曲げ座屈を生じるため，骨組全体が脆性的に破壊する可能性がある（図 2.15）．

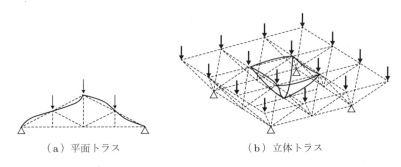

（a）平面トラス　　　　　　　　　（b）立体トラス

図 2.15　トラス構造の個材座屈

演習問題

2.1 工場や体育館などには図 2.11 に示す梁間方向にラーメン構造，桁行方向に筋かい構造が適用される．この理由を述べよ．

3 鋼材の機械的性質

本章では，鋼構造部材の基本的な性質である鋼材の材料特性について説明する．最初に，鋼材に作用する応力度やひずみ度の関係を基に，鋼材の剛性や強度など，第4章以降の力学現象を理解するための基本的な用語や，鋼材特有の現象について説明する．また，このような現象に対する評価方法を紹介する．

3.1 機械的性質

3.1.1 応力度－ひずみ度関係

鋼材の材料特性は，**図 3.1** (b) の試験片を引っ張る試験（引張試験）によって，応力度－ひずみ度関係として得られる．このように1方向に引張力を与える載荷方法を単調引張載荷とよぶ．応力度 σ は単位面積あたりの引張力で，

$$\sigma = \frac{P}{A} \tag{3.1}$$

P：引張力，A：試験片の載荷前の断面積

ひずみ度 ε は単位長さあたりの伸びで，

$$\varepsilon = \frac{\delta}{l} \tag{3.2}$$

l：試験片長さ（標点間距離），δ：P によって生じた標点間距離の伸び量

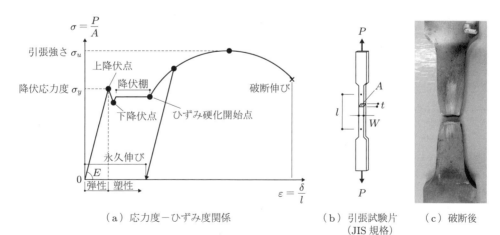

（a）応力度－ひずみ度関係 （b）引張試験片　（c）破断後
　　　　　　　　　　　　　　　　（JIS 規格）

図 3.1　応力度－ひずみ度関係

として表される.

　図 3.1 からわかるように，試験片が荷重 P で引っ張られると，傾き E で応力度 σ が上昇する．σ は上降伏点に達するといったん低下し，その後 σ が一定のままひずみ度 ε のみ増加する．上降伏点より ε が小さい範囲を弾性域，大きい範囲を塑性域とよぶ．その後，再び ε の増加とともに σ が上昇し，最大となる引張強さに達する．その後，引張力によって塑性化した試験片は断面積が減少し，最終的には破断にいたる（図 (c)）.

　引張試験より得られる材料特性は以下のとおりである.

(1) 弾性限：図 3.1 において応力度 0 から直線的に立ち上がっている範囲を指す．応力度が弾性限以下であれば，荷重 P を 0（$\sigma = 0$）にしたとき，ひずみ度も 0 となる.

(2) **ヤング係数 E**：図において応力度 0 から直線的に立ち上がる傾きを指し，材料の剛性を表す指標である．(1) の弾性限以下ではフックの法則が成り立ち，$\sigma = E\varepsilon$ となる．鋼材の場合，鋼種によらず $2.058 \times 10^5\ \mathrm{N/mm^2}$ 程度となる（設計時には $E = 2.05 \times 10^5\ \mathrm{N/mm^2}$ としている）.

(3) **降伏応力度 σ_y**：図に示す二つの降伏点（上降伏点と下降伏点）のうち，一般的には上降伏点の値を指す.

(4) 降伏棚：上降伏点後，荷重を与え続けても応力度がいったん低下し，停留する範囲を指す.

(5) ひずみ硬化開始点：(4) の降伏棚の後，ひずみ硬化により応力度が上昇する開始点を指す.

(6) **引張強さ σ_u**：最大荷重時の応力度を指す.

(7) **降伏比 Y.R.**：(6) の引張強さに対する (3) 降伏応力度の比 σ_y/σ_u である．降伏比は鋼材が降伏してから破断するまでの余裕度を示す．一般的に建築構造部材として用いられる SN400 級や SN490 級の鋼材では降伏比は 0.6〜0.7 程度であるが，高強度鋼では 0.8 程度となる．降伏比が低いと，降伏してから破断までの余裕が大きく，塑性変形能力に優れているといえる.

(8) 破断伸び：(6) の引張強さ以降，試験片は局部的にくびれを生じ，断面積が減少する．その後，引張力が低下して破断する．このときの伸び量を指す.

(9) 絞り：(8) の破断伸び時，破断した位置で減少した断面積ともとの断面積の差を，もとの断面積に対する比して表したものである.

(10) ポアソン比 ν：引張試験において，軸方向に伸びたひずみ度と直交するひずみ度（断面が細くなるひずみ）の比率で，鋼材は 0.3 程度である.

上記以外に重要な材料特性を以下に示す.

(11) **せん断弾性係数 G**：ヤング係数と同様，材料の剛性を表す指標である．(2) のヤング係数が圧縮・引張応力によって生じる軸方向のひずみ度（垂直ひずみ度とも

いう）との関係であるのに対し，せん断弾性係数はせん断応力度によって生じる
せん断ひずみ度の関係を示す指標である．ヤング係数とは次のような関係がある
（設計時には $G = 78000 \text{ N/mm}^2$ としている）．

$$G = \frac{E}{2(1 + \nu)} \tag{3.3}$$

ν：ポアソン比

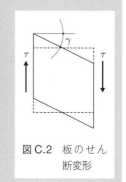

解説　**せん断変形とは？**

　図 C.2 に示す板にせん断応力が作用すると，板は平行四辺形
に変形する．この変形をせん断変形という．また，もとの板か
ら平行四辺形に変形したときの角度の変化をせん断ひずみ度と
いう．せん断応力度とせん断ひずみ度の関係は，せん断弾性係
数を用いて次式のように表される．

　　　$\tau = G\gamma$

　　　　τ：せん断応力度，γ：せん断ひずみ度
　　　　G：せん断弾性係数

図 C.2　板のせん
　　　断変形

解説　**ポアソン比とは？**

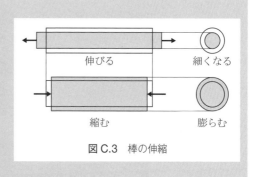

　図 C.3 のように棒を引っ張ると，
引っ張られた方向に伸びるだけでな
く，その直交方向は細くなる（断面
が小さくなる）．逆に，棒を圧縮する
と，断面が膨らむ（断面が大きくな
る）という現象が起こる．このとき，
棒の伸縮に対する断面の変化の割合
をポアソン比とよぶ．この割合は材
料によって異なる．

図 C.3　棒の伸縮

伸びる　　細くなる

縮む　　膨らむ

3.1.2　繰り返し応力度 – ひずみ度関係

　3.1.1 項で説明した応力度 – ひずみ度関係は，もっとも基本的かつ重要な鋼材の材料
特性であり，第 9 章で説明する構造設計に用いられる．一方で，大地震時，建築物に
おける部材は繰り返し応力を受け，降伏応力度に達した後，塑性化する．そのため，
数値解析により建築物の大地震時の応力や変形状態を詳細に検討するためには，鋼材
に圧縮と引張を交互に作用させる繰り返し載荷を行い，そのときの応力度 – ひずみ度
関係を知る必要がある．

　図 3.2 は，繰り返し載荷における応力度 – ひずみ度関係の一例である．最初に引張
応力を受け，降伏した後（σ_y），塑性化により応力度はほとんど上昇せず，ひずみ度が

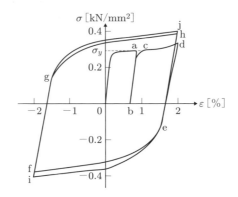

図 3.2　繰り返し載荷における応力度－ひずみ度関係

増加していく（正側 $\sigma_y \to$ a $\to$ d）．その後，除荷して圧縮応力を与えると，弾性限は小さくなり（降伏応力度より低い時点で勾配が緩やかになり）（d $\to$ e），明確な降伏点は現れず，応力度が増加していく（負側 e $\to$ f）．この現象をバウシンガー効果という．再度，除荷して引張応力を与えると，圧縮側と同様の履歴を描く（f $\to$ g $\to$ h）．ひずみ振幅が大きくなるにつれて，この曲線は徐々に膨張していく（h $\to$ i $\to$ j）．

解説
延性破断と脆性破断

　延性破断とは，鋼材が本来もっている引張強さに到達し，断面にくびれが生じることで，負担できる引張力が低下し破断する状態である．

　脆性破断とは，鋼材や溶接部（近傍）が，切り欠きによる応力集中・繰り返し応力による鋼材のひずみ硬化，低温時などによって，伸びにいたらずに脆く破壊する現象である（図 C.4）．1995 年兵庫県南部地震は，周期 1〜2 秒のキラーパルスとよばれる衝撃が建築物を襲ったこと，1 月 17 日の早朝 5:46 で外気温が 0°C 程度と非常に低かったことから，多くの鋼構造建築物で脆性破断を生じた．

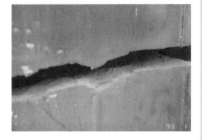

（a）角形鋼柱の脆性破断　　　　　　　（b）破断部詳細

図 C.4　兵庫県南部地震における鋼構造柱の脆性破断
（日本建築学会・土木学会編：1995 年阪神・淡路大震災スライド集，丸善）

3.1.3 硬さ／衝撃／疲労破壊

さまざまな荷重条件において変化する鋼の材料特性をより深く知るうえで，前項までの用語に加えて以下についても説明する．

(1) **硬さ**：鋼材の表面（近傍）に変形や傷を付けようとする力に対する抵抗の割合を意味し，引張強さ，降伏応力度，ヤング係数などの鋼材の基本的な力学特性が関連している．とくに，引張強さと強い相関を有することが知られている．

試験により求められる硬さの指標としては，ブリネル硬さ，ビッカース硬さ，ロックウェル硬さ，ショア硬さがある．いずれも小さな鋼球またはダイアモンドのすい体を鋼材の表面に押し付け，そのへこみを測定する方法である．

(2) **衝撃**：地震時には，部材に動的な力（衝撃力）が作用し，破断を生じる．そこで，図 3.3 (a) に示すように，中央に切欠きを付けた試験片に切欠きのない側から所定の重さのハンマーを振り下ろし（図 (b)），試験片を破壊するのに要したエネルギー量を計測することで衝撃特性を調べる．この試験方法をシャルピー衝撃試験という．

図 3.4 に示すように，このエネルギー量は試験温度によって変化し，ある温度以下になると急激に減少し，脆性破断する．脆性破断率が 50% になるときの温度

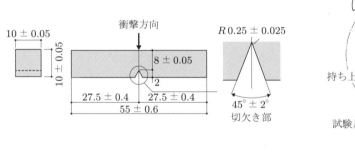
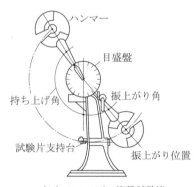

（a）シャルピー試験片　　　（b）シャルピー衝撃試験機

図 3.3　シャルピー衝撃試験方法[5]

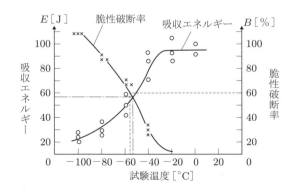
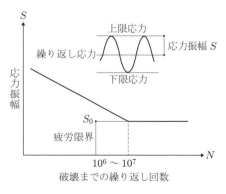

図 3.4　シャルピー衝撃試験結果の一例[5]　　　図 3.5　疲労曲線

を遷移温度という．ここで，脆性破断率とは，破断面における脆性破断面積の割合であり，破断面を調べることで求められる．

(3) **疲労破壊**：鋼材に多数回の繰り返し応力が作用するとき，その振幅が降伏点以下であっても所定の回数に達すると破断する現象である．**図 3.5** は繰り返し応力の最大値と最小値の差の半分である応力振幅 S と，破壊するまでの繰り返し回数 N との関係であり，これを疲労曲線とよぶ．普通鋼では，$10^6 \sim 10^7$ 回の間で一定値となり，この応力振幅以下では破壊を生じない．疲労曲線以下では疲労破壊を生じず，また一定値となる応力 S_0 以下では，繰り返し回数が増加しても疲労破壊を生じない．この限界応力を疲労限界という．繰り返し応力が小さくて破壊するまでの回数が多い場合を低応力高サイクル疲労，応力が大きくて繰り返し回数が少ない場合を高応力低サイクル疲労という．

3.2　規格と種類

3.2.1　化学成分と機械的性質

鋼材には鉄（Fe）以外の成分も含まれているが，そのうち，炭素（C）は鋼材の特性に大きな影響を与える．炭素の含有量 1.7% 以下の鉄を炭素鋼とよぶ．0.8% 程度までは，含有量が高いほど降伏点と引張強さは上昇するものの，伸び性能は低下することから，建築構造用鋼材では，伸び性能を重視し，0.2% 程度としている．

鋼材に含まれるその他の元素として，ケイ素（Si），マンガン（Mn），リン（P），硫黄（S）があげられ，炭素を含めて主要 5 元素とよばれている．このうち，ケイ素とマンガンは，鋼の強度や衝撃性能を向上させる効果があるが，リンと硫黄は鋼材を脆くしたり，溶接性能を低下させることから，不純物として扱われている．上記の 5 元素以外では，ニッケル（Ni），クロム（Cr）は伸び性能や高温下での強度を増加させる効果がある一方，溶接性能を低下させる．

これらの元素の含有量が増えれば，鋼材は硬化し，溶接性能が低下することから，その影響度を炭素に換算した指標である炭素当量 C_{eq} によって，溶接性能の目安としている．

$$C_{eq} = C + \frac{Si}{24} + \frac{Mn}{6} + \frac{Ni}{40} + \frac{Cr}{5} + \frac{Mo}{4} + \frac{V}{14} \tag{3.4}$$

3.2.2　構造用鋼材の種類

建築鋼構造に用いられる鋼材には，製鉄所で圧延によって成形される圧延鋼材（JISに適合するもの），成形された板材を変形させて溶接する冷間成形角形鋼管（JIS と同等以上の品質を有するもの）がある．前者には一般構造用圧延鋼材（SS 材），溶接構造用圧延鋼材（SM 材），建築構造用圧延鋼材（SN 材），一般構造用炭素鋼鋼管（STK材），一般構造用角形鋼管（STKR 材）などが，後者には建築構造用冷間成形角形鋼

表 3.1 鋼種の説明

鋼種	説明
SS	一般構造用圧延鋼材．Steel Standard の略．
SM	溶接構造用圧延鋼材．Steel Marine の略．Marine は，船舶を意味している．かつて船舶はリベット接合であったが，溶接接合が用いられるようになり，造船用に溶接性に優れた鋼材として開発された．
SN	建築構造用圧延鋼材．Steel New Standard の略．SN 材は SS 材を改良したものなので，New Standard という位置づけである．

表 3.2 鋼材の規格

鋼材規格		変形能力		溶接性能				板厚方向特性			公称断面寸法の確保
		降伏比規定	降伏点上限値	C上限規定	シャルピー規定	$P \leq 0.030\%$ $S \leq 0.015\%$	C_{eq}, P_{CM} 規定	$P \leq 0.020\%$ $S \leq 0.008\%$	絞り値規定	*UT規定	
鋼板鋼帯形鋼平鋼	SS										
	SM			○	△						
	SN A種			○							○
	SN B種	○	○	○	○	○	○				○
	SN C種	○	○	○	○	○	○	○	○	○	○
角形鋼管	STKR			○							
	BCR	○	○	○	○	○	○				○
	BCP B種	○	○	○	○	○	○				○
	BCP C種	○	○	○	○	○	○	○	○	○	○

* 鋼板，平鋼に適用．

管（BCR 材，BCP 材）などがある．**表 3.1** には SS 材，SM 材，SN 材の名称の由来について，**表 3.2** にはこれらの鋼材の規格を示している．

鋼板や形鋼には，主に下記の 3 種類の鋼材が用いられている．

(1) **一般構造用圧延鋼材（SS 材）**：たとえば SS400 は引張強さが 400 N/mm^2 以上と規定されているが，降伏比や降伏点上限値などが規定されていないことから，溶接が必要とされる構造部材や大地震時に塑性変形する部材に用いることはできない．

(2) **溶接構造用圧延鋼材（SM 材）**：SS 材に比べて炭素量の上限値やシャルピー値が規定されていることから，溶接性に優れている．大梁など，溶接が必要とされ，塑性変形性能を有する構造部材に用いられてきたが，SN 材が普及している現在ではその使用量は減少している．

(3) **建築構造用圧延鋼材（SN 材）**：SS 材や SM 材にない建築特有の要求性能（塑性変形性能，板厚方向性能など）を有し，上記の二つに比べて新しい鋼材である．建築物に使用する部位によって，A 種，B 種，C 種の 3 種類に区分される．

A 種は弾性範囲内で使用され，溶接を行わない部材に使用される．**図 3.6** に示す鋼構造骨組では小梁や間柱などの二次部材である．

B 種は溶接性の確保が要求され，優れた塑性変形性能が必要となる，構造上重要な部材に使用され，図 3.6 では大梁が該当する．

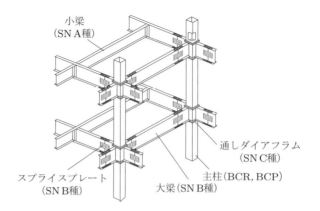

図 3.6 鋼構造骨組に適用される各規格の鋼材

C種はB種の性能に加えて，板厚方向性能に優れていることから，溶接時に板厚方向の伸縮が問題となるダイアフラムに用いられる．

角形鋼管には，表3.2に示す3種類の鋼材（BCR，BCP B種，C種）が主に用いられている．これら以外に，一般構造用角形鋼管 STKR 材は，SS 材に準拠した規格であり，構造部材には用いられていない．

建築構造用冷間成形角形鋼管は BCR 材，BCP 材の2種類があり，製造方法が異なる（図 3.7）．

(1) **BCR 材**：冷間ロール成形角形鋼管であり，鋼板から円形鋼管に成形し，角形鋼管とする．断面は幅 150～500 mm，板厚 6～19 mm と比較的小さく，薄いサイズである．BCR 材は SN 材の B 種相当の1種類であり，A 種および C 種の規定はない．

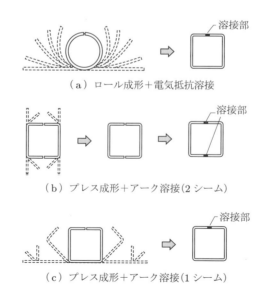

図 3.7 BCR と BCP の製造方法

(2) **BCP 材**：冷間プレス成形角形鋼管であり，鋼板をプレスにより曲げ加工し，溶接して製造する．断面，幅 350〜1000 mm，板厚 12〜40 mm の範囲で大断面まで製造可能である．BCP 材には SN 材の B 種および C 種相当の 2 種類がある．

　図3.6 では，BCR 材および BCP 材は構造部材である主柱として用いられている．

解説　さまざまな鋼材

- **建築構造用 590 N/mm² 鋼（SA440）**：SN 材と同様，降伏比の上限を 80% として部材の塑性変形能力を確保した鋼材．板厚によらず強度が一定であり，炭素当量を低く抑えることにより高い溶接性を確保している．
- **建築構造用 780 N/mm² 鋼（H-SA700）**：震度 7 クラスの地震に対して無損傷を目標とした「新構造システム建築物」向けに開発され，従来の約 2 倍の強度を有する．
- **TMCP 鋼**：TMCP（Thermo-Mechanical Control Process）とは，制御圧延と制御冷却を併用し，結晶粒の微細化を図ることにより，強度を増加させるとともに靭性を改善した製造方法．通常の厚鋼板に比べて，炭素当量（C_{eq}），溶接割れ感受性組成（P_{CM}）が低く，溶接性に優れている．鋼材の板厚に関係なく，基準強度は一定である．
- **建築用低降伏点鋼（LY100, LY225）**：降伏応力度を低く抑えることで，地震時に早期に降伏させ，エネルギー吸収させる鋼材として制振ダンパーに用いられる．制振構造では，ダンパーに適用した鋼材を早期に降伏させることで，柱や梁の損傷を低減させることができる．
- **ステンレス鋼（SUS）**：鉄にクロムとニッケルを加えた合金鋼である．耐候性に優れており，添加されたクロムにより，錆びにくくなる．さらにニッケルを添加するといっそう改善される．さまざまな表面仕上げや着色によりデザイン性にも優れている．

演習問題

3.1　SS400 と SN400 の違いを説明し，ラーメン骨組の大梁に SN400B，ダイアフラムに SN400C が用いられる理由を述べよ．

3.2　SN 材，BCP 材の B 種および BCR 材ではシャルピー吸収エネルギーに関する規定が設けられている．この理由を述べよ．

4

引 張 材

本章では，引張力を受ける鋼構造部材の力学特性について説明する．図 2.4 に示す筋かい材，トラスの弦材・斜材，ケーブル材などが引張材として設計される．

図 4.1 に示すピン接合された筋かい付き骨組が水平力 P を受けるとき，水平力は筋かい材で負担する．このとき，引張応力度 σ_t は次のように表される．

$$\sigma_t = \frac{T}{A} \tag{4.1}$$

引張力：T，筋かい材の断面積：A

骨組は溶接やボルト接合などにより組み立てられるが，ボルト接合の場合，ボルト孔により断面欠損を生じる．

本章では，引張材およびその接合部に作用する引張応力度の算定について説明する．

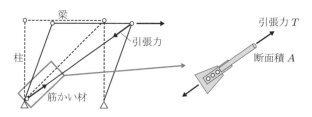

図 4.1　骨組における引張材

4.1　引張材の断面形状（有効断面積）

引張材は，骨組や部材の剛性・耐力が必要となる場合に用いられ，剛性・耐力に応じて，図 1.5 に示した平鋼，山形鋼，溝形鋼，H 形鋼，鋼管，丸鋼などが採用される．

図 4.1 に示すように，引張力を受ける筋かい材から接合部に応力が伝達される．引張材および接合部には図 4.2 に示すような組み合わせがあるが，ボルト接合ではボルト孔の断面欠損を差し引いた断面積（有効断面積）を用いて応力度を算定する．同様に，断面か材軸方向に同じでない場合は，最小となる断面積を用いることになる．

4.1.1　並列ボルト配置

図 4.3 のような並列ボルト配置の場合，ボルト中心を通る材軸に垂直な実断面で破断を生じる（図中破線）ことから，このときの断面積が有効断面積 A_e となり，引張力 T に対して最小となる断面は，次式で求められる．

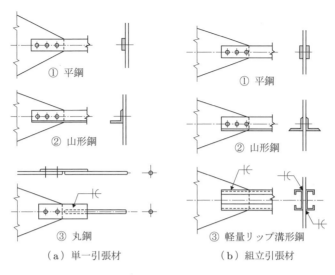

図 4.2　引張材の例

（a）単一引張材　　　　　　（b）組立引張材

① 平鋼　　　　　① 平鋼

② 山形鋼　　　　② 山形鋼

③ 丸鋼　　　　　③ 軽量リップ溝形鋼

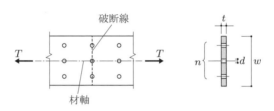

図 4.3　有効断面積に基づく並列ボルト配置の場合の破断線

$$A_e = A_0 - ndt \tag{4.2}$$

A_0：引張材の全断面積（$w \cdot t$），d：ボルト孔径

n：破断線上にあるボルトの数，t：板厚，w：板幅

図 4.3 では，ボルト孔による断面欠損が 3 か所あることから，$n = 3$ となる．

4.1.2 千鳥配置または不規則なボルト配置

図 4.4 (a) のような千鳥配置または不規則なボルト配置の場合，ボルト相互の位置関係（ボルト孔のゲージ寸法 g，材軸方向のずれ寸法 b）をふまえ，想定しうるすべての破断線（図 (b)〜(h)）について検討する．このときの有効断面積は，次式で求められる．

$$A_e = A_0 - \sum \alpha dt \tag{4.3}$$

α：控除係数

式 (4.2) では，ボルト孔の断面積 dt にその数 n を乗じた値を，断面欠損分 ndt としている．一方，式 (4.3) ではボルト相互の位置関係（b, g）をふまえ，ボルト孔の控除する係数 α をボルト孔の断面積 dt に乗じ，これをすべての孔について足し合わ

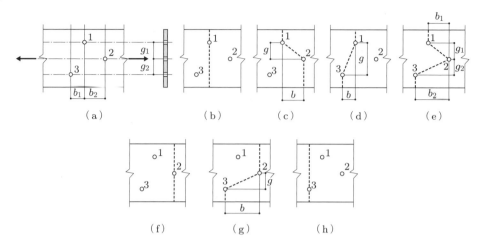

図 4.4　有効断面積に基づく千鳥または不規則配置の破断線

せて断面欠損分 $\sum \alpha dt$ としている点に違いがある.

　次に,控除係数 α の算出方法について説明する.それぞれの想定破断線について,その破断線上にあるたがいのボルト孔のゲージ寸法 g と材軸方向のずれ寸法 b との関係により,次式を用いて求める.なお,α は想定破断線の隣接するボルトごとに計算する.

$$\frac{b}{g} \leq 0.5 \text{ のとき}\quad \alpha = 1.0$$
$$0.5 < \frac{b}{g} < 1.5 \text{ のとき}\quad \alpha = 1.5 - \frac{b}{g} \tag{4.4}$$
$$1.5 \leq \frac{b}{g} \text{ のとき}\quad \alpha = 0$$

ここで,第 1 ボルト孔については $\alpha = 1.0$ とする.すなわち,孔の欠損をすべて見込むことになる.たとえば,図 4.4 (b), (f), (h) では,破断線上にボルト孔が一つしかないため,式 (4.3) の右辺第 2 項は,$\sum \alpha dt = dt$ となる.また,図 (e) のように破断線上に三つのボルト孔がある場合,第 2 ボルト孔の控除係数 α は第 1 ボルト孔を原点,第 3 ボルト孔の控除係数は第 2 ボルト孔を原点と考え,それぞれ式 (4.4) より求める.ボルト孔が四つ以上の場合も,同様に第 1 ボルト孔から順次式 (4.4) により α を計算する.そして,想定した破断線のなかで,式 (4.3) が最小となる値を有効断面積とする.

　山形鋼などのように鋼板でない場合,**図 4.5** のように直交している点を中心に脚を展開し,鋼板として g および b を求め,鋼板と同様に破断線を想定し,式 (4.3), (4.4) を用いて有効断面積を計算する.

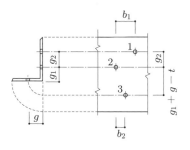

図 4.5　山形鋼の有効断面積の考え方

▶**例題 4.1**

図 4.6 に示すように，板幅 180 mm，板厚 16 mm の鋼板に直径 22 mm のボルト孔があいている．この鋼板の有効断面積を求めよ．

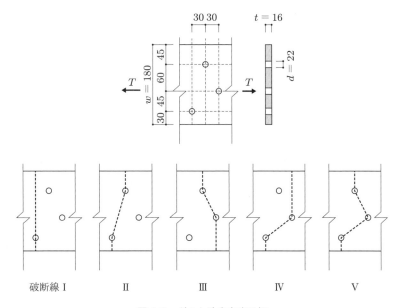

図 4.6　ボルト孔を有する板

▷**解答**

破断線 I：

　ボルト孔が一つであることから，$\alpha = 1.0$ となる．式 (4.3) より，

$$A_e = A_0 - \sum \alpha dt = 180 \times 16 - 1.0 \times 22 \times 16 = 2528 \text{ mm}^2$$

なお，第 1 行目および第 2 行目のボルト一つの破断線の場合も同じ値となる．

破断線 II：

　第 1 ボルトは $\alpha = 1.0$ となる．

　第 2 ボルトは第 3 行目のボルトであるから，$g = 45 + 60 = 105$，$b = 30$ となる．

　$b/g = 30/105 = 0.286$ を式 (4.4) に代入すると $\alpha = 1.0$ となり，式 (4.3) より

$$A_e = A_0 - \sum \alpha dt = 180 \times 16 - (1.0 + 1.0) \times 22 \times 16 = 2176 \text{ mm}^2$$

破断線 III：

第 1 ボルトは $\alpha = 1.0$ となる.

第 2 ボルトは第 2 行目のボルトであるから, $g = 60$, $b = 30$ となる.

$b/g = 30/60 = 0.5$ より $\alpha = 1.0$ となり, 式 (4.3) より

$$A_e = A_0 - \sum \alpha dt = 180 \times 16 - (1.0 + 1.0) \times 22 \times 16 = 2176 \text{ mm}^2$$

破断線 IV：

第 1 ボルトは第 2 行目のボルトとなり, $\alpha = 1.0$ となる.

第 2 ボルトは第 3 行目のボルトであるから, $g = 45$, $b = 60$ となる.

$b/g = 60/45 = 1.33$ を式 (4.4) に代入すると $\alpha = 0.17$ となり, 式 (4.3) より

$$A_e = A_0 - \sum \alpha dt = 180 \times 16 - (1.0 + 0.17) \times 22 \times 16 = 2468 \text{ mm}^2$$

破断線 V：

第 1 ボルトは $\alpha = 1.0$ となる.

第 2 ボルトは第 2 行目のボルトであるから, $g = 60$, $b = 30$ となる.

$b/g = 30/60 = 0.5$ を式 (4.4) に代入すると, $\alpha = 1.0$ となる.

第 3 ボルトは第 3 行目のボルトであるから, 第 2 ボルトに対して $g = 45$, $b = 60$ となり, $b/g = 60/45 = 1.33$ を式 (4.4) に代入すると, $\alpha = 0.17$ となる. したがって, 式 (4.3) より

$$A_e = A_0 - \sum \alpha dt = 180 \times 16 - (1.0 + 1.0 + 0.17) \times 22 \times 16 = 2116 \text{ mm}^2$$

以上より, 最小断面積となるのは破断線 V の場合で, $A_e = 2116 \text{ mm}^2$ である.

4.2　偏心

　引張材を材端部で接合する際, 引張材の断面の重心線とボルト列重心線はできるだけ一致させることが望ましいが, たとえば図 4.7 に示すように二つの山形鋼を背中合わせにした場合, 両者は 1 方向にずれ e が生じる. このずれを偏心とよぶ. 部材に引張力 T が作用すると, 引張力と偏心による距離を乗じた偏心曲げモーメント Te が生じることから, 引張力と偏心曲げモーメントを考慮した次式で作用応力度 σ_t を求め, 断面を選定する. なお, 2 方向に偏心している場合, もう 1 方向についても偏心曲げモーメントを考慮する必要がある.

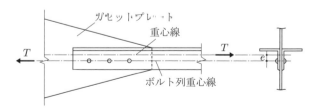

図 4.7　偏心引張材

$$\sigma_t = \frac{T}{A_e} + \frac{Te}{Z_e} \tag{4.5}$$

T：引張力，A_e：有効断面積，e：偏心距離，Z_e：有効断面係数

　しかし，設計時には計算が複雑になるため，ボルト孔の欠損分を差し引いた断面から，偏心の影響を考慮して，突出部（ボルト接合位置から離れていく部分で，**図 4.8**ではフランジ部分にあたる）の $1/2$ の断面積を無視した断面積を有効断面積とする．例として図 (a)，(b) 山形鋼，(c) 溝形鋼の場合，図中のアミかけ部分を断面積として，式 (4.2) もしくは式 (4.3)，(4.4) より求める．図 (d) のように二つの溝形鋼を背中合わせで用いる場合は偏心がないので，突出部の $1/2$ を無視する必要はない．

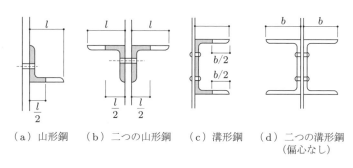

（ａ）山形鋼　　（ｂ）二つの山形鋼　　（ｃ）溝形鋼　　（ｄ）二つの溝形鋼（偏心なし）

図 4.8　偏心材の有効断面積

4.3　その他の注意事項

4.3.1　引張材の細長比

　引張材は，鋼構造建築物において筋かい材などに使用されるが，基本的に細長いものが多い．ただし，引張応力を受ける部材であっても，あまりに細長いとたわみを生じやすく，応力が作用する前に大きなたわみによって引張材の効果が十分に発揮できない．そこで，ある程度の長さ以下で引張材を使用することが望ましいが，断面二次モーメントが大きければ，同じ長さであってもたわみを生じにくい．そこで，次式に示すように，引張材の材長を断面二次半径で除した細長比 λ を用いることで，断面によらず長さの割合を基準化する．

$$\lambda = \frac{l}{i} \tag{4.6}$$

l：引張材の支点間距離，$i = \sqrt{\dfrac{I}{A}}$：引張材の断面二次半径

I：引張材の断面二次モーメント，A：引張材の断面積

　日本建築学会の設計規準などには，引張材の細長比制限に関する具体的な規定はないが，AISC（アメリカ鋼構造協会）の設計規準には，引張材の細長比制限が下記のように定められている．

　　　　主材：$\lambda \le 240$

　　　　筋かい材または二次部材：$\lambda \le 300$

4.3.2　局所的なちぎれ破断

　　通常の接合であれば，図 4.3 や図 4.4 で想定した破断線となるものの，場合によっては図 4.9 に示すような局所的なちぎれ破断を生じうる．たとえば，溝形鋼を用いた筋かい材でウェブのみを接合する場合や，材軸方向のボルト本数が少ない H 形鋼のフランジを接合した場合である．本書では具体的な検討方法は説明しないが，参考文献 9) で解説されているので参考にされたい．

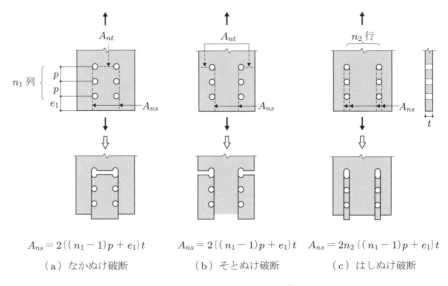

$$A_{ns} = 2\{(n_1 - 1)p + e_1\}t$$
（a）なかぬけ破断

$$A_{ns} = 2\{(n_1 - 1)p + e_1\}t$$
（b）そとぬけ破断

$$A_{ns} = 2n_2\{(n_1 - 1)p + e_1\}t$$
（c）はしぬけ破断

図 4.9　局所的なちぎれ破断[9]

解説　**組立引張材のつづり合わせ間隔**

　二つ以上の鋼板を溶接やボルト接合で，つづり合わせて組立引張材とする場合，それぞれが一体となって変形できるようにつづり合わせる間隔が定められている．

ボルト接合の場合：
　ボルト直径の 12 倍以下かつ集結材でもっとも薄い板厚の 30 倍以下
断続すみ肉溶接の場合：
　集結材でもっとも薄い板厚の 30 倍以下（図 C.5 (a)）

　二つ以上の形鋼を溶接やボルト接合でつづり合わせて組立引張材とする場合，つづり合わせのピッチは 100 cm 以内とする（図 (b)）．

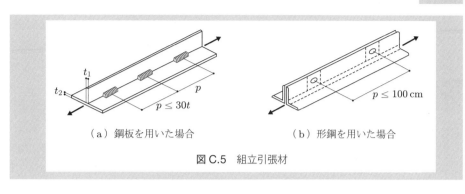

（a）鋼板を用いた場合　　　　　　　　　（b）形鋼を用いた場合

図 C.5　組立引張材

5

圧 縮 材

　本章では，圧縮力を受ける鋼構造部材の力学特性について説明する．鋼は圧縮，引張にかかわらず，降伏応力度，ヤング係数が等しく，コンクリートに比べて比強度が非常に大きいことから，薄板断面で細長い部材として用いられる．そのため，圧縮力を受ける部材（圧縮材）は，引張時には検討しなかった不安定現象である座屈を生じる可能性がある．圧縮材は，たとえば図 2.4 に示した筋かい材，トラスの弦材，斜材，支柱などである．

　本章では，主に部材が圧縮力により生じる曲げ座屈について解説する．

5.1　圧縮材の断面形状

　圧縮材は，図 5.1 (a) に示す一つの形鋼で構成される単一圧縮材と，図 (b) に示す二つ以上の形鋼で断面を構成する組立圧縮材に分類される．単一圧縮材の断面は，図 1.5 のものと多くは同じであるが，明らかに断面二次モーメントが小さい平鋼などは圧縮材として使用されない．組立圧縮材では，山形鋼，溝形鋼など，小断面を組み合わせ，軸回りに対してウェブが材軸方向に連続して存在している軸を充腹軸，離散的にしか存在していない軸を非充腹軸とよぶ．

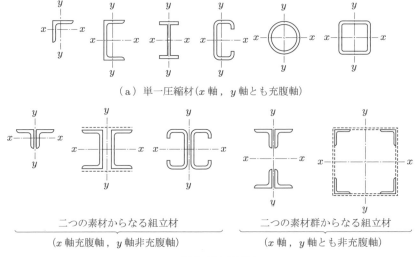

（a）単一圧縮材（x 軸，y 軸とも充腹軸）

二つの素材からなる組立材

（x 軸充腹軸，y 軸非充腹軸）

二つの素材群からなる組立材

（x 軸，y 軸とも非充腹軸）

（b）組立圧縮材

図 5.1　圧縮材に用いられる断面

5.2 単一圧縮材

5.2.1 弾性曲げ座屈（オイラー座屈）

　断面図心に圧縮力を受ける部材は，**図5.2**に示すように，最初，圧縮力の増加に伴い，軸縮みを生じる（⓪→①）．このとき，圧縮力 P と軸変位（軸縮み）δ の関係は次式のようになる．

$$P = \frac{EA}{l}\delta \tag{5.1}$$

　　P：圧縮力，A：部材（圧縮材）の断面積，l：部材長さ，E：ヤング係数

　しかし，部材が長い（細長比が大きい）と，圧縮力が降伏耐力 P_y（$= \sigma_y \cdot A$）に達する前に最大荷重 P_{cr} に達し（①），その後，急激に低下していく（①→②→③）．このとき，部材は**図5.3**に示すように，最大荷重以降，部材断面の弱軸方向に面外変形を生じ，大きくなっていく．この現象を曲げ座屈とよぶ．とくに，弾性範囲における曲げ座屈は，最初に理論的に解明したオイラー（L. Euler）にちなんで，オイラー座屈ともよばれている．

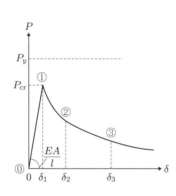

図5.2 中心圧縮力を受ける部材の
圧縮力－軸変位関係

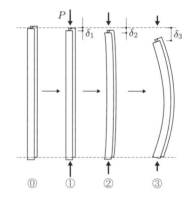

図5.3 H形鋼部材の曲げ座屈

　図5.4 (a) に示すような，もっとも基本的な材端支持条件である単純支持の部材が圧縮力を受ける場合の曲げ座屈荷重式を考える．圧縮力が大きくなり，図 (b) のような横たわみが生じて釣り合い状態となっていると仮定する．下端から x の位置での曲げモーメント M は，図 (c) より次式で表される．

$$M = Py \tag{5.2}$$

　　y：x の位置での横たわみ（横変位）

部材の曲げ剛性を EI（I は弱軸回りの断面二次モーメント）とすると，曲げモーメントは次式で表される．

$$M = -EI\frac{d^2y}{dx^2} \tag{5.3}$$

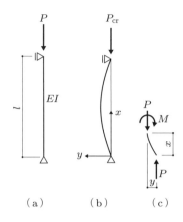

図 5.4 中心圧縮材の曲げ座屈

式 (5.2) を式 (5.3) に代入し, $\alpha^2 = P/EI$ とおくと, 次式となる.

$$\frac{d^2y}{dx^2} + \alpha^2 y = 0 \tag{5.4}$$

この微分方程式の一般解は次式で与えられる.

$$y = C_1 \sin \alpha x + C_2 \cos \alpha x \tag{5.5}$$

C_1, C_2 は部材の境界条件から定められる. 図 (a) より, この圧縮材は単純支持であることから,

$$x = 0 \text{ のとき } y = 0 \text{ より, } C_2 = 0 \tag{5.6}$$
$$x = l \text{ のとき } y = 0 \text{ より, } C_1 \sin \alpha l = 0 \tag{5.7}$$

となる. 式 (5.7) が成り立つ条件は,

$$C_1 = 0 \quad \text{or} \quad \sin \alpha l = 0 \tag{5.8}$$

である. $C_1 = 0$ のときは式 (5.5) より $y = 0$ となることから, 横たわみは生じない状態である. つまり, 横たわみを生じて釣り合い状態となるのは, $\sin \alpha l = 0$ のときである. $\sin \alpha l = 0$ が成り立つ条件は $\alpha l = n\pi$ であることから, これに $\alpha^2 = P/EI$ を代入すると,

$$P = \left(\frac{n\pi}{l}\right)^2 EI \tag{5.9}$$
$$n : \text{自然数 } (1, 2, 3, \dots)$$

となる.

P がもっとも小さくなる $n = 1$ の次式を, 弾性曲げ座屈荷重 (オイラー座屈荷重) P_{cr} とよぶ.

$$P_{\mathrm{cr}} = \frac{\pi^2}{l^2} EI \tag{5.10}$$

式 (5.10) の両辺を圧縮材の断面積 A で除し，式 (4.6) の細長比を用いると，

$$\frac{P_{\mathrm{cr}}}{A} = \frac{\pi^2}{l^2}\frac{EI}{A} = \frac{\pi^2}{l^2}\frac{E}{A/I} = \frac{\pi^2}{(l/i)^2}E = \frac{\pi^2 E}{\lambda^2} = \sigma_{\mathrm{cr},c} \tag{5.11}$$

となり，弾性曲げ座屈応力度 $\sigma_{\mathrm{cr},c}$ の形で表すことができる．

5.2.2 座屈長さ

5.2.1 項では，もっとも基本的な材端支持条件である単純支持の場合を対象としたが，異なる材端支持条件では，座屈変形が異なることから，弾性曲げ座屈荷重の値も変化する．そのときの弾性曲げ座屈荷重を求めよう．

一例として，図 5.5 は両端で水平移動および回転がまったく生じないとき，すなわち両端完全固定支持となるときの曲げ座屈変形であり，このときの曲げ座屈荷重を求める．

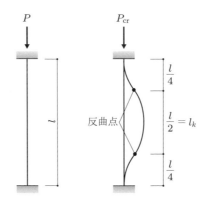

図 5.5 両端完全固定支持された圧縮材
の座屈変形と座屈長さ

曲げ座屈変形時，単純支持では両端で回転は自由に生じることから，曲げモーメントは 0 となるが，完全固定支持では両端で回転が完全に拘束されていることから，曲げモーメントを生じる．そこで，単純支持における座屈変形（sine 半波長）と同じ波形となっている領域を調べると，完全固定支持では図中に示す反曲点位置（曲げモーメント 0）区間（$l/2$）となる．このときの弾性曲げ座屈荷重は式 (5.10) の l を $l/2$ とすることで，次式のように求められる．

$$P_{\mathrm{cr}} = \frac{\pi^2}{(l/2)^2}EI = \frac{4\pi^2}{l^2}EI \tag{5.12}$$

つまり，圧縮材の長さが同じ l であっても，座屈変形時の長さ（座屈長さ）は支持条件の違いによって異なる．そのため，支持条件の違いによらず式 (5.10) を表すと，次式となる．

$$P_{\mathrm{cr}} = \frac{\pi^2}{l_k^2}EI \tag{5.13}$$

このとき，l_k を座屈長さといい，$l_k = kl$ とする．k は座屈長さ係数であり，完全固定支持では 0.5 となる．座屈長さとは，反曲点長さ，すなわち sine 半波長である．

さまざまな材端支持条件と座屈長さ係数 k との関係を表5.1にまとめている．(1)〜(3) の三つの座屈モードは，上下の材端が水平移動しない場合である．材端で回転固定されると，単純支持に比べて，座屈長さ係数は小さくなることから，座屈長さも短くなる．(4)〜(6) の三つの座屈モードは，上下の材端が水平移動する場合である．上下端で回転固定された (6) の座屈モードと単純支持の場合では，座屈長さ係数および座屈長さが等しい．両端ピン支持 (4) では不安定となり，圧縮力を支持できないことを注意しなければならない．

表5.1　材端支持条件と座屈長さ係数

節点の移動		なし			あり		
材端支持条件 上	ピン	ピン	固定	ピン	ピン	固定
下	ピン	固定	固定	ピン	固定	固定
座屈モード	(1)	(2)	(3)	(4)	(5)	(6)
k	1.0	0.7	0.5	∞	2.0	1.0

5.2.3　非弾性曲げ座屈

式 (5.11) より，細長比が小さくなるにつれて，弾性曲げ座屈応力度は著しく増大する．しかし，第3章で説明したように，鋼材は降伏応力度に達すると，応力度は降伏棚の領域で頭打ちとなる．ひずみ度の増加に伴い，ひずみ硬化により応力度は再び上昇するものの，その剛性（ひずみ硬化係数）は初期剛性（ヤング係数）に比べるとはるかに小さいことから，曲げ座屈応力度の上限は降伏応力度と考えてよい．これまでに多くの圧縮実験が行われており，曲げ座屈応力度と細長比の関係が図5.6にまとめられている．弾性座屈曲線（オイラー座屈曲線）も図中に描かれているが，横軸が 1.0 を超える範囲では，実験結果（○）は曲線の上下にばらついているものの，1.0 以下では曲線を下回る．これは，部材の製作過程で，圧延もしくは溶接組み立てしたときに生じる残留応力や初期不整（部材が完全に真っ直ぐではなく，微小に横たわみを生じている状態）によるもので，圧縮力 P が降伏耐力 P_y に達する前に，断面の一部が降伏応力度に達し，降伏部分の剛性が低下するためである．

実験結果がオイラー座屈曲線から乖離し始める $0.6\sigma_y$ のときの細長比を限界細長比 Λ（図の横軸 1.0）とよび，式 (5.11) より次式となる．

$$\sigma_{\mathrm{cr},c} = 0.6\sigma_y = \frac{\pi^2 E}{\Lambda^2} \quad \therefore \Lambda = \pi\sqrt{\frac{E}{0.6\sigma_y}} \tag{5.14}$$

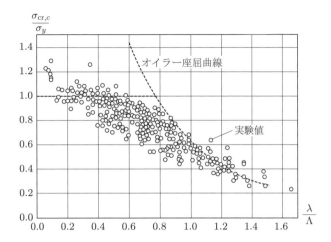

図 5.6 圧縮実験結果による曲げ座屈応力度と細長比の関係
(若林実:鉄骨構造学詳論, 丸善 1985)

式 (5.14) からわかるように, 限界細長比は降伏応力度の大きさによって異なる. 限界細長比 Λ より小さい範囲では, 上述の理由により, $\sigma_{cr,c}$ がオイラー座屈曲線および降伏応力度を下回ることから, 実験結果に基づいた近似式がいくつか提案されている. ここではもっともよく使用されている次のジョンソン式を示す.

$$\sigma_{cr,c} = \left\{ 1 - 0.4 \left(\frac{\lambda}{\Lambda} \right)^2 \right\} \sigma_y \tag{5.15}$$

式 (5.15) は $\lambda = 0$ のとき $\sigma_{cr,c} = \sigma_y$ となり, $\lambda = \Lambda$ のとき $\sigma_{cr,c} = 0.6\sigma_y$ となるように実験結果を近似したものである.

図 5.7 に, オイラー座屈式 (式 (5.11)) とジョンソン式 (式 (5.15)) を示す. 細長比 λ が限界細長比 Λ より大きい範囲は弾性 (曲げ) 座屈領域, 小さい範囲は非弾性 (曲げ) 座屈領域とよばれる.

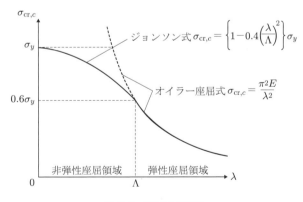

図 5.7 曲げ座屈曲線

圧縮材の曲げ座屈荷重を増加させるには，

(1) 材端の固定度を上げる

(2) 部材中央に支点を設ける

といった方法があげられる．(1) は 5.2.2 項で説明しているものの，実構造物において完全固定とすることは難しい．(2) は適切な剛性および耐力を有する一つもしくは複数の支点を配置することで，大幅に増加させることができる．

ここでは，圧縮材の支点の補剛について説明する．圧縮材の曲げ座屈荷重は式 (5.13) に示したように，座屈長さ l_k の 2 乗に反比例するので，座屈長さが大きくなると曲げ座屈荷重は急激に低下していく．たとえば，**図 5.8** に示す H 形断面において，強軸回りの断面二次モーメントは弱軸回りの数倍程度であることから，補剛がない場合は弱軸回りに曲げ座屈を生じる．そこで，弱軸回りの曲げ座屈に対して補剛材を設けることで，曲げ座屈荷重を増加させることができる．そのため，部材全長 l の強軸回りの曲げ座屈荷重と，部材端部から補剛材までの部材半分の長さ $l/2$ の弱軸回りの曲げ座屈荷重を比較し，どちらか小さいほうの値をその部材の曲げ座屈荷重として用いることになる．

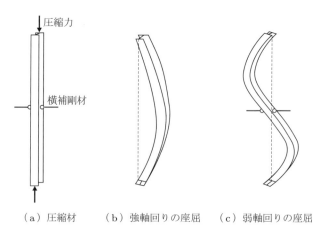

（a）圧縮材　　（b）強軸回りの座屈　　（c）弱軸回りの座屈

図 5.8 材中央で弱軸回りに補剛された H 形鋼部材の曲げ座屈

次に，**図 5.9** (a) に示すような圧縮材中央に支点を設ける場合を考える．長さ $2l$ の圧縮材で，支点補剛がない場合，曲げ座屈荷重は式 (5.10) より次式となる．

$$P_{\mathrm{cr}1} = \frac{\pi^2}{4l^2} EI \tag{5.16}$$

一方，支点で座屈変形が完全に拘束された場合の曲げ座屈荷重は，座屈長さは半分の l となることから，

$$P_{\mathrm{cr}2} = \frac{\pi^2}{l^2} EI \tag{5.17}$$

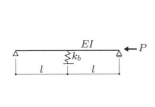

（a）部材中央を補剛した圧縮材

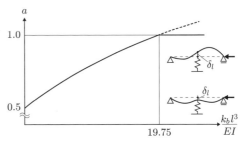

（b）支点の補剛剛性と座屈荷重上昇率

図 5.9 圧縮材における支点の補剛剛性と座屈荷重上昇率

となる．支点の補剛剛性の大きさによって，支点で補剛された圧縮材の曲げ座屈荷重は式 (5.16) と式 (5.17) の間となり，図 (b) のような関係となる．縦軸は曲げ座屈荷重上昇率 a，横軸は支点の補剛剛性 k_b を梁の曲げ剛性 EI/l^3 で基準化したものである．$a = 0.5$ のとき式 (5.16)，$a = 1.0$ のとき式 (5.17) となる．図より，支点で座屈変形が完全に拘束された状態，すなわち $a = 1.0$ のときの補剛剛性 k_b は次式となる．

$$k_b = 19.75 \frac{EI}{l^3} \fallingdotseq 2\frac{P_{cr2}}{l} \tag{5.18}$$

なお，式 (5.18) よりも大きな補剛剛性 k_b であっても曲げ座屈荷重上昇率は $a = 1.0$ となることから，理論上，これ以上の大きさの k_b は必要ないということになる．

補剛剛性が不十分であれば，図 (b) に示すように圧縮材は中央でも横たわみを生じることから，補剛力は R_b（$= k_b \delta_l$）となる．一方，k_b が式 (5.18) よりも大きいとき，支点での横たわみは $\delta_l = 0$ であることから，補剛力は生じない．しかし，細長い部材には元たわみが生じていることから，**図 5.10** に示すような補剛力 R_b が作用するため，支点に作用する補剛力は慣例として次式で設計される．

$$R_b = 0.02P \tag{5.19}$$

図 5.10　支点に作用する補剛力

次に，複数の柱が並列しているときの支点補剛について考える．**図 5.11** は，部材中央で連結した，並列する 3 本の柱を示している．図 (a) では，連結しても 3 本の柱が同じ向きに座屈変形するため，支点で座屈変形は拘束されず，座屈長さは h となる．このことから，支点補剛には水平移動しない条件を付与しなければならない．図 (b) に示すように筋かい材を設けるか，図 (c) に示すように 2 本の柱が座屈変形を生じても横たわみを生じない剛強な柱を左側に配置すればよい．この柱は式 (5.17) の 2 倍の耐力を有し，補剛材は式 (5.18) 以上の剛性を有する必要がある．

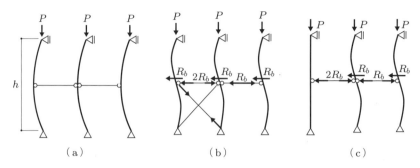

図 5.11 並列の柱の支点補剛の例

▶**例題 5.1**

図 5.12 に示す骨組が鉛直荷重 P を受けるときの柱の弾性曲げ座屈応力度の大小を比べよ。ただし、柱の細長比は限界細長比よりも大きいものとする。柱の曲げ剛性、断面積は図 (a)〜(d) に示すとおりであり、梁の曲げ剛性は無限大とする。また、筋かい材により柱上端の水平変位は完全に拘束されているものとする。

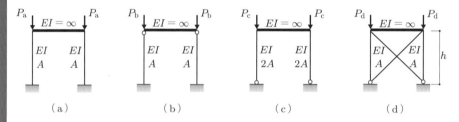

図 5.12 鉛直荷重を受ける骨組における柱

▷**解答**

柱の細長比は限界細長比よりも大きいことから、曲げ座屈応力度の算定には式 (5.11) を用いる。

(a) の場合

座屈長さ：

柱下端では回転および水平移動は完全拘束されている。柱上端では回転は完全拘束されているものの、水平移動は拘束されていないことから、表 5.1 (6) の条件となる。よって、座屈長さ係数は $k = 1.0$ となる。

曲げ座屈応力度：

柱の曲げ剛性 EI、座屈長さ $kh = h$ より、曲げ座屈荷重は、式 (5.13) より

$$P_\mathrm{a} = \frac{\pi^2}{h^2} EI$$

となる。さらに、両辺を断面積 A で除すと、曲げ座屈応力度は以下のようになる。

$$\frac{P_\mathrm{a}}{A} = \frac{\pi^2}{h^2} \frac{EI}{A} = \frac{\pi^2}{h^2} \frac{E}{A/I} = \frac{\pi^2}{(h/i)^2} E = \frac{\pi^2 E}{\lambda^2}$$

(b) の場合

座屈長さ:

(a) と同様，柱下端では回転および水平移動は完全拘束されている．柱上端では回転および水平移動は拘束されていないことから，表 5.1 (5) の条件となる．よって，座屈長さ係数は $k = 2.0$ となる．

曲げ座屈応力度:

柱の曲げ剛性 EI，座屈長さ $kh = 2h$ より，曲げ座屈荷重は，

$$P_{\rm b} = \frac{\pi^2}{(2h)^2} EI$$

となる．さらに，両辺を断面積 A で除すと，曲げ座屈応力度は以下のようになる．

$$\frac{P_{\rm b}}{A} = \frac{\pi^2}{4h^2} \frac{EI}{A} = \frac{\pi^2}{4h^2} \frac{E}{A/I} = \frac{\pi^2}{4(h/i)^2} E = \frac{\pi^2 E}{4\lambda^2}$$

(c) の場合

座屈長さ:

柱下端では水平移動は完全拘束されているものの，回転は自由である．柱上端では回転は完全拘束されているものの，水平移動は拘束されていないことから，表 5.1 (5) の条件となる．よって，座屈長さ係数は $k = 2.0$ となる．

曲げ座屈応力度:

柱の曲げ剛性 EI，座屈長さ $kh = 2h$ より，曲げ座屈荷重は，

$$P_{\rm c} = \frac{\pi^2}{(2h)^2} EI$$

となる．さらに，両辺を断面積 $2A$ で除すと，曲げ座屈応力度は以下のようになる．

$$\frac{P_{\rm c}}{2A} = \frac{\pi^2}{4h^2} \frac{EI}{2A} = \frac{\pi^2}{4h^2} \frac{E}{2A/I} = \frac{\pi^2 E}{8\lambda^2}$$

(d) の場合

座屈長さ:

柱上端では回転完全拘束，柱下端では回転自由である．筋かい材により水平移動は完全に拘束されているから，表 5.1 (2) の条件となる．よって，座屈長さ係数は $k = 0.7$ となる．

曲げ座屈応力度:

柱の曲げ剛性 EI，座屈長さ $kh = 0.7h$ より，曲げ座屈荷重は，

$$P_{\rm d} = \frac{\pi^2}{(0.7h)^2} EI \fallingdotseq \frac{\pi^2}{0.5h^2} EI$$

となる．さらに，両辺を断面積 A で除すと，曲げ座屈応力度は以下のようになる．

$$\frac{P_{\rm d}}{A} = \frac{\pi^2}{0.5h^2} \frac{EI}{A} = \frac{2\pi^2}{h^2} \frac{E}{A/I} = \frac{2\pi^2}{(h/i)^2} E = \frac{2\pi^2 E}{\lambda^2}$$

以上より，(d) > (a) > (b) > (c) となる．なお，曲げ座屈荷重は (b) と (c) で等しいことに留意する．

▶**例題 5.2**

図 5.13 に示す両端ピン支持の H 形鋼部材が圧縮力を受けている．材長 16 m，梁断面 H–300 × 300 × 10 × 15 で，弱軸回り（y 軸回り）で水平変形が固定されている．ヤング係数 $E = 2.05 \times 10^5 \, \text{N/mm}^2$，圧縮材の降伏応力度 $\sigma_y = 235 \, \text{N/mm}^2$ である．このとき，曲げ座屈応力度 $\sigma_{\text{cr},c}$，補剛力 R_b を求めよ．

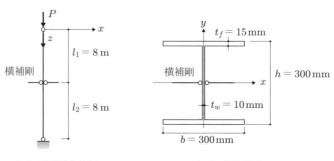

（a）圧縮材全体図　　　　　　（b）部材断面

図 5.13 中央で補剛された H 形鋼圧縮部材

▷**解答**

通常，強軸回り，弱軸回りについて条件が同じであれば，弱軸回りの曲げ座屈応力度が小さいので，強軸回りについて求めなくてよい．しかし，この問題では，強軸回り（x 軸回り）は部材中央で補剛がなく，弱軸回り（y 軸回り）で補剛があることから，どちらの曲げ座屈応力度が小さいかわからない．そこで，両軸回りの曲げ座屈応力度を求めることとする．

最初に，共通の係数について算定する．

断面積：$A = 11700 \, \text{mm}^2$

限界細長比：$\Lambda = \pi \sqrt{\dfrac{E}{0.6\sigma_y}} = \pi \sqrt{\dfrac{2.05 \times 10^5}{0.6 \times 235}} = 120$

次に，それぞれの軸回りについて諸元を求める．

強軸回り（x 軸回り）：

ここでは簡単に求められる方法を説明する．断面二次モーメントは中立軸に対して対称であれば足し引きできるので，I_x は

$$I_x = \frac{bh^3}{12} - \frac{(b-t_w)(h-2t_f)^3}{12} = \frac{300 \times 300^3}{12} - \frac{(300-10)(300-2 \times 15)^3}{12}$$
$$= 1.99 \times 10^8 \, \text{mm}^4$$

となる（図 6.8 参照）．

断面二次半径：$i_x = \sqrt{\dfrac{I_x}{A}} = \sqrt{\dfrac{1.99 \times 10^8}{11700}} = 130 \, \text{mm}$

$$\text{細長比}：\lambda_x = \frac{l}{i_x} = \frac{16000}{130} = 123$$

$\lambda_x > \Lambda$ より，式 (5.11) を用いる．

$$\sigma_{\text{cr},c} = \frac{\pi^2 E}{\lambda_x^2} = \frac{\pi^2 \times 2.05 \times 10^5}{123^2} = 134 \text{ N/mm}^2$$

弱軸回り（y 軸回り）：

$$\text{断面二次モーメント}：I_y = 6.75 \times 10^7 \text{ mm}^4$$

$$\text{断面二次半径}：i_y = \sqrt{\frac{I_y}{A}} = \sqrt{\frac{6.75 \times 10^7}{11700}} = 76.0 \text{ mm}$$

$$\text{細長比}：\lambda_y = \frac{l}{i_y} = \frac{8000}{76.0} = 105$$

$\lambda_y < \Lambda$ より，式 (5.15) を用いる．

$$\sigma_{\text{cr},c} = \left\{ 1 - 0.4 \left(\frac{\lambda_y}{\Lambda} \right)^2 \right\} \sigma_y = \left\{ 1 - 0.4 \left(\frac{105}{120} \right)^2 \right\} \times 235 = 163 \text{ N/mm}^2$$

　強軸回り，弱軸回りの曲げ座屈応力度のうち，小さいほうが圧縮材の曲げ座屈応力度となることから，

$$\sigma_{\text{cr},c} = 134 \text{ N/mm}^2$$

となる．
　一方，補剛剛性は式 (5.18) より

$$k_b = 2 \frac{P_{\text{cr2}}}{l} = 2 \times \frac{\sigma_{\text{cr},c} A}{l} = 2 \times \frac{134 \times 11700}{8000} = 392 \text{ N/mm}$$

補剛力は式 (5.19) より

$$R_b = 0.02 \sigma_{\text{cr},c} A = 0.02 \times 134 \times 11700 = 3.14 \times 10^4 \text{ N}$$

となる．

5.3　組立圧縮材

5.3.1　有効細長比

　組立圧縮材は，図 5.1 (b)，**図 5.14** に示すような，二つ以上の形鋼などを組み合わせた部材である．部材の組み合わせ方法により，図 5.14 (a) はさみ板形式，(b) 帯板形式，(c) ラチス形式，(d) 有効カバープレート形式などがある．5.1 節でも説明したように，組立圧縮材には充腹軸と非充腹軸があり，それぞれの軸に対して座屈を検討する．とくに，非充腹軸では，断面を構成する形鋼が離散的に配置されるため，せん断剛性が小さく，曲げ座屈時に生じるせん断変形により付加曲げモーメントが作用することから，単一圧縮材に比べて曲げ座屈荷重が低下してしまう．そのため，非充腹

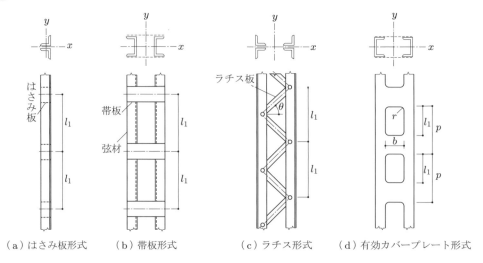

(a) はさみ板形式　　(b) 帯板形式　　(c) ラチス形式　　(d) 有効カバープレート形式

図 5.14　組立圧縮材の例

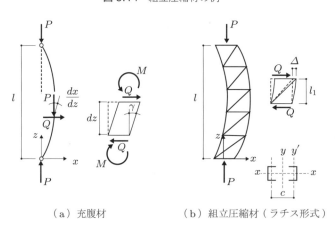

(a) 充腹材　　　　　(b) 組立圧縮材 (ラチス形式)

図 5.15　圧縮材に生じるせん断力とせん断変形

軸に対する曲げ座屈荷重の算定には，図 5.15 に示すようなせん断変形を考慮する必要がある．そこで，5.2.1 項で示した応力の釣り合い方程式に，図 5.15 に示すせん断変形の影響を考慮して，オイラー座屈荷重の形で表記すると次式のようになる．

$$P_{\mathrm{cr}} = \frac{\pi^2}{l^2} EI \cdot \frac{1}{1 + \pi^2 EI / k_e l^2} \tag{5.20}$$

k_e：組立圧縮材の非充腹軸に対するせん断剛性

式 (5.20) の右辺の $1 + \pi^2 EI / k_e l^2$ が，非充腹材のせん断変形による曲げ座屈荷重の低下を考慮したものである．式 (5.20) を曲げ座屈応力度の形で表記すると次式となる．

$$\sigma_{\mathrm{cr},c} = \frac{\pi^2 E}{\lambda^2} \cdot \frac{1}{1 + \pi^2 EI / k_e l^2} = \frac{\pi^2 E}{\lambda^2 + \pi^2 EA / k_e} = \frac{\pi^2 E}{\lambda_e^2} \tag{5.21}$$

λ_e は有効細長比であり，一般には以下のように整理されている．

$$\lambda_e = \sqrt{\lambda^2 + \lambda_1^2}, \quad \lambda_1 = \pi\sqrt{\frac{EA}{k_e}} \tag{5.22}$$

λ は組立材が一体となっているとしたときの細長比であり，λ_1 はせん断変形の影響を考慮した増加率である．充腹材の場合は $\lambda_1 = 0$，すなわちせん断変形を考慮しなくてよい．そして，λ_e を用いることで，非充腹軸の曲げ座屈応力度も式 (5.11) のオイラー座屈応力度と同じ形で表現できることになる．なお，鋼構造許容応力度設計規準[7] では，組立圧縮材の設計に際し，λ_e を以下のように定めている．

$$\lambda_{ye} = \sqrt{\lambda_y^2 + \frac{m}{2}\lambda_1^2} \tag{5.23}$$

λ_{ye}：非充腹材が y 軸のときの有効細長比

λ_y：素材が一体として作用するとみなしたときの y 軸回りの細長比

m：組立材断面に用いられる，つづり材によって組み立てられる素材または素材群の数（図 5.16）

ここで，$\lambda_1 \le 20$ のとき $\lambda_y = \lambda_{ye}$ とみなすことができる．

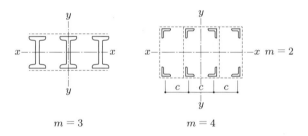

図 5.16 素材群の数（m）の考え方

λ_1 は組立圧縮材の形式により，次のように定められる．

①はさみ板，帯板形式の組立圧縮材の場合（図 5.14 (a)，(b)）

$$\lambda_1 = \pi\sqrt{\frac{EA}{k_e}} \fallingdotseq \frac{l_1}{i_1}, \quad i_1 = \sqrt{\frac{I_1}{A_1}} \tag{5.24}$$

l_1：素材の区間長さ，i_1：素材の最小断面二次半径

I_1：弦材の断面二次モーメント，A_1：素材の断面積

②ラチス形式の組立圧縮材の場合（図 5.14 (c)）

$$\lambda_1 = \pi\sqrt{\frac{EA}{k_e}} = \pi\sqrt{\frac{EAl_d^3}{nEA_dl_2e^2}} = \pi\sqrt{\frac{Al_d^3}{nA_dl_2e^2}} \tag{5.25}$$

A：組立材を構成する素材すべての断面積，l_d：ラチス材の長さ

l_2：ラチス材の長さの材軸方向成分，e：帯板長さ（図 5.17 参照）

A_d：ラチス材の断面積，n：つづり材の構面の数（図 5.17 参照）

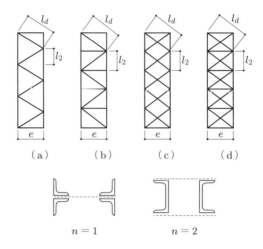

図5.17 ラチス材の長さ

③有効カバープレート形式の組立圧縮材の場合（図5.14 (d)）

①の帯板形式に準じて検討する．

$$\lambda_1 = 1.67\sqrt{\frac{l_1}{p}\frac{l_1}{i_1}} \tag{5.26}$$

l_1：孔の長さ，p：孔のピッチ

ただし，この形式では通常 $\lambda_1 \le 20$ となるので，$\lambda_y = \lambda_{ye}$ として用いることが多い．

5.3.2　つづり材

つづり材とは，**図5.18** に示すように弦材をつなぐ材である．

図5.15 に示したように組立圧縮材が座屈するとき，単一圧縮材に比べて，非充腹軸では部材断面が小さいことから，大きなせん断応力を生じる．そのため，作用せん断力に対してつづり材が安全となるように断面を設定する必要がある．座屈時に発生するせん断力 Q_k の算定方法について，たとえば鋼構造許容応力度設計規準[7] では組立圧縮材の設計用圧縮力 P の2% としている．

$$Q_k = 0.02P \tag{5.27}$$

①はさみ板，帯板形式の組立圧縮材の場合（図5.18 (a)）

帯板形式の組立圧縮材が非充腹軸回りに座屈するとき，それに伴うせん断力 Q_k が柱に作用する．図に示すように反曲点が帯板間の中央にあるとすると，帯板端部に作用する曲げモーメントは次のように求められる．

$$M_b = 2 \times \frac{Q_k}{2}\frac{l_1}{2}\frac{1}{n} = \frac{Q_k l_1}{2n} \tag{5.28}$$

帯板に作用するせん断力は，式 (5.28) を帯板長さ e で除すことで次のように求められる．

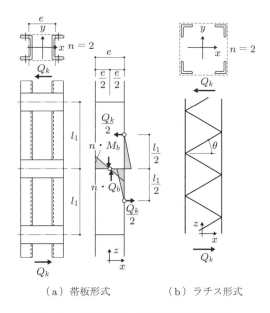

図 5.18 つづり材およびつづり材の作用応力

（a）帯板形式　　　（b）ラチス形式

$$Q_b = \frac{M_b}{e/2} = \frac{Q_k l_1}{ne} \tag{5.29}$$

なお，はさみ板形式では，接合ボルトに生じるせん断力は，主材の距離を e として，式 (5.29) を用いて算定する．

②ラチス形式の組立圧縮材の場合（図 5.18 (b)）

式 (5.27) の作用せん断力によってラチスに生じる圧縮力もしくは引張力は，次式のとおりである．

$$D = \pm \frac{Q_k}{n \cos \theta} \tag{5.30}$$

θ：ラチス材の取り付け角度，n：ラチス材の構面数

5.3.3　構造上の注意点（構造細則）

以上述べたほかに，組立圧縮材の設計について，鋼構造許容応力度設計規準[7] では，次のような規定を設けている．

①圧縮材を組み立てる高力ボルトあるいは断続溶接のピッチは，集結材でもっとも薄い板厚の $0.73\sqrt{E/F}$ 倍以下（F：基準強度，9.3.1 項参照），かつ 300 mm 以下とする．ただし，高力ボルトが千鳥打ちされるとき，各ゲージラインの上のピッチは，上記の値の 1.5 倍以下とする．

②はさみ板・帯板またはラチスで分けられた区間数は 3 以上とし，各区間長はなるべく均等になるようにする．

③はさみ板形式・帯板形式では，素材の細長比が50以下になるように区間長をとる．
┐└形断面では，はさみ板は交互に直角に配置する．ラチス形式では，素材の細長比
が組立材の両主軸に関する細長比のうち，大きいほうの値以下になるような区間長
とする．

④ラチス材の細長比は160以下とする．

⑤素材間の距離の大きい組立圧縮材の材端部は，十分剛なガセットプレートまたは帯
板に3本以上の高力ボルト，またはこれと同等以上の溶接によって取り付ける．こ
の部分における高力ボルトのピッチは，径の4倍以下，溶接の場合は連続溶接と
する．

⑥有孔カバープレート形式では，孔の長さは孔の幅の2倍以下，孔と孔との内縁間距
離は組立材の溶接列距離以上とし，孔の隅角部の半径は50 mm以上とする．

5.3.4 トラス材の曲げ座屈

圧縮力を受けるトラス部材の曲げ座屈には構面内座屈と構面外座屈があり，個材
座屈か全体座屈のいずれかで耐力が決定される．構面内座屈における個材座屈は，
図5.19に示すように，弦材や腹材の節点間を座屈長さとして，全体座屈は組み立て
圧縮材全長を座屈長さとする．全体座屈が生じる場合，弦材，腹材を等価な充腹部材
に換算できる．その際，5.3.1項で説明したようにせん断変形の影響が大きくなるの
で，座屈荷重の算定の際には考慮する．構面外座屈は，**図5.20**に示すように，圧縮
応力を受ける弦材（圧縮弦材）がつなぎ梁間で構面外に座屈する現象である．

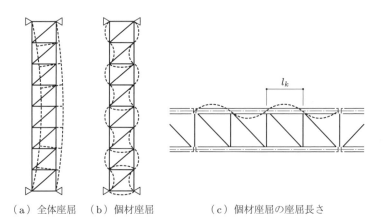

（a）全体座屈 　（b）個材座屈 　　　（c）個材座屈の座屈長さ

図5.19　構面内座屈

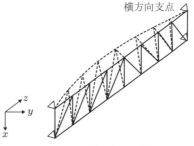

（a）座屈の変形

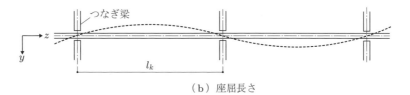

（b）座屈長さ

図 5.20 構面外座屈

解説 **筋かい材**

　筋かい材は，地震時に繰り返し軸方向力（圧縮力と引張力）を受ける．そのため，引張筋かい材として設計される細長比が大きい部材は，小さい圧縮力で曲げ座屈を生じてしまうため，圧縮力の負担が期待できない．**図 C.6** は，(a) 細長比が大きい筋かい材と，(b) 小さい筋かい材の軸方向力と軸方向変位の関係を示したものである．(a) 細長比が大きい場合，圧縮力により曲げ座屈を生じた筋かい材が引張力を受けると真っ直ぐに戻るが，座屈変形が大きくなると剛性が回復するまでに大きな軸方向変位を要する．一方，(b) 細長比が小さい場合，履歴曲線は繰り返し回数が増えても剛性は回復する．

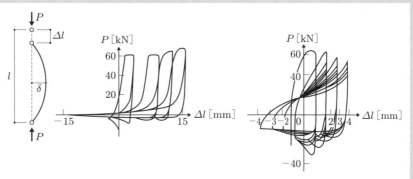

（a）細長比が大きい場合($\lambda = 160$)　　　（b）細長比が小さい場合($\lambda = 40$)

図 C.6　筋かい材の繰り返し履歴曲線
（若林實ほか：日本建築学会大会学術講演梗概集[21]）

解説 ———— 筋かい材の地震被害

図 C.7 は東北地方太平洋沖地震（2011 年）で被災した 4 層筋かい付きラーメン構造の立体駐車場である．筋かい材が曲げ座屈したケースや，ガセットプレートの曲げ剛性が不十分であったため，ガセットプレートで板曲げを生じ，破断したケースがあった．

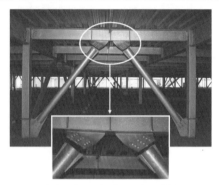

（a）筋かい材の　　（b）ガセットプレ　　（c）ガセットプレートの破断
　　曲げ座屈　　　　　ートの板曲げ

図 C.7　筋かい材構面の被害

演習問題

5.1　問図 5.1 のトラスに鉛直荷重 P が作用するとき，以下の問いに答えよ．なお，各トラス部材のヤング係数，降伏応力度を $E = 2.05 \times 10^5\,\mathrm{N/mm^2}$，$\sigma_y = 235\,\mathrm{N/mm^2}$ とし，上下弦材および斜材は，120 mm × 22 mm，120 mm × 19 mm の矩形断面とする．また，トラスの各節点はピン接合とし，$l = 450$ mm とする．

（1）各部材に作用する応力を求め，図に記入せよ．その際，応力の向きを記すこと．

（2）部材の限界細長比を求めよ．

（3）圧縮応力が作用する各部材の曲げ座屈応力度を求めよ．

（4）このトラスにおいて，最初に曲げ座屈が生じる部材を示し，鉛直荷重 P_{cr} を求めよ．

（5）このトラスにおいて，引張降伏と曲げ座屈のうち，どちらが最初に生じるか．また，そのときの荷重 P_{max} を求めよ．

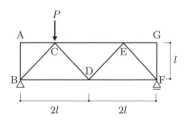

問図 5.1

5.2　問図 5.2 に示す上端ピン支持，下端固定支持された H 形鋼部材が圧縮力を受けている．材長 8.5 m，梁断面 H–200 × 100 × 5.5 × 8 で，y 方向の水平変位は固定されている．降伏応力度は $E = 2.05 \times 10^5$ N/mm²，圧縮材の降伏応力度は $\sigma_y = 235$ N/mm² である．次の問いに答えよ．

(1) 曲げ座屈応力度 $\sigma_{\mathrm{cr},c}$ が最大となるときの補剛位置 z と，そのときの $\sigma_{\mathrm{cr},c}$ を求めよ．

(2) そのときの補剛剛性 k_b，補剛力 R_b を求めよ．

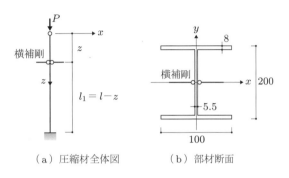

（a）圧縮材全体図　　　（b）部材断面

問図 5.2

6

曲 げ 材

　曲げ材とは，主に曲げモーメントとせん断力を受ける部材で，具体的には図 2.5 に示した大梁，小梁や母屋，胴縁などである．大梁や小梁には H 形鋼に加えてトラスやラチスで構成される梁，母屋や胴縁には山形鋼，溝形鋼などが用いられ，たとえば，**図 6.1** に示すように，大きな曲げモーメントが生じる面内方向に，断面二次モーメントが大きい強軸回りの断面の H 形鋼梁が配置される．このような曲げ材は，横座屈という不安定現象を生じる可能性がある．そして，ラーメン骨組における柱には，地震時に 2 方向からの水平力による曲げモーメントに加えて軸方向力が作用することから，角形鋼管や円形鋼管が用いられる．1 方向ラーメン架構，多方向筋かい付きラーメン架構の骨組では，H 形鋼柱が採用される．本章では，曲げモーメントを受ける鋼構造部材の力学特性，とくに横座屈について説明する．

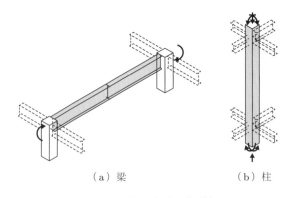

（a）梁　　　　　　　　　（b）柱

図 6.1　骨組における曲げ材

6.1　曲げ材（梁）とは？

6.1.1　曲げ材（梁）の断面形状

　曲げ材には，圧縮材と同様，**図 6.2** に示すような単一の形鋼（充腹材）や複数の形鋼（非充腹材）など，いろいろな断面が用いられる．床や積載物だけでなく，地震力に対しても抵抗する大梁には，梁が支える重量に対して要求される剛性・耐力を満たすよう，図 (a) の圧延 H 形鋼や (b) 溶接組立 H 形鋼，(g) ラチス梁，(h) トラス梁などが用いられる．小梁は床や積載物を支えるとともに，大梁が横座屈するときの補剛材としてはたらくことから，大梁よりも断面性能が小さい圧延 H 形鋼が主に用いられる．母屋は梁と屋根，胴縁は柱と壁を接合する部材であり，接合のしやすさと剛性・耐力を確保できる (d) 溝形鋼，(e) リップ溝形鋼，もしくは (f) 山形鋼が用いられる．

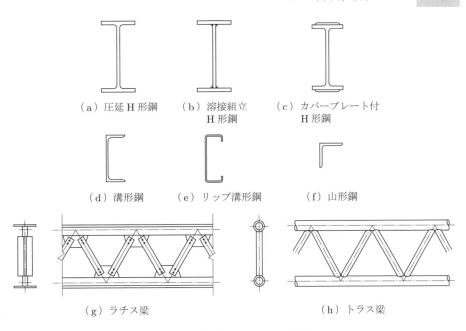

（a）圧延 H 形鋼　　（b）溶接組立　　（c）カバープレート付
　　　　　　　　　　　　　　H 形鋼　　　　　　　　H 形鋼

（d）溝形鋼　　（e）リップ溝形鋼　　（f）山形鋼

（g）ラチス梁　　　　　　　　　　　　（h）トラス梁

図 6.2　曲げ材に用いられる断面

　なお，(a) 圧延 H 形鋼は，第 1 章で説明したように製鉄所にて高温で圧延されて製造されるが，(b) 溶接組立 H 形鋼は鉄骨製作工場（ファブリケーター）で鋼板を溶接して製作されることから，圧延 H 形鋼にはない断面を選定できる．(g) ラチス梁は非充腹の組立梁であり，高力ボルトや溶接で組み立てられる．図 2.13 のような工場や体育館などの空間構造物に用いられることが多い．(h) トラス梁も非充腹梁であり，弦材や斜材には円形鋼管や角形鋼管が用いられ，溶接接合される．ラチス梁と同様，工場や体育館などの空間構造物およびスーパーストラクチャーとよばれる大規模な建築物にも用いられる．

6.1.2　曲げ応力度

　梁などの曲げ材には，**図 6.3** に示すように床や積載物などの鉛直荷重（固定荷重と積載荷重）により，常時曲げモーメントが生じていることから，このような曲げモーメントに対して強軸回りで抵抗するように断面を配置する．このとき，弾性時に梁断面の圧縮側および引張側の最外縁に作用する曲げ応力度 $_c\sigma_b$，$_t\sigma_b$ は後述の図 6.5 (b)

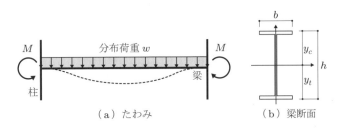

（a）たわみ　　　　　　　　（b）梁断面

図 6.3　骨組における梁の作用応力とたわみ

の応力度分布に基づき次のように表される.

$$_c\sigma_b = \frac{M}{I_x}y_c = \frac{M}{Z_{xc}}, \quad _t\sigma_b = \frac{M}{I_x}y_t = \frac{M}{Z_{xt}} \tag{6.1}$$

Z_{xc}, Z_{xt}：圧縮側および引張側の断面係数

I_x：強軸回りの断面二次モーメント

y_c, y_t：圧縮側および引張側の中立軸から最外縁までの距離

ただし，図 6.3 (b) の H 形鋼のような 2 軸対称断面では，圧縮側と引張側の断面係数は等しいことから（$Z_{xc} = Z_{xt}$），次のようになる.

$$_c\sigma_b = _t\sigma_b = \frac{M}{Z_x}, \quad Z_x = \frac{I_x}{h/2} \tag{6.2}$$

図 6.4 に示すように，鋼材の応力度とひずみ度の関係を完全弾塑性と仮定する.
式 (6.2) の弾性時（図 6.5 (b)）からさらに曲げモーメントが大きくなり，圧縮側および引張側の最外縁の応力度が降伏応力度に達すると（図 (c)），応力度は頭打ちとなり，ひずみ度だけが大きくなる（図 (d)）.そして，応力度は最外縁から徐々に降伏応力度に達し，最終的には圧縮側および引張側の全断面で降伏応力度に達した状態となる（図 (e)）.この状態を全塑性状態とよぶ.

このとき，降伏モーメント M_y，全塑性モーメント M_p は次のように表される.

$$M_y = Z\sigma_y, \quad M_p = Z_p\sigma_y \tag{6.3}$$

ここで，断面係数 Z は式 (6.2) に示す Z_x と同じものである.塑性断面係数 Z_p は，図 6.5 (e) の全塑性曲げモーメント時の釣り合いにおいて，圧縮側および引張側の長方

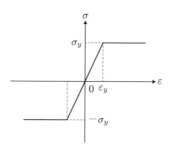

図 6.4 鋼材の応力度−ひずみ度関係モデル

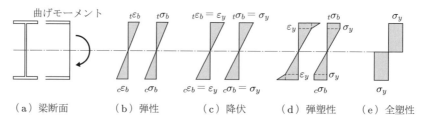

図 6.5 断面の曲げ応力度分布

形応力度ブロックの合力 $(ad/2)\sigma_y$ と断面中心から合力までの距離 $d/2$ を乗じたものを降伏応力度 σ_y で除すことで求められる．両者をわかりやすく比較するため，**図 6.6** (a) の矩形断面（幅 a，高さ d）について考えてみる．Z_p は上述の説明にしたがって，図 (c) を参照すると次のように求められる．

$$Z_p = \frac{\dfrac{ad}{2}\sigma_y \cdot \dfrac{d}{2}}{\sigma_y} = \frac{M_p}{\sigma_y} = \frac{ad^2}{4} \tag{6.4}$$

このとき，応力度ブロックは長方形であるため，合力の位置は長方形の重心であり，断面中心からの距離は $d/4$（合力間の距離は $d/2$）となる．

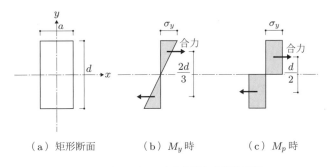

| （a）矩形断面 | （b）M_y 時 | （c）M_p 時 |

図 6.6 矩形断面の降伏状態と全塑性状態

Z は図 6.6 (b) の応力度ブロックを用いると，次のように求められる．

$$Z = \frac{\dfrac{1}{2}\dfrac{ad}{2}\sigma_y \cdot \dfrac{2d}{3}}{\sigma_y} = \frac{M_y}{\sigma_y} = \frac{ad^2}{6} \tag{6.5}$$

応力度ブロックは三角形であるため，合力の位置は三角形の重心であり，断面中心からの距離は $d/3$（合力間の距離は $2d/3$）となる．

全塑性モーメント M_p と降伏モーメント M_y の比を形状係数 f とよぶ．降伏応力度は等しいことから，矩形断面の場合，f は式 (6.4) と式 (6.5) の比より求められる．

$$f = \frac{M_p}{M_y} = \frac{Z_p}{Z} = \frac{ad^2/4}{ad^2/6} = 1.5 \tag{6.6}$$

なお，通常，建築物に用いられる H 形鋼，角形鋼管の場合は $f = 1.1 \sim 1.2$ 程度，円形鋼管の場合は $f = 1.3 \sim 1.4$ 程度となっている．H 形鋼や角形鋼管は矩形断面に比べて f が小さいということは，Z_p と Z の差が小さいということなので，中立軸から遠い位置に鋼材が集中して配置されていることを意味する．

▶例題6.1

図 6.7 の H 形鋼（H–400 × 200 × 9 × 12）の強軸回り（x 軸回り）の断面二次モーメント，断面係数，塑性断面係数を求めよ．

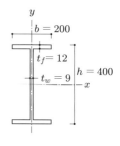

図 6.7　H 形断面

▷解答

ここでは簡単に求められる方法を説明する．断面二次モーメントは，中立軸に対して対称であれば，図 6.8 に示すように足し引きできるので，

$$I_x = \frac{bh^3}{12} - \frac{(b - t_w)(h - 2t_f)^3}{12} = \frac{200 \times 400^3}{12} - \frac{(200 - 9)(400 - 2 \times 12)^3}{12}$$
$$= 2.21 \times 10^8 \ \text{mm}^4$$

となる．強軸回り（x 軸回り）の断面係数 Z_x は I_x を中立軸から断面の最外縁までの距離（ここでは $h/2$）で除すことで求められる．

$$Z_x = \frac{I_x}{h/2} = \frac{2.21 \times 10^8}{400/2} = 1.11 \times 10^6 \ \text{mm}^3$$

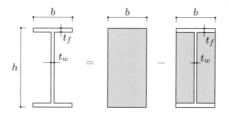

図 6.8　矩形断面の組み合わせによる断面二次モーメント，塑性断面係数の算定

塑性断面係数 Z_{px} は，断面二次モーメントが中立軸に対して対称であれば，断面二次モーメント I_x と同様，矩形断面の Z_{px} は足し引きできるので，

$$Z_{px} = \frac{bh^2}{4} - \frac{(b - t_w)(h - 2t_f)^2}{4}$$
$$= \frac{200 \times 400^2}{4} - \frac{(200 - 9)(400 - 2 \times 12)^2}{4}$$
$$= 1.25 \times 10^6 \ \text{N/mm}^3$$

となる．なお，形状係数 f は

$$f = \frac{Z_{px}}{Z_x} = \frac{1.25 \times 10^6}{1.11 \times 10^6} = 1.13$$

である．

6.1.3 せん断応力度

最初に，せん断応力度を理解するために，**図 6.9** (a) に示すような曲げモーメント M とせん断力 Q が作用する矩形断面について考える．2軸対称である矩形断面では，図中 $x = 0$ が中立軸となる．y 軸方向の任意の位置（図 (a) のアミかけ部分）を切断したときの応力度の釣り合いは，図 (b) から次のように表される．

$$\int_y^{h/2} \{(\sigma + d\sigma) - \sigma\} \cdot b \, dy - \tau \, dx \cdot b = 0 \tag{6.7}$$

$b \cdot dx$ で除し，整理すると次式となる．

$$\tau = \int_y^{h/2} \frac{d\sigma}{dx} \, dy \tag{6.8}$$

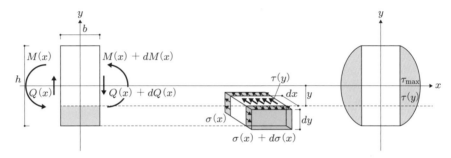

（a）矩形断面に作用する　　　（b）y-y 切断面での　　　（c）せん断応力度分布
　　曲げとせん断　　　　　　　　応力度の釣り合い

図 6.9　矩形断面の応力度の釣り合い

せん断力は曲げモーメントの微分であることから，次式で表される．

$$Q = \frac{dM}{dx} \tag{6.9}$$

式 (6.1) と式 (6.9) を式 (6.8) に代入すると，次式となる．

$$\tau = \int_y^{h/2} \frac{d}{dx}\left(\frac{M}{I}\right) y \, dy = \frac{Q}{bI} \int_y^{h/2} by \, dy \tag{6.10}$$

式 (6.10) より，せん断応力度分布は図 (c) に示す放物線となり，最大値は $y = 0$（中立軸）で生じ，次式で求められる．

$$\tau_{\max} = \frac{Q}{bI} \int_0^{h/2} by \, dy = \frac{3}{2} \frac{Q}{bh} \tag{6.11}$$

> 解説
> ### 断面一次モーメント
> 式 (6.10) における $\int_y^{h/2} by \, dy$ を $S(y)$ と表記する．

$$S(y) = \int_{y}^{h/2} by\,dy$$

このとき, S は中立軸から y 離れた位置から縁までの間の断面積 $A\ (= b(h/2 - y))$ に距離 y を乗じたものである. これを, 全断面積にわたって積分すると,

$$S(y) = \int_{-h/2}^{h/2} by\,dy$$

となる. S は断面一次モーメントであり, これを全断面積 A で除すと, 図心となる. 図 6.9 (a) の矩形断面は x 軸に対して対称であり, 中立軸が $x = 0$ であることから, $S = 0$ (図心位置も 0) となる.

次に, 図 6.10 (a) の H 形断面について考える. 矩形断面と同様, 式 (6.7) において高さ方向に積分すると, 次式が得られる.

$$\tau = \int_{y}^{h/2} \frac{d}{dx}\left(\frac{M}{I}\right)y\,dy = \frac{Q}{b(y)I}\int_{y}^{h/2} \frac{d}{dx}b(y)y\,dy \tag{6.12}$$

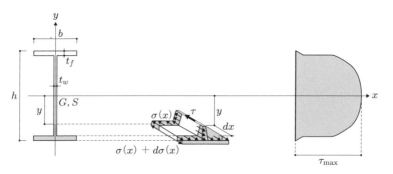

（a）座標系　　（b）y-y 切断面での応力度の釣り合い　　（c）せん断応力度分布

図 6.10　高さ方向（y 方向）の応力度の釣り合いより求めた
H 形断面のせん断応力度分布

ここで, 式 (6.10) との違いは, H 形断面ではフランジとウェブで構成されるため, 高さ方向に幅 b が異なることから, 式 (6.10) では定数であった b が y の関数となる点である. なお, 式 (6.12) の最右辺の $Q/b(y)I$ は, 図 6.10 (b) に示すように, 中立軸から y の位置での幅 b (ここではウェブ板厚) であり, $\int$ 中の任意の $b(y)$ とは異なる. このとき, y の位置における応力度分布は図 (b) のように表され, 式 (6.12) より求められたせん断応力度分布は図 (c) となる. これは, フランジでせん断応力度が外縁に向かって小さくなる分布を想定していることになる. つまり, 薄板であるフランジ幅方向に均一の応力が生じることから, これは適切ではない. したがって, 高さ方向の断面にせん断応力度が一様に作用するという矩形断面の仮定が H 形断面には適用できないことを意味する.

そこで，薄板で構成される鋼構造部材では，せん断応力度が板厚中心線に平行に作用し，かつ板厚方向に一定に分布するという仮定を設け，式 (6.12) の $b(y)$ を板厚に沿って $t(s)$ として積分すると，式 (6.12) は次のように表される．

$$\tau(s) = \frac{Q}{I_x t(s)} \int_0^s y t(s)\, ds \tag{6.13}$$

s：断面の端（O）を原点とし，板厚中心線に沿う座標系（**図 6.11** (a) 参照）
I_x：x 軸回りの断面二次モーメント，$t(s)$：座標 s における板厚

また，最大せん断応力度は中立軸で生じることから，板厚を t，すなわち中立軸に関する片側断面の一次モーメントを S とすれば，次のように表される．

$$\tau_{\max} = \frac{QS}{I_x t} \tag{6.14}$$

2 軸対称断面である H 形断面のせん断応力度分布は，式 (6.13) より図 6.11 (b) のようになる．最大せん断応力度は式 (6.14) の S を求め，代入すると次式となる．

$$\tau_{\max} = \frac{Q}{I_x}\left(\frac{bh}{2}\frac{t_f}{t_w} + \frac{h^2}{8}\right) \tag{6.15}$$

H 形断面では，図 (b) に示すように作用せん断力 Q はウェブでほとんど負担し，フランジではほとんど負担しないことがわかる．矩形断面と同様，ウェブのせん断応力度は中立軸位置でもっとも大きくなり，平均値の約 1.15 倍である．上下端に向かって小さくなるものの，矩形断面とは異なり，ウェブ端で 0 とはならない．そして，2 軸対称断面である H 形断面では，図 (a) に示すように重心位置（G）とせん断中心位置（S）は一致する．

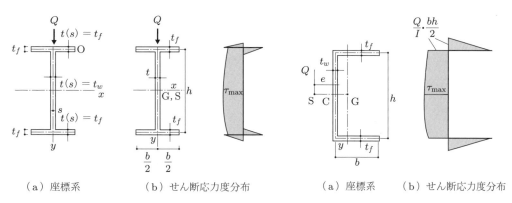

（a）座標系　（b）せん断応力度分布　図 6.11　H 形断面

（a）座標系　（b）せん断応力度分布　図 6.12　溝形断面

溝形断面の座標を**図 6.12** (a) に示す．作用せん断力 Q は図 (b) に示すようにウェブでほとんど負担し，ウェブ中央で生じる最大せん断応力度は，溝形断面についても式 (6.15) より求められる．このとき，せん断応力度を断面に沿って積分した値は Q と釣り合う．一方で，上下フランジのせん断応力度によって曲げモーメントを生じる

ことから，フランジのせん断力による点 C 回りのモーメント M_C を求めると，次のようになる．

$$M_C = \frac{bt_f}{2} \frac{Q}{I_x} \frac{bh}{2} \cdot h \tag{6.16}$$

M_C によって断面がねじれない条件は，作用せん断力 Q が点 C から e だけ離れた位置 S に作用することで，M_C に釣り合う曲げモーメントが生じる場合であり，次のようになる．

$$Q \cdot e = \frac{Q}{I_x} \frac{b^2 h^2 t_f}{4} \tag{6.17}$$

式 (6.17) より，e は次のように求められる．

$$e = \frac{3b^2 t_f}{6bt_f + ht_w} \tag{6.18}$$

つまり，せん断中心 S は図 6.12 (a) に示すように，ウェブ中心位置（C）から外側に距離 e だけ離れた位置となる．

この位置にせん断力が作用しない場合，(せん断中心から離れた距離) × (せん断力の大きさのねじりモーメント) が作用し，部材はねじれ変形を生じる．せん断中心にせん断力が作用した図 6.13 (a) では，ねじれ変形を伴わず鉛直下向きに変形する．一方，図 (b) はウェブ中心，図 (c) は重心にそれぞれせん断力が作用した場合であり，いずれもせん断中心からの距離に応じてねじれ変形を生じる．

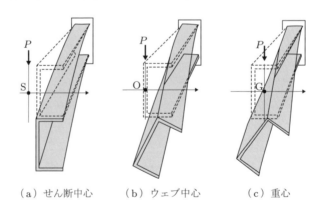

（a）せん断中心　　（b）ウェブ中心　　（c）重心

図 6.13 集中荷重の作用位置が異なる場合の非対称断面片持ち梁の変形

6.2 横座屈

6.2.1 横座屈

H 形断面や溝形断面のような梁が強軸回りに曲げモーメントを受けると，曲げモーメントの大きさに応じて面内方向に変形を生じるが，ある大きさに達すると，突然，

面外方向に変形を生じる．この現象を横座屈とよぶ．

　一様曲げ（等曲げモーメント）を受ける H 形鋼梁では，強軸回りに作用する曲げモーメントが大きくなると，梁は断面の弱軸方向である面外方向に変形を生じる．そのとき，梁断面はねじれ変形も伴う．これは，曲げモーメントにより圧縮応力を受ける上フランジが曲げ変形（座屈）を生じるものの，引張応力状態の下フランジでは曲げ変形が小さいことから，上下フランジで面外曲げ変形に違いが生じるためである．

　本節では，鋼構造骨組において一般的に使用される H 形鋼梁を対象にして，横座屈について説明する．

6.2.2　一様曲げを受ける梁の弾性横座屈

　本項では，梁の横座屈において，もっとも基本的な一様曲げを受ける単純支持について説明する．**図 6.14** (a) のように，両端の面外への曲げ変形（x 軸方向水平変形）とねじれ変形（z 軸回りの回転）が拘束された H 形鋼梁に，強軸回り（x 軸回り）の一様曲げが作用するとき，梁中央で面外曲げ変形およびねじれ変形がもっとも大きくなる横座屈変形を生じ，梁中央における断面は図 (b) のように表される．このときの横座屈荷重式を導出する．第 5 章の圧縮材の曲げ座屈とは異なり，梁の横座屈における釣り合い方程式は面外曲げ変形およびねじれ変形による次式で示される．

$$EI_y \frac{d^4 u}{dz^4} + M \frac{d^2 \beta}{dz^2} = 0 \tag{6.19a}$$

$$EI_w \frac{d^4 \beta}{dz^4} - GJ_T \frac{d^2 \beta}{dz^2} + M \frac{d^2 u}{dz^2} = 0 \tag{6.19b}$$

　　I_y：弱軸回り（y 軸回り）の断面二次モーメント

　　I_w：曲げねじり定数（式 (6.21)）

　　J_T：ねじり定数（式 (6.20)），G：せん断弾性係数

　　u：梁の面外曲げ変形（x 軸方向水平変形），β：ねじれ変形

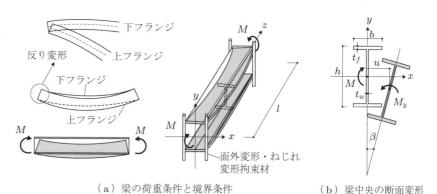

（a）梁の荷重条件と境界条件　　　　　　（b）梁中央の断面変形

図 6.14　単純支持された一様曲げを受ける H 形鋼梁の横座屈

$$J_T = \frac{1}{3}\{2bt_f^3 + (h - 2t_f)t_w^3\} \tag{6.20}$$

$$I_w = \frac{I_y}{4}h_f^2 \tag{6.21}$$

$$h_f = h - t_f : \text{フランジ中心間距離}$$

式 (6.19a) は図 6.14 (b) に示す作用曲げモーメント M と横座屈により生じる面外曲げモーメント M_y $(= EI_y\, d^2u/dz^2)$ の関係を示したものであり，式 (6.19b) は図 (b) のねじれ変形における釣り合いを示したものである．図 (a) に示すように，梁端では x 方向の水平変形，z 軸回りの回転は 0 であり，これらの関係は次式で表される．

$$u = C_1 \sin\frac{\pi z}{l}, \quad \beta = C_2 \sin\frac{\pi z}{l} \tag{6.22}$$

$$l : \text{梁の材長}$$

C_1，C_2 は部材の境界条件から定められる．なお，反り変形は自由である．

式 (6.22) の u，β を式 (6.19a)，(6.19b) に代入すると，圧縮材の曲げ座屈と同様，荷重と変形の釣り合いから，弾性横座屈モーメントは次のように導かれる．

$$M_{\mathrm{cr}} = \sqrt{\frac{\pi^4 EI_y EI_w}{l^4} + \frac{\pi^2 EI_y GJ_T}{l^2}} \tag{6.23}$$

式 (6.23) の $\sqrt{\ }$ の第 1 項はワグナーの曲げねじれ，第 2 項はサン・ブナンねじれに関する項である．

ワグナーの曲げねじれとは，上下フランジが面外方向に曲げ変形するものの，その大きさは上下フランジで異なるため，ねじれ変形を伴う現象であり，ねじれ変形は材長方向に変化する（図 6.14 (a) 左上の図）．サン・ブナンねじれとは，梁の断面がねじれる現象であり，一様曲げのときねじれ変形は材長方向に一定である（図 (b)）．ここでは，ワグナーの曲げねじれの項について式展開し，力学的な観点から説明する．

式 (6.23) の $\sqrt{\ }$ の第 1 項を $M_{\mathrm{cr}1}^2$ とおくと，$M_{\mathrm{cr}1}$ は次のように表される．

$$M_{\mathrm{cr}1} = \sqrt{\frac{\pi^4 EI_y EI_w}{l^4}} = \frac{\pi^2}{l^2}E\sqrt{I_y \cdot \frac{I_y}{4}h_f^2} = \frac{\pi^2}{2l^2}EI_y h_f \tag{6.24}$$

ここで，EI_y におけるウェブの断面二次モーメントは，フランジに比べて非常に小さいことから（$I_f \gg h_w t_w^3/12$），次式のように表される．

$$EI_y = E\left(2I_f + \frac{h_w t_w^3}{12}\right) \fallingdotseq 2EI_f \tag{6.25}$$

よって，式 (6.24) は次のように表される．

$$M_{\mathrm{cr}1} = \frac{\pi^2}{2l^2}EI_y h_f \fallingdotseq \frac{\pi^2}{l^2}EI_f h_f \tag{6.26}$$

さらに，式 (6.26) の両辺をフランジ中心間距離 h_f で除すと，次式となる．

$$\frac{M_{\mathrm{cr1}}}{h_f} = P_{\mathrm{cr1}} = \frac{\pi^2}{l^2} EI_f \tag{6.27}$$

P_{cr1} は第 5 章で示した圧縮材の曲げ座屈荷重式（式 (5.10)）と同じ形であり，**図 6.15** に示す圧縮フランジ（正確には圧縮フランジを含む T 形断面）の曲げ座屈に対する荷重式である．つまり，ワグナーの曲げねじりモーメントとは，圧縮フランジが曲げ座屈するときの梁の曲げモーメントを意味する．

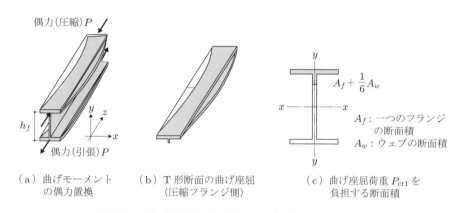

（a）曲げモーメント の偶力置換 （b）T 形断面の曲げ座屈（圧縮フランジ側） （c）曲げ座屈荷重 P_{cr1} を 負担する断面積

図 6.15 梁の横座屈から圧縮フランジの曲げ座屈への置換

さらに，式 (6.23) の $\sqrt{\ }$ の二つの項を式 (6.24) でくくり，両辺をフランジ中心間距離 h_f で除すと，次式となる．

$$P_{\mathrm{cr}} = \sqrt{\frac{\pi^4 EI_y EI_w}{l^4} + \frac{\pi^2 EI_y GJ_T}{l^2}} \bigg/ h_f = \frac{\pi^2}{l^2} EI_f \sqrt{1 + \left(\frac{l}{\pi h_f}\right)^2 \frac{2GJ_T}{EI_f}} \tag{6.28}$$

式 (6.28) は梁の横座屈モーメントを圧縮フランジに作用する偶力（軸力）として表現した式であり，$\sqrt{\ }$ の第 2 項はフランジの曲げ剛性に対するサン・ブナンねじり剛性の比として表現できる．つまり，圧縮フランジの曲げ座屈の際，引張フランジも追随して面外に曲げ変形するものの，その大きさは圧縮フランジよりも小さいことから，ねじり抵抗することを表している．

6.2.3 勾配曲げを受ける梁の弾性横座屈

第 5 章の圧縮材の場合，圧縮応力は材長にわたって均一に作用し，6.2.2 項の一様曲げを受ける梁の場合も上下フランジに圧縮もしくは引張応力が材長にわたって均一に作用する状態であった．しかし，建築物における梁には，床スラブや積載物などの鉛直荷重に伴う曲げモーメント，地震力や風圧力による水平力によって生じる勾配曲げモーメントなどが作用する．一様曲げと異なり，梁材長に沿って曲げモーメントの

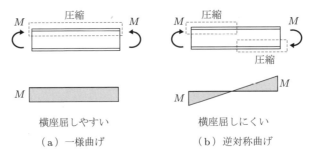

図6.16　モーメント勾配と圧縮応力領域

大きさが変化する場合を勾配曲げと称する．例として，**図6.16**には，(a) 一様曲げと(b) 逆対称曲げを受ける梁の応力状態と曲げモーメント分布を比較している．このとき，(a) 一様曲げの場合，圧縮応力が上フランジに一定の大きさで作用し，図6.15 (b) のように圧縮力を受けるT形断面（圧縮フランジ＋ウェブの1/6）の曲げ座屈を生じる．一方，(b) 逆対称曲げの場合，梁の左側では上フランジに，右側では下フランジに圧縮応力が作用する．曲げモーメント分布からわかるように，圧縮応力は梁端から中央に向かって減少するため，一様曲げに比べて，勾配曲げでは

①圧縮応力を受けるT形断面の長さは半分となる
②圧縮応力が材長に沿って変化する（減少する）

ことから，横座屈を生じにくくなるという特徴がある．

勾配曲げモーメントにより横座屈を生じるとき，梁の弾性横座屈モーメントは次のように表される．

$$M_{\mathrm{cr}} = C\sqrt{\frac{\pi^4 EI_y EI_w}{l^4} + \frac{\pi^2 EI_y GJ_T}{l^2}} \tag{6.29}$$

$$C = 1.75 + 1.05\left(\frac{M_2}{M_1}\right) + 0.3\left(\frac{M_2}{M_1}\right)^2 \leq 2.3 \tag{6.30}$$

　　C：モーメント修正係数
　　M_1：梁端に作用する大きいほうの曲げモーメント
　　M_2：梁端に作用する小さいほうの曲げモーメント

このとき，M_2/M_1の符号の取り方は，**図6.17**に示すように (a) 単曲率を負，(b) 複曲率を正とする．**図6.18**は，一様曲げに対する勾配曲げの場合の横座屈モーメントの上昇率を示したものである．プロットは例としてH–390 × 300 × 10 × 16，H–500 × 250 × 9 × 16，H–600 × 200 × 11 × 17の数値解析結果であり，線は式 (6.30) より求めたものである．横軸はM_2/M_1，縦軸はモーメント修正係数である．図からわかるように，$M_2/M_1 = -1$のとき，すなわち一様曲げのときに値がもっとも小さいことから，横座屈を生じやすい（より小さい曲げモーメントで横座屈を生じる）．そして，$-1 \leq M_2/M_1 \leq 0.5$では，数値解析結果と式 (6.30) はおおむね対応しているものの，

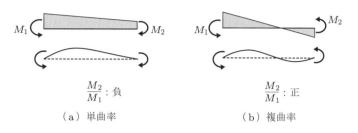

$\dfrac{M_2}{M_1}$：負

（a）単曲率

$\dfrac{M_2}{M_1}$：正

（b）複曲率

図 6.17 曲げモーメント分布と曲率

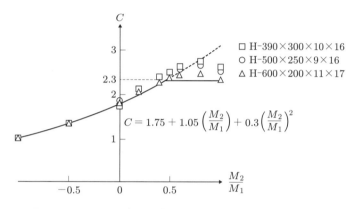

図 6.18 モーメント勾配の違いによるモーメント修正係数の変化

M_2/M_1 が 0.5 を超えると徐々に数値解析結果が大きくなり，$M_2/M_1 = 0.85$ 程度で最大となり，$M_2/M_1 = 1$ に向かって低下していく．圧縮応力が長い領域で T 形断面が曲げ座屈を生じ，短いほうでは長い領域の梁の座屈変形を拘束する効果を発揮するが，逆対称曲げでは，左右で同じ長さの圧縮領域であることから，T 形断面が左右の梁で同時に曲げ座屈を生じるためである．そこで，モーメント修正係数 C は，おおよそ $0.5 \leq M_2/M_1 \leq 1$ の範囲で数値解析結果の下限値となる 2.3 が採用されている．

　図 6.19 は，さまざまな曲げモーメント分布とモーメント修正係数 C との関係を示したものである．(a) は一様曲げ，(b) は勾配曲げで単曲率，(c) は勾配曲げで複曲率の場合である．いずれも，式 (6.30) に梁端の曲げモーメントの比率 M_2/M_1 を代入することで求められる．一方，(d)〜(g) のように，梁端よりも梁の途中で曲げモーメントが大きい場合，一様曲げと同じく $C = 1.0$ とする．このとき，M_1，M_2 の値によらず，M_1 と M の関係で決定される．

　図 6.20，図 6.21 は逆対称曲げモーメントを受ける H 形鋼梁の横座屈実験の様子を示している．

　　M：作用曲げモーメント，　M_p：梁の全塑性モーメント（式 (6.3)）

　　θ：梁端回転角，　θ_p：M_p 時の梁端回転角

この実験では，図 6.20 (a) のような曲げモーメントを梁に作用させているが，地震時を想定して曲げモーメントを何度も反転させている．図 6.21 は作用曲げモーメン

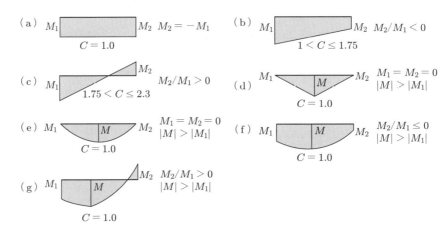

図 6.19　さまざまな曲げモーメント分布とモーメント修正係数の関係

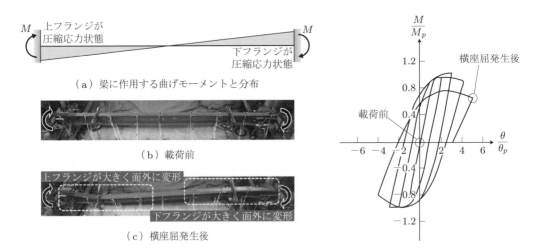

図 6.20　梁の横座屈実験の様子

図 6.21　逆対称曲げを受けるH形鋼梁の曲げモーメントと回転角関係

トと梁端回転角の関係を示したものである．作用曲げモーメント M は全塑性曲げモーメント M_p まで上昇し，その後，回転角 θ が大きくなると，徐々に低下していく．図 6.20 (b) は載荷前の状態，図 (c) は横座屈発生後の写真である．梁の左側では圧縮となる上フランジが大きく変形し，右側では圧縮となる下フランジが大きく変形している様子がわかる．このように，細長い梁は地震時に横座屈を生じ，耐力低下することから，想定される荷重（この場合，曲げモーメント）に対して，梁に十分な耐力を保有させるように，断面を選定したり，横座屈長さを短くする必要がある．

►**例題 6.2**

図 6.22 の H 形鋼梁のモーメント修正係数 C を求めよ.

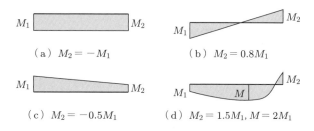

（a）$M_2 = -M_1$ 　　　　（b）$M_2 = 0.8M_1$

（c）$M_2 = -0.5M_1$ 　　（d）$M_2 = 1.5M_1, M = 2M_1$

図 6.22　曲げモーメント分布

▷**解答**

(a) 一様曲げで M_1 と M_2 の大きさは等しいが, 単曲率であることから, $M_2/M_1 = -1$ となる. これを式 (6.30) に代入すると,

$$C = 1.75 + 1.05(-1) + 0.3(-1)^2 = 1$$

となる.

(b) M_1 と M_2 で曲げモーメントは逆向きであり, 複曲率であることから, $M_2/M_1 = 0.8$ となる. これを式 (6.30) に代入すると,

$$C = 1.75 + 1.05(0.8) + 0.3(0.8)^2 = 2.78$$

となる. ただし, $C \leq 2.3$ という条件があることから,

$$C = 2.3$$

となる.

(c) 問 (a) と同様, 単曲率であることから, $M_2/M_1 = -0.5$ となる. これを式 (6.30) に代入すると,

$$C = 1.75 + 1.05(-0.5) + 0.3(-0.5)^2 = 1.3$$

となる.

(d) 曲げモーメントが梁両端よりも中央部で大きくなっていることから, 問 (a) の一様曲げと同じ状態と考える (図 6.19 (g)). よって,

$$C = 1$$

となる.

6.2.4　横座屈応力度と細長比

　最初に, H 形鋼梁の横座屈応力度 $\sigma_{\mathrm{cr},b}$ を求める. 横座屈モーメント M_{cr} を断面係数 Z_x で除すことで, 次のように表される.

$$\sigma_{\mathrm{cr},b} = \frac{M_{\mathrm{cr}}}{Z_x} \tag{6.31}$$

　次に，細長比について考える．式 (6.23) の $\sqrt{}$ の第1項はワグナーの曲げねじれの項であり，式 (6.26) の横座屈モーメントを応力度で表記すると，次のように表される（各記号は図 6.14 (b)，図 6.15 (c) を参照のこと）．

$$\sigma_{\mathrm{cr1},b} = \frac{M_{\mathrm{cr1}}}{Z_x} = \frac{\pi^2}{l^2}\frac{EI_f}{A_1} = \frac{\pi^2}{(l/{}^*i_y)^2}E \tag{6.32}$$

$\quad {}^*i_y\ (=\sqrt{I_f/A_1})$：横座屈に対する断面二次半径

$\quad A_1\ (= A_f + A_w/6)$：圧縮フランジの曲げ座屈荷重 P_{cr1} を負担する T 形断面の断面積（図 6.15 (c)）

$\quad A_f$：圧縮フランジ断面積，A_w：ウェブ断面積

　式 (6.32) の最右辺の分母 $l/{}^*i_y$ が横座屈における細長比である．

　式 (6.32) の $\dfrac{M_{\mathrm{cr1}}}{Z_x} = \dfrac{\pi^2}{l^2}\dfrac{EI_f}{A_1}$ について説明する．H 形断面の強軸回りの断面二次モーメント I_x，断面係数 Z_x は次のように求められる．

$$I_x = 2\left\{ A_f \cdot \left(\frac{h_f}{2}\right)^2 + \frac{bt_f^3}{12} \right\} + \frac{b(h-2t_f)^3}{12} \tag{6.33}$$

$$Z_x = \frac{I_x}{h/2} \tag{6.34}$$

鋼構造部材は薄板で構成されているので，$A_f \cdot \left(\dfrac{h_f}{2}\right)^2 \gg \dfrac{bt_f^3}{12}$ より，式 (6.34) は次のように表される．

$$Z_x = \frac{2A_f \cdot \left(\dfrac{h_f}{2}\right)^2}{h/2} + \frac{b(h-2t_f)^3}{6h} \tag{6.35a}$$

さらに，$h \fallingdotseq h_f$ および $(h-2t_f) \fallingdotseq h_f$ とすると，

$$Z_x = \left(A_f + \frac{A_w}{6} \right)h_f \tag{6.35b}$$

式 (6.27) より $M_{\mathrm{cr1}} = P_{\mathrm{cr1}}h_f$ となることから，

$$\frac{M_{\mathrm{cr1}}}{Z_x} = \frac{P_{\mathrm{cr1}}h_f}{(A_f + A_w/6)h_f} = \frac{P_{\mathrm{cr1}}}{A_1} = \sigma_{\mathrm{cr1},b} \tag{6.36}$$

となる．つまり，式 (6.36) は式 (6.23) の $\sqrt{}$ の第1項であるワグナーの曲げねじれの項が T 形断面の曲げ座屈として等価に扱えることを示したものである．

▶**例題 6.3**

図 6.23 の H 形鋼梁の横座屈応力度を，次の (1)，(2) の場合について求めよ．なお，梁断面は例題 6.1 と同じ H–400 × 200 × 9 × 12，梁長 $l_b = 20$ m，ヤング係数 $E = 2.05 \times 10^5$ N/mm^2，せん断弾性係数 $G = 7.80 \times 10^4$ N/mm^2 である．

(1) 横補剛材がない場合

(2) 梁中央に横補剛材があり，横曲げ変形が完全に拘束されている場合

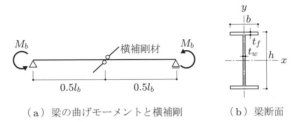

（a）梁の曲げモーメントと横補剛　　　　（b）梁断面

図 6.23　曲げモーメントを受ける梁

▷**解答**

(1)，(2) のいずれの場合も，式 (6.29) を用いて横座屈モーメントを算定することから，各物理量を最初に求めておく．

梁の弱軸回りの断面二次モーメント：$I_y = 1.60 \times 10^7$ mm^4

ねじり定数：$J_T = 3.22 \times 10^5$ mm^4

曲げねじり定数：$I_w = 6.02 \times 10^{11}$ mm^6

断面係数：$Z_x = 1.11 \times 10^6$ mm^3

(1) 横補剛材がない場合

梁には逆対称曲げモーメントが作用することから，式 (6.30) より

$$C = 1.75 + 1.05(1) + 0.3(1)^2 = 3.1 \leq 2.3 \quad \therefore C = 2.3$$

となる．横座屈長さは梁端なので，$l_b = 20$ m である．これらを式 (6.29) に代入すると，

$$M_{cr} = 2.3 \left\{ \frac{\pi^4 \times (2.05 \times 10^5)^2 \times 1.60 \times 10^7 \times 6.02 \times 10^{11}}{(20 \times 10^3)^4} \right.$$
$$\left. + \frac{\pi^2 \times 2.05 \times 10^5 \times 1.60 \times 10^7 \times 7.80 \times 10^4 \times 3.22 \times 10^5}{(20 \times 10^3)^2} \right\}^{1/2}$$
$$= 1.10 \times 10^8 \text{ Nmm} = 110 \text{ kNm}$$

となる．横座屈応力度は，式 (6.36) に上で求めた M_{cr} と Z_x を代入することで求められる．

$$\sigma_{cr,b} = \frac{1.10 \times 10^8}{1.11 \times 10^6} = 99.1 \text{ N/mm}^2$$

(2) 梁中央に横補剛材があり，横曲げ変形が完全に拘束されている場合

梁端と横補剛材の区間が横座屈長さとなり，横補剛材で曲げモーメントが 0 であることから，式 (6.30) より

$$C = 1.75$$

となる．横座屈長さは $0.5l_b = 10$ m である．これらを式 (6.29) に代入すると，

$$M_{cr} = 1.75 \left\{ \frac{\pi^4 \times (2.05 \times 10^5)^2 \times 1.60 \times 10^7 \times 6.02 \times 10^{11}}{(10 \times 10^3)^4} \right.$$

$$\left. + \frac{\pi^2 \times 2.05 \times 10^5 \times 1.60 \times 10^7 \times 7.80 \times 10^4 \times 3.22 \times 10^5}{(10 \times 10^3)^2} \right\}^{1/2}$$

$$= 1.92 \times 10^8 \text{ Nmm} = 192 \text{ kNm}$$

となる．横座屈応力度は，式 (6.36) に上で求めた M_{cr} と Z_x を代入することで求められる．

$$\sigma_{cr,b} = \frac{1.92 \times 10^8}{1.11 \times 10^6} = 173 \text{ N/mm}^2$$

　以上より，梁中央を横補剛材で完全に拘束することで，横座屈長さは 1/2 になるものの，モーメント修正係数 C の値が 2.3 から 1.75 に変化することから，(1) 横補剛材がない場合に比べて，(2) 梁中央に横補剛材があり，横曲げ変形が完全に拘束されている場合の横座屈応力度は横座屈長さに比例しない．また，ここで得られた横座屈応力度は，弾性横座屈モーメントから算定したものであるが，第3章で説明した一般的な鋼材（SN400 材，SN490 材）の降伏応力度（235 N/mm^2，325 N/mm^2）に比べて小さいため，弾性横座屈を生じることがわかる．

6.2.5　非弾性横座屈

　図 6.24 は，細長比の異なる梁の曲げモーメントと梁端の回転角の関係を模式的に示したものである．圧縮材の場合と同様，細長比が大きければ，降伏モーメントに達する前に，横座屈を生じてしまう（点 A）．式 (6.29) を適用できるのは弾性横座屈の場合のみである．

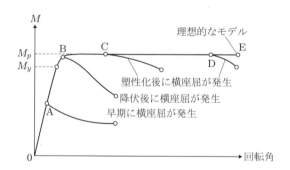

図 6.24　曲げモーメントと回転角の関係

　一方，梁の細長比が小さくなると，作用曲げモーメントは鋼材の降伏応力度まで上昇し，降伏モーメント M_y を超えて横座屈する場合（点 B）や，全塑性モーメント M_p に達した後で横座屈する場合（点 C，D）もある．そのため，実際に構造物を設計する場合，全塑性モーメントまで梁の耐力を確保するために，梁断面を大きくするか，途中に横補剛材を設け，細長比を小さくすることになる．

　弾性横座屈と全塑性状態の間には，第5章の曲げ座屈と同様，非弾性横座屈という

現象がある．圧縮材と同様，部材製作過程に圧延もしくは溶接組み立てしたときに生じる残留応力や初期不整（部材が完全に真っ直ぐではなく，微小に横たわみを生じている状態）によるもので，曲げモーメント M が降伏モーメント M_y に達する前に，断面の一部が降伏応力度に達し，降伏した部分の剛性が低下する．横座屈についてもこれらの因子を考慮した非弾性横座屈モーメント式が提案されているが，ここでは具体的な式の説明は省略し，第9章の構造設計にて非弾性横座屈に対する設計式を説明する．

6.2.6 横座屈補剛

梁の横座屈モーメントを向上させるには，第5章の圧縮材と同様，

(1) 材端の固定度を上げる
(2) 部材中央に支点を設ける

といった方法があげられる．(1) は実構造物において完全固定とすることは難しい．(2) は適切な剛性および耐力を有する一つもしくは複数の支点を配置すること（横補剛）で，大幅に向上させることができる．

ここでは，(2) の梁の横座屈補剛について説明する．図 2.5 (a) に示したように，地震力を負担する大梁には，一定の間隔で直交方向に小梁が配置される．小梁には①床および積載物を支持する役割，②大梁の横座屈変形を拘束する役割がある．大梁に取り付く小梁の接合は**図 6.25** に示すとおりである．小梁は大梁に比べて断面が小さく，床を支えるために上フランジの高さをそろえるのが一般的である．そして，大梁には床および積載物の重量による鉛直荷重に起因する曲げモーメントと，地震や風による水平力に起因する曲げモーメントが生じる．鉛直荷重による曲げモーメントは**図 6.26** (a) に示すように，広い領域で上フランジが圧縮，下フランジが引張となり，水平力

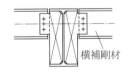
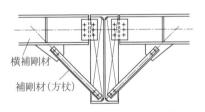

（a）小梁の梁せいがあまり　　（b）小梁の梁せいが非常に小さい場合
　　小さくない場合

図 6.25　梁の横補剛材の例

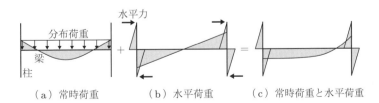

（a）常時荷重　　　　（b）水平荷重　　　　（c）常時荷重と水平荷重

図 6.26　梁に作用する曲げモーメント分布

による曲げモーメントは，図 (b) に示すように逆対称曲げモーメントとなる．常時荷重を受ける状態では図 (a) のみであり，地震や風が生じたときは図 (a) と図 (b) の分布を足し合わせた図 (c) となる．つまり，図 (a)，(c) どちらの状態であっても，上フランジの幅広い範囲で圧縮応力を受け，図 6.15 (b) のように T 形断面の曲げ座屈を生じる可能性があることから，上フランジ側を補剛することで，横座屈を拘束できる．大梁の梁せいが小梁よりも高い場合，横座屈時にねじれを生じる可能性があることから，図 6.25 (b) のように小梁から大梁下フランジに補剛材（方杖）を取り付けることもある．

　梁の横座屈モーメントは，式 (6.29) に示すように，第 1 項のワグナーの曲げねじれに関しては l の 2 乗（$\sqrt{}$ の中では 4 乗），第 2 項のサン・ブナンねじれに関しては l（$\sqrt{}$ の中では 2 乗）に反比例するので，梁が長くなると横座屈モーメントは急激に低下する．そのため，上述の小梁が大梁の横座屈変形を十分拘束できれば，横座屈長さを短くできるものの，補剛材には梁のねじれ変形や圧縮フランジの曲げ変形を拘束するために必要な性能を保有させなければならない．

　補剛剛性については，梁の横座屈を T 形断面の曲げ座屈と考えれば，5.2.4 項の圧縮材の支点の補剛の考えに基づき，次のように定められる．

$$k = \frac{4M_{\mathrm{cr}}}{h \cdot l_b} \tag{6.37}$$

　　　M_{cr}：横補剛区間長さとした梁の横座屈モーメント（式 (6.38)）

　　　h：梁せい，l_b：横補剛区間長さ（梁材端と横補剛材間，横補剛材間の長さ）

　横座屈区間長さ l_b を用いて式 (6.29) を再記すると，次式となる．

$$M_{\mathrm{cr}} = C\sqrt{\frac{\pi^4 EI_y EI_w}{l_b^4} + \frac{\pi^2 EI_y GJ_T}{l_b^2}} \tag{6.38}$$

ただし，圧縮材の場合，式 (5.13) に示したオイラー座屈荷重の 2 倍を材長で除したが，梁ではあくまで目安として 4 倍としている．

　補剛力についても，梁の横座屈を T 形断面の曲げ座屈と考えれば，5.2.4 項の圧縮材の支点の補剛と同様，梁断面に生じている圧縮応力の合力の 2% の集中力が補剛材に作用するものとする（式 (5.19) を参照のこと）．

　また，図 2.5 のように，梁上フランジに剛強な床スラブが取り付く場合，梁は材長方向に連続して横補剛（連続補剛）されていると考えてよく，横座屈モーメントを大幅に向上させることができる（詳細は文献 8) を参照のこと）．

6.2.7　梁の材端支持条件

　圧縮材では，回転自由・固定，水平移動自由・固定の組み合わせと，座屈長さ係数との関係を表 5.1 で説明した．式 (6.38) の弾性横座屈モーメント式は，ワグナーの曲げねじれの項とサン・ブナンねじれの項で構成されていることから，梁の材端支持条

件はこれらのねじれに対して自由もしくは拘束の条件を付与することになる.

　単純支持とは梁端の反り変形や横曲げ回転変形が自由に生じる状態, 完全固定とは両変形がまったく生じない状態である. そして, 図 6.27 (a) に示すように, 単純支持から完全固定までの間に反り固定がある. つまり, 反り拘束 (単純支持から反り固定) と横曲げ拘束 (反り固定から完全固定) という二つの拘束条件があり, それぞれワグナーの曲げねじれの項とサン・ブナンねじれの項に影響を及ぼす.

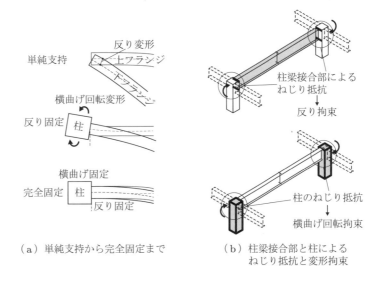

（a）単純支持から完全固定まで　　（b）柱梁接合部と柱による
　　　　　　　　　　　　　　　　　　　　　ねじり抵抗と変形拘束

図 6.27　鋼構造骨組における梁の材端支持条件

　実際の鋼構造骨組において, この拘束条件は図 (b) に示す柱梁接合部および柱によってもたらされる. 反り拘束は, 柱梁接合部により上下フランジそれぞれの横曲げ回転が拘束される状態であり, 柱梁接合部のねじり剛性が非常に大きい角形鋼では反り固定に近く, ねじり剛性が小さい H 形鋼では反り自由の支持条件に近い. 横曲げ拘束は, 柱や直交梁などにより梁の横曲げ回転が拘束される状態であり, 柱のねじり剛性が非常に大きい角形鋼では横曲げ固定に近くなる一方, ねじり剛性が小さい H 形鋼柱では横曲げ回転が自由の条件に近くなる.

　そのため, 梁の曲げ剛性およびねじり剛性に対する柱梁接合部や柱のねじり剛性の割合によって, 反り拘束や横曲げ拘束の大きさを求め, これらの材端拘束の影響を考慮することで梁の横座屈モーメントが算定される. しかし, 構造設計時に梁の横座屈モーメントを求める際, 基本的には安全側として式 (6.38) に基づいた単純支持の設計式を用いる.

6.2.8　トラス梁の横座屈

　曲げモーメントが作用するトラス梁でも, 5.3.4 項の圧縮材と同様, 構面内座屈と構面外座屈に分類でき, 個材座屈か全体座屈のいずれかで耐力が決定される. 図 6.28 に示すように圧縮応力を受ける上弦材 (圧縮弦材) が面外方向に曲げ座屈するとき,

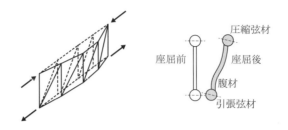

図 6.28 構面外座屈時のねじれ変形（腹材の変形）

引張応力を受ける下弦材（引張弦材）は，上弦材の面外変形に追随して変形するものの，その変形は小さく，梁の横座屈と同じく，ねじれを伴った変形となる．座屈区間に接合されている腹材は，図のように圧縮弦材の座屈変形に対して曲げ抵抗やねじり抵抗することから，弦材単体の座屈耐力よりも向上する．

6.3 軸力と曲げを受ける材（柱）とは？

6.3.1 軸力と曲げを受ける材（柱）の断面形状

軸力と曲げを受ける材（柱）には，圧縮材，曲げ材（梁）と同様，図 6.29 に示すような単一の形鋼（充腹材）や複数の形鋼（非充腹材）など，いろいろな断面が用いられる．柱は床や梁，外装材などの非構造部材の重量を支えるとともに，風荷重や地震荷重に対しても抵抗しなければならない．そして，梁と異なり，柱は地震時に 2 方向から水平力を受けることから，柱・梁に水平抵抗を期待する 2 方向ラーメン骨組（図 2.5）では，両方向の荷重に対して抵抗できるよう，剛性・耐力が等しい角形鋼管や円形鋼管が用いられる．一方，1 方向を筋かい付きラーメン構造，もう 1 方向をラーメン構造とした骨組（図 2.11）では，1 方向を筋かい材で抵抗し，もう 1 方向を柱・梁で抵抗する機構であることから，ラーメン構造の面内方向が強軸回りとなるように H 形鋼を配置する．また，図 2.13 の大スパン構造では，図 6.29 に示すような非充腹部材（ラチス柱，トラス柱）が選定されることになるが，この場合も強軸回りと弱軸回りで断面性能が異なることから，妻方向をラーメン構造，桁行方向を筋かい付きラーメン構造とする場合が多い．

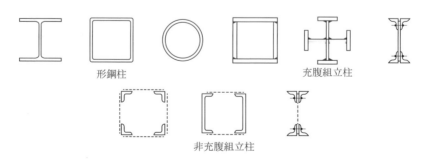

図 6.29 軸力と曲げを受ける材（柱）に用いられる断面

6.3.2 曲げ応力度

柱などの軸力と曲げを受ける材には，建築物の自重や積載物などの鉛直荷重による，圧縮力 N と梁から伝達される曲げモーメント M が常時生じている．このとき，弾性時に作用する圧縮力による圧縮応力度 σ_c と，柱断面の圧縮側および引張側の最外縁に作用する曲げ応力度 $_c\sigma_b$，$_t\sigma_b$ は次のように表される．ここでは，2 軸対称断面について考える．

$$\sigma_c = \frac{N}{A}, \quad _c\sigma_b = {}_t\sigma_b = \frac{M}{Z} \tag{6.39}$$

Z：断面係数，A：断面積

弾性時の柱に作用する応力度は，図 6.30 (a) に示す軸方向力と図 (b) に示す曲げモーメントの合計として，図 (c) のように表される．軸方向力の大きさによって，図 (c) の圧縮側と引張側の応力度は異なる．

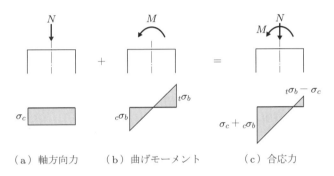

（a）軸方向力　　（b）曲げモーメント　　（c）合応力

図 6.30　矩形断面の応力度分布

弾性から全塑性状態までについては，6.1 節と同様，図 6.4 に示したように鋼材の応力度とひずみ度の関係を完全弾塑性と仮定する．弾性時（**図 6.31** (b)）からさらに曲げモーメントが大きくなり，圧縮側の最外縁の応力度が降伏応力度に達すると（図 (c)），圧縮側では応力度は頭打ちとなり，ひずみ度だけが大きくなる（図 (d)）．一方，軸方向力（圧縮力）の大きさの分，引張側では圧縮側に比べて降伏応力度に達するのが遅くなる．そして，降伏後，応力度は最外縁から徐々に降伏応力度に達し，最終的には圧縮側および引張側それぞれすべての断面で，降伏応力度に達した状態となる（図 (e)）．この状態を全塑性状態とよぶ．弾性時には**図 6.32** (a) の断面に軸方

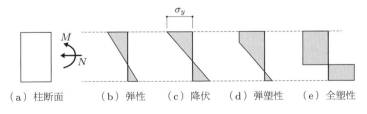

（a）柱断面　　（b）弾性　　（c）降伏　　（d）弾塑性　　（e）全塑性

図 6.31　断面の応力度分布の変化

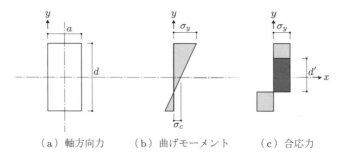

（a）軸方向力　　（b）曲げモーメント　　（c）合応力

図6.32　軸方向応力度と曲げ応力度の分担

向力が一様に作用していることから，図 (b) に示すように，その軸方向応力度 σ_c を引いた分が曲げモーメントによって生じる応力度となる．一方，曲げモーメントによる応力度は圧縮側と引張側で等しく，全塑性状態では図 (c) に示すように断面縁近傍で曲げモーメントによる応力度を負担し，中立軸近傍で軸方向応力度を負担することになる．そこで，降伏モーメント M_{yc}，全塑性モーメント M_{pc} は次のように表される．

$$M_{yc} = Z(\sigma_y - \sigma_c), \quad M_{pc} = Z_{pc}\sigma_y \quad \text{ここで，} \quad Z_{pc} = \frac{ad^2}{4} - \frac{ad'^2}{4} \tag{6.40}$$

σ_c：軸方向応力度，Z_{pc}：軸方向力を考慮した塑性断面係数

6.3.3　柱の応力状態と変形挙動

　柱などの軸方向力と曲げを受ける部材では圧縮材とは異なり，曲げによって生じるたわみと軸方向力との積による付加曲げモーメントを考慮する必要がある．そのため，**図 6.33** (a) に示すような圧縮力 P と等曲げモーメント M_0 を受ける材の最大曲げモーメント $M_{\max}$ は，材中央で M_0 よりも大きくなる．この上述のたわみと軸方向力の積による曲げモーメントを P-δ 効果とよぶ．

　図 (a) における釣り合い状態は，圧縮材の式 (5.4) と同様に表すことができる．ただし，境界条件は，

$$x = 0 \text{ のとき } y = 0, \quad \frac{dy^2}{dx^2} = -\frac{M_0}{EI} \tag{6.41}$$

$$x = l \text{ のとき } y = 0, \quad \frac{dy^2}{dx^2} = -\frac{M_0}{EI} \tag{6.42}$$

となる．このとき，両端に曲げモーメントが作用している点が圧縮材の場合とは異なる．ここでは導出過程を省略するが，材に作用する最大曲げモーメントは次のように表される．

$$M_{\max} = M_0 \frac{1}{1 - P/P_{\mathrm{cr}}} \quad \text{ここで，} \quad P_{\mathrm{cr}} = \frac{\pi^2}{l^2}EI \tag{6.43}$$

また，曲げ応力度の最大値も材中央で生じ，次式となる．

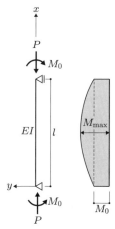

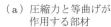

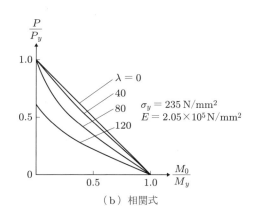

（a）圧縮力と等曲げが
作用する部材

（b）相関式

図 6.33　軸方向応力度と曲げ応力度の分担

$$\sigma_{\max} = \frac{P}{A} + \frac{M_{\max}}{Z} \tag{6.44}$$

そして，材が降伏するとき，式 (6.44) の $\sigma_{\max}$ を σ_y とし，式 (6.43) に代入すると，

$$\frac{P}{P_y} + \frac{M_0}{M_y}\frac{1}{1 - P/P_{\mathrm{cr}}} = 1 \tag{6.45}$$

$$P_y = A \cdot \sigma_y：降伏荷重，\quad M_y = Z \cdot \sigma_y：降伏曲げモーメント$$

と表すことができる．図 6.33 (b) には，式 (6.45) より求められた圧縮力と曲げモーメントの関係を示している．細長比 $\lambda = 0$ の場合，曲げ座屈を生じないので $P_{\mathrm{cr}} = \infty$ となることから，$P/P_y + M_0/M_y = 1$ となり，図に示すように直線となる．λ が大きくなると下に凸の曲線となり，$\lambda = 120$ の場合，弾性座屈荷重 P_{cr} が P_y を下回ることから，曲げモーメントが 0 であっても $P/P_y = 1$ とはならず，P_{cr}/P_y となる．

解説

$P\text{-}\delta$ 効果と $P\text{-}\Delta$ 効果

　図 6.33 (a) で示したような，柱の内部のたわみと軸方向力の積によって生じる曲げモーメントを $P\text{-}\delta$ 効果とよぶと説明したが，図 C.8 に示すような軸方向力と水平力を受ける片持ち柱で水平変位 Δ が生じる場合は，$P\text{-}\Delta$ 効果とよばれ，区別される．一般的には，$P\text{-}\Delta$ 効果による付加曲げモーメントのほうが $P\text{-}\delta$ 効果の場合よりも大きいものの，弾性時ではほとんど影響はない．柱の塑性化に伴い大変形を生じたときに Δ が大きくなり，付加曲げモーメントが増大することで，不安定挙動を示す．

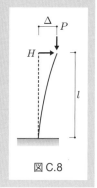

図 C.8

演習問題

6.1 問図 6.1 に示す単純支持された梁の 2 か所に鉛直荷重 P が作用している．梁の両端で水平変位は拘束されている．材長 $l = 20\,\mathrm{m}$，梁断面 H–$500 \times 200 \times 10 \times 16$，ヤング係数 $E = 2.05 \times 10^5\,\mathrm{N/mm^2}$，せん断弾性係数 $G = 7.80 \times 10^4\,\mathrm{N/mm^2}$ である．次の問いに答えよ．

(1) 問図 (a) に示す梁の弾性横座屈応力度 $\sigma_{\mathrm{cr},b}$ および横座屈時の鉛直荷重 P_{cr} を求めよ．

(2) 問図 (b) に示すように，梁に 2 本の横補剛材が取り付いた場合の梁の弾性横座屈応力度 $\sigma_{\mathrm{cr},b}$ および横座屈時の鉛直荷重 P_{cr} を求めよ．

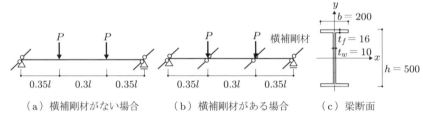

（a）横補剛材がない場合　　（b）横補剛材がある場合　　（c）梁断面

問図 6.1

7 板　材

　鋼構造では，RC 構造の耐震壁と異なり，板材が単独で構造部材として使用されることはあまりないものの，梁や柱，せん断パネルなどの部材は薄板で構成されており，圧縮・引張・せん断といったさまざまな応力を受ける．

　本章では，圧縮・引張・せん断といったさまざまな応力を受ける板材の力学特性について説明する．第 5 章の圧縮材，第 6 章の梁材と同様，板材でも**図 7.1** に示すような座屈を生じる可能性があることから，板座屈について解説する．

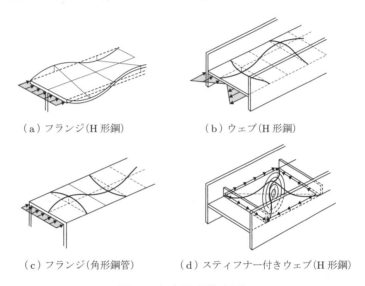

（a）フランジ(H 形鋼)　　　　　（b）ウェブ(H 形鋼)

（c）フランジ(角形鋼管)　　　（d）スティフナー付きウェブ(H 形鋼)

図 7.1　板座屈（局部座屈）

7.1　板座屈（局部座屈）

7.1.1　板座屈の概要

　圧縮材の曲げ座屈，曲げ材の横座屈は部材全体で生じる座屈であるが，板座屈は部材で局部的に生じることから，全体座屈と区別するために，局部座屈とよばれている．耐震設計では，建物に要求される性能を確保できるよう，全体座屈や局部座屈を防ぐように設計式を定めている．

　第 5 章の圧縮材の曲げ座屈と同じように，作用力とそれにより生じる変形により，**図 7.2** における 2 方向の圧縮およびせん断を受ける平板の弾性座屈に関する釣り合い方程式は，次のように表される．

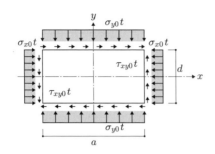

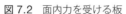

図 7.2　面内力を受ける板

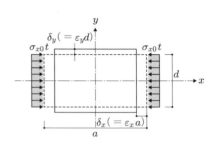

図 7.3　作用方向の応力度・ひずみ度と直交方向のひずみ度

$$D\left(\frac{\partial^4 w}{\partial x^4} + 2\frac{\partial^4 w}{\partial x^2 \partial y^2} + \frac{\partial^4 w}{\partial y^4}\right) + \sigma_{x0} t \frac{\partial^2 w}{\partial x^2} + 2\tau_{xy0} t \frac{\partial^2 w}{\partial x \partial y} + \sigma_{y0} t \frac{\partial^2 w}{\partial y^2} = 0$$

$$(7.1)$$

w：座屈変形，$D = \dfrac{Et^3}{12(1-\nu^2)}$：板曲げ剛性

E：ヤング係数，t：板厚，ν：ポアソン比

　ポアソン比とは，**図 7.3** に示すように，作用方向の応力度に対して直交方向に生じるひずみ度 ε_y と作用方向の応力度と同じ方向に生じるひずみ度 ε_x の比である．これは，応力の作用前と後，すなわち変形の前後で体積は変化しないことを意味する．鋼材の場合，一般に弾性時は $\nu = 0.3$ である．詳細については第 3 章の解説「ポアソン比とは？」で説明しているので参照されたい．

　第 5 章の圧縮材，第 6 章の曲げ材では，材軸方向の圧縮応力，曲げ応力のみを考え，断面が変形しない平面保持の仮定を適用していた．曲げ座屈や横座屈といった部材の全体座屈では，作用応力により生じる直交方向のひずみを考慮する必要はないものの，板座屈では作用応力方向だけでなく，直交方向の変形も座屈応力度に影響することから，直交方向の変形・ひずみを考慮する必要がある．このような仮定に基づき，7.1.2 項以降では，圧縮，曲げ，せん断およびこれらの組み合わせ応力を受ける板の座屈について説明する．

7.1.2　圧縮を受ける板

　図 7.4 (a) に示すように，x 方向に一様な圧縮を受ける板の座屈は，式 (7.1) において $\sigma_{y0} = 0$，$\tau_{xy0} = 0$ とおくと，次のように表される．

$$D\left(\frac{\partial^4 w}{\partial x^4} + 2\frac{\partial^4 w}{\partial x^2 \partial y^2} + \frac{\partial^4 w}{\partial y^4}\right) + \sigma_{x0} t \frac{\partial^2 w}{\partial x^2} = 0 \qquad (7.2)$$

　周辺単純支持の場合，第 5 章の圧縮材の曲げ座屈と同様，支持条件を満足する座屈変形 w は，sine 波形となる．ただし，圧縮材とは異なり，図 (b) に示すように x，y の 2 方向に変形することから，w は次のように表される．

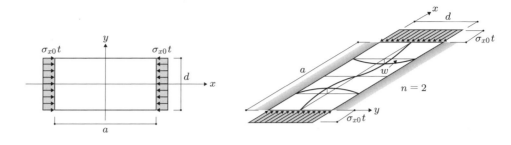

（a）応力状態　　　　　　　　　　（b）座屈変形

図 7.4　圧縮を受ける板

$$w = \sin\left(\frac{n\pi x}{a}\right)\sin\left(\frac{\pi y}{d}\right) \tag{7.3}$$

a：板の長さ，d：板の幅，$n = 1, 2, \ldots$

式 (7.3) を式 (7.2) に代入すると，弾性座屈応力度は次式で表される．

$$\sigma_{\mathrm{cr},l} = \left(\frac{\beta}{n} + \frac{n}{\beta}\right)^2 \cdot \frac{E}{12(1-\nu^2)}\left(\frac{t}{d}\right)^2 = k\frac{E}{12(1-\nu^2)}\left(\frac{t}{d}\right)^2 \tag{7.4}$$

n：長手方向の座屈波数，$\beta = \dfrac{a}{d}$：辺長比，k：座屈係数

　一様な圧縮力を受ける板の座屈係数 k と辺長比 β の関係は，**図 7.5** のようになる．図からわかるように，各座屈波数 n における k の最小値は 4 となる．**表 7.1** には各境界条件における座屈係数を示している．ここで四辺ピン支持の場合の座屈係数を 4 と表記している．

　そして，式 (7.4) より得られる弾性座屈応力度 $\sigma_{\mathrm{cr},l}$ は板の幅 d に対する板厚 t の 2 乗に比例していることから，d が長いほどもしくは t が薄いほど $\sigma_{\mathrm{cr},l}$ は低下していく．ここで，d/t は幅厚比とよばれ，圧縮材や曲げ材の細長比と同じように，板材の形状によらず弾性座屈応力度を求める指標として用いられる．

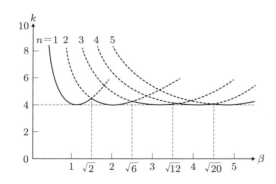

図 7.5　辺長比と座屈係数

表 7.1　支持条件と座屈係数

支持条件	k
（a）	4.00
（b）	6.97
（c）	0.425
（d）	1.277
（e）	5.42

7.1.3 曲げを受ける板

図 7.6 に示すように，x 方向に曲げを受ける板の座屈は，式 (7.2) と同様となる．ただし，一様圧縮の場合と異なり，曲げの場合，y 方向に大きさが変化するため，σ_x は y の関数として次式で表される．

$$\sigma_x(y) = \sigma_x \left(\frac{y}{d/2} \right) \tag{7.5}$$

圧縮の場合と異なり，σ_x が y の関数となることから，式 (7.2) より解を求めることが難しい．そこで，近似的に圧縮の場合と同様の形の次式で表される．

$$\sigma_{\mathrm{cr},l} = k_1 \frac{E}{12(1 - \nu^2)} \left(\frac{t}{d} \right)^2 \tag{7.6}$$

周辺単純支持の場合，曲げを受ける板の座屈係数 k_1 と辺長比 β の関係は**図 7.7** のようになる．圧縮の場合と同様，各座屈波数 n で下に凸の関数となり，k_1 の最小値は 24 となる．そして，弾性座屈応力度 $\sigma_{\mathrm{cr},l}$ が幅厚比 d/t の 2 乗に反比例して低下するのは圧縮の場合と同様である．

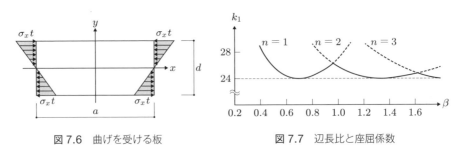

図 7.6　曲げを受ける板　　　　　図 7.7　辺長比と座屈係数

なお，x 軸方向の辺を固定，y 軸方向の辺を回転自由とした場合，k_1 の最小値は 40 となる．その他の境界条件については文献 20) を参照されたい．

7.1.4 せん断を受ける板

図 7.8 に示すように，せん断を受ける板の座屈についても，近似的に圧縮の場合と同様の形の次式で表される．

$$\tau_{\mathrm{cr},l} = k_2 \frac{E}{12(1 - \nu^2)} \left(\frac{t}{d} \right)^2 \tag{7.7}$$

$$k_2 = 4 + \frac{5.34}{\beta^2} \ (\beta < 1.0), \quad k_2 = 5.34 + \frac{4}{\beta^2} \ (\beta \geq 1.0) \tag{7.8}$$

せん断を受ける板の座屈係数 k_2 と辺長比 β の関係は**図 7.9** のようになる．圧縮，曲げの場合と異なり，β が大きくなるにつれて k_2 は低下し，式 (7.8) からわかるように 5.34 に収束する．せん断座屈応力度 $\tau_{\mathrm{cr},l}$ が幅厚比 d/t の 2 乗に反比例して低下するのは圧縮，曲げの場合と同様である．

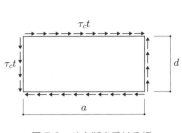

図 7.8　せん断を受ける板

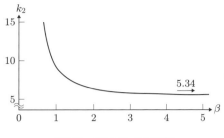

図 7.9　辺長比と座屈係数

7.1.5　組み合わせ応力を受ける板

7.1.2～7.1.4 項では，圧縮，曲げ，せん断の応力が個別に作用する板の座屈応力度について説明した．しかし，実構造物における梁や柱を構成する板要素（フランジやウェブ）にはこれらの応力が同時に作用することから，本項ではこれらの組み合わせ応力を受ける板の弾性座屈応力度の算定方法について説明する．

圧縮と曲げを受ける場合

図 7.10 に示すような圧縮と曲げを受ける板の座屈係数は，式 (7.6) の k_1 の代わりに次式を用いることで求められる．

$$k_1 = \alpha^3 + 3\alpha^2 + 4 \tag{7.9}$$

$$\alpha = 1 - \frac{\sigma_{\min}}{\sigma_{\max}} \tag{7.10}$$

　　$\sigma_{\max}$：最大圧縮応力度（正），$\sigma_{\min}$：最小圧縮応力度（引張のときは負）

式 (7.9) は下記の条件を満たし，近似的に求められたものである．

　　一様圧縮の場合：$\sigma_{\max} = \sigma_{\min} = 1$ より $\alpha = 0$ となり，式 (7.9) に代入すると　　　　$k_1 = 4$ となる（7.1.2 項の圧縮力を受ける場合）

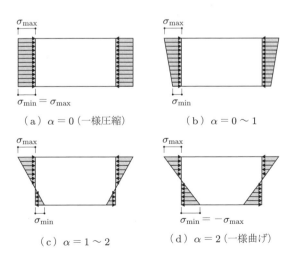

（a）$\alpha = 0$（一様圧縮）　　　（b）$\alpha = 0 \sim 1$

（c）$\alpha = 1 \sim 2$　　　（d）$\alpha = 2$（一様曲げ）

図 7.10　圧縮と曲げを受ける板座屈（局部座屈）

一様曲げの場合：$\sigma_{\max} = \sigma_{\min} = 0$ より $\alpha = 2$ となり，式 (7.9) に代入すると $k_1 = 24$ となる（7.1.3 項の曲げを受ける板の場合）

圧縮・曲げとせん断を受ける場合

図 7.11 に示すように，圧縮・曲げに加えてせん断が作用する場合，弾性座屈応力度は近似的に次のように表される．

$$\left(\frac{\sigma}{\sigma_{\mathrm{cr},l}}\right)^2 + \left(\frac{\tau}{\tau_{\mathrm{cr},l}}\right)^2 = 1 \tag{7.11}$$

σ：最大作用圧縮応力度，τ：最大作用せん断応力度

$\sigma_{\mathrm{cr},l}$：圧縮と曲げを受ける板の座屈応力度（式 (7.9) を式 (7.6) に適用した場合）

$\tau_{\mathrm{cr},l}$：せん断座屈応力度（式 (7.7)）

このとき，圧縮・曲げだけが作用した場合は $\tau = 0$ となり，弾性座屈応力度は 7.1.2, 7.1.3 項で得られる $\sigma_{\mathrm{cr},l}$ と等しい．せん断だけが作用した場合は $\sigma = 0$ となり，せん断座屈応力度は 7.1.4 項で得られる $\tau_{\mathrm{cr},l}$ と等しい．

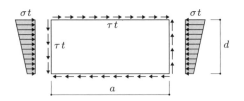

図 7.11　圧縮・曲げとせん断を受ける板

7.2　板座屈補剛（スティフナー）

7.2.1　スティフナー

7.1 節で，板の弾性座屈応力度 $\sigma_{\mathrm{cr},l}$ は幅厚比 d/t の 2 乗に反比例して低下することを示した．つまり，$\sigma_{\mathrm{cr},l}$ を大きくするためには，板幅 d を小さくするか板厚 t を大きくすればよいことになる．しかし，梁や柱に生じる板座屈（局部座屈）は，作用曲げモーメントが大きい端部だけで生じる．図 7.12 は片持ち梁の局部座屈性状を示したものである．図 (a) の曲げモーメントが大きい梁端で，局部座屈を生じている様子がうかがえる．そのため，全長にわたって板厚を大きくすることは合理的ではない．

そこで，実際の建築物の設計では，局部座屈が発生する領域の板幅を短くし，幅厚比を小さくすることで座屈応力度を高める方法が採用されている．具体的には，図 7.13 に示すように板座屈が発生する領域にスティフナーを設置する方法である．図 (b) の水平スティフナーや図 (c) の縦スティフナーによって板幅を短くすることができる．ここで，梁に設置されたスティフナーは水平スティフナー，柱に設置されたスティフナーは縦スティフナーとよばれる．

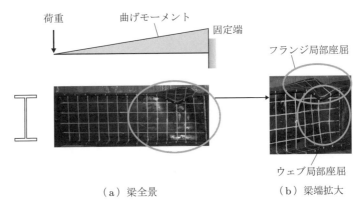

図 7.12　梁の局部座屈（板座屈）

（a）梁全景　　　　　　　　　　　（b）梁端拡大

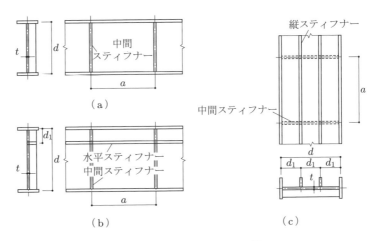

図 7.13　スティフナーの一例

　一方，せん断座屈を生じる場合，辺長比 β が大きいほど座屈係数 k は低下することが，7.1.4 項で示されている．そこで，d/t を小さくするだけでなく，図 7.13 (a)，(b) に示す中間スティフナーを設け，β を小さくすることで，座屈応力度を高めることができる．

　ただし，スティフナーによって幅厚比および辺長比を小さくする方法では，スティフナー設置位置で座屈による板の面外変形を完全に拘束する必要があることから，スティフナーには所定の剛性が必要となる．スティフナーの必要剛性については，経験的に求められた設計式が鋼構造許容応力度設計規準[7] に示されている．

▶ **例題 7.1**

　図 7.14 に示すような圧縮と曲げを受ける板について，(a)，(b) の場合の弾性座屈応力度を求めよ．なお，板は幅 $d = 300\,\mathrm{mm}$，板厚 $t = 6\,\mathrm{mm}$，長さ $a = 450\,\mathrm{mm}$ であり，ヤング係数 $E = 2.05 \times 10^5\,\mathrm{N/mm^2}$，ポアソン比 $\nu = 0.3$ である．

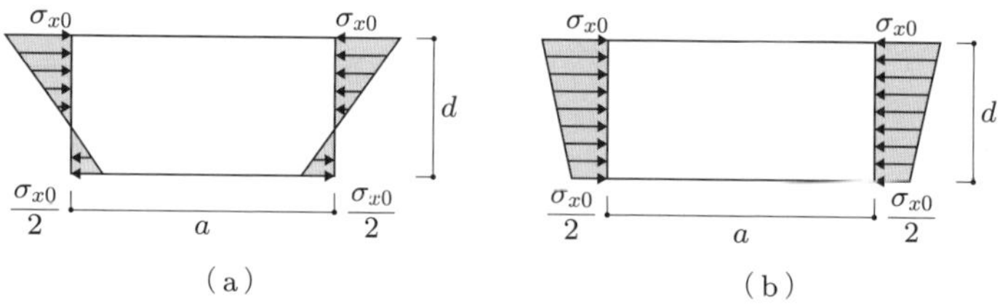

図 7.14　組み合わせ応力を受ける板

▷解答

(a)，(b) のいずれの場合も，式 (7.6) を用いて弾性座屈応力度を算定するが，応力状態が異なることから，式 (7.9) の k_1 よりそれぞれの値を求める．

(a) の場合：

板の上側が圧縮，下側が引張であり，その大きさは圧縮側の 1/2 である．引張応力の場合，最小圧縮応力度は負となる．

式 (7.10) より

$$\alpha = 1 - \frac{-\sigma_{x0}/2}{\sigma_{x0}} = \frac{3}{2}$$

となり，これを式 (7.9) に代入すると，

$$k_1 = \left(\frac{3}{2}\right)^3 + 3\left(\frac{3}{2}\right)^2 + 4 = 14.1$$

となる．

弾性座屈応力度は，上で得られた k_1 を式 (7.6) に代入することで求められる．

$$\sigma_{\mathrm{cr},l} = 14.1 \times \frac{2.05 \times 10^5}{12(1 - 0.3^2)}\left(\frac{6}{300}\right)^2 = 106\ \mathrm{N/mm^2}$$

(b) の場合：

板の上下側ともに圧縮であり，その大きさは圧縮側の 1/2 であることから，最小圧縮応力度は正となる．

式 (7.10) より

$$\alpha = 1 - \frac{\sigma_{x0}/2}{\sigma_{x0}} = \frac{1}{2}$$

となり，これを式 (7.9) に代入すると，

$$k_1 = \left(\frac{1}{2}\right)^3 + 3\left(\frac{1}{2}\right)^2 + 4 = 4.9$$

となる．

弾性座屈応力度は，上で得られた k_1 を式 (7.6) に代入することで求められる．

$$\sigma_{\mathrm{cr},l} = 4.9 \times \frac{2.05 \times 10^5}{12(1 - 0.3^2)}\left(\frac{6}{300}\right)^2 = 36.8\ \mathrm{N/mm^2}$$

（a）に比べて（b）は圧縮応力度が大きいことから，k_1 が圧縮時の 4 に近い．そのため，弾性座屈応力度が小さくなっている．また，（a）でも圧縮応力が作用することで，曲げのみの場合の k_1（$= 24$）よりも値が小さくなっており，圧縮応力は板座屈に大きな影響を及ぼすことがわかる．そして，第 3 章で説明した一般的な鋼材（SN400 材，SN490 材）の降伏応力度（235 N/mm^2，325 N/mm^2）に比べて，弾性座屈応力度は小さい．

7.2.2 開口とスティフナー

　　梁ウェブに設備用の配管ダクト孔が設けられた場合，孔による断面欠損により，梁の断面性能が低下することから，曲げモーメントが小さくなる位置に孔を設けることが望ましい．しかし，設備計画との関係から，柱梁接合部近傍に設けられることもある．図 7.15（a）は，大地震を想定した梁の作用曲げモーメントにより局部座屈を生じた有孔梁の実験終了後の写真である．フランジ局部座屈に伴い，ウェブでは孔周辺でせん断変形を生じ，孔がもとの形からゆがんでいることがわかる．そのため，図（b）に示すような開口部の補強により，断面性能を保持させることが一般的である．孔周辺部にリブを設ける，もしくは板を溶接する，スリーブとよばれる管を設けることにより，有孔板の断面性能を確保できる．

（a）孔周辺の局部座屈（実験終了後）

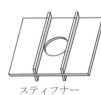
スティフナー

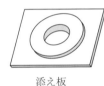
添え板

スリーブ

（b）補強形式例

図 7.15　有孔梁と有孔板の補強例

演習問題

7.1　問図 7.1 に示すように，軸力 N と曲げモーメント M を受ける板について，次の問いに答えよ．なお，板は幅 $d = 400$ mm，板厚 $t = 4.5$ mm，長さ $a = 600$ mm であり，ヤング係数 $E = 2.05 \times 10^5$ N/mm^2，ポアソン比 $\nu = 0.3$ である．

　（1）この板に引張応力が作用しないとき，弾性座屈応力度が最大となる場合の N と M の関係を求めよ．

　（2）問（1）のときの弾性座屈応力度を求めよ．

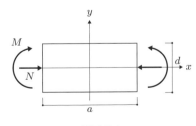

問図 7.1

8

接　　合

　鋼構造では，形鋼を鋼材メーカーで製造し，鉄骨製作工場（ファブリケーター）で形鋼や鋼板を溶接し，柱，梁，柱梁接合部（仕口）などの部材を製作する．その際，接合用のボルト孔あけなども行う．建設現場では，工場で製作された各部材を接合することで，骨組を組み立てていくことになる．図 8.1 に示す鉄骨ラーメン骨組を例にあげると，工場で製作された柱どうしを接合している箇所は柱継手，柱および梁の一部（ブラケット）と梁を接合している箇所は梁継手，最下層柱と基礎梁を接合している箇所は柱脚とよばれ，現場で接合される．この接合方法には高力ボルト接合，溶接接合がある．

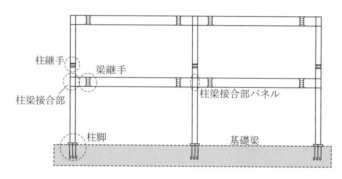

図 8.1　鋼構造骨組における接合箇所

　これまでの大地震による建築物の被害の多くは，第 5 章の圧縮材の曲げ座屈，第 6 章の梁の横座屈，第 7 章の形鋼を構成する板の座屈（局部座屈）に加え，接合部での破壊である．部材と異なり，接合部は複雑な形状で，さまざまな応力が作用する部位でもあることから，設計・部材加工・現場施工の全般を通じて労力を要し，実際に問題を生じやすい．

　本章では，最初に形鋼や鋼板の接合方法（ボルト接合，高力ボルト接合，溶接接合）について説明し，これらの接合方法を用いた実際の骨組における接合部位（継手，柱梁接合部，柱脚など）の作用応力について解説する．

8.1　接合方法

　鋼構造建築物における接合方法としては，現在，次の三つの方法があげられる．

(1) ボルト接合：形鋼や鋼板などの部材に孔をあけ，複数の部材をボルトにより固定する方法である．ボルトに直接作用するせん断力や引張力により部材に応力を伝達する．

(2) 高力ボルト接合：形鋼や鋼板などの部材に孔をあけ，複数の部材をボルトにより固定する点は (1) と同じであるが，ボルトに高強度鋼を用い，接合する部材間を大きな締め付け力により圧縮することで，応力を伝達する方法である．とくに，せん断に対しては部材どうしの摩擦により応力を伝達することから，高力ボルト摩擦接合とよぶ．

(3) 溶接接合：部材間を鋼材（溶接棒）を溶融して一体化する方法である．

これら以外にもリベット接合があるが，作業時の騒音，現場での火災，技能者の不足といった問題があり，現在は上記の三つの方法のみが用いられている．

> **解説** ── **リベット接合**
>
> リベット（rivet）は鋲の一種であり，リベット接合はボルト接合と同様，鋼や鋼板などの部材に孔をあけ，そこにリベットを貫通させた後，リベット先端部をつぶすという工程である．リベットをつぶす方法として，建築現場ではリベットを加熱してからハンマーで叩くことから，騒音や火災といった問題が生じたこと，高力ボルト摩擦接合や溶接接合が開発されたことから，昭和 30 年代以降は使われなくなった．

8.2 ボルト接合

ボルトは，古くから建築物以外でも多くの構造物に使用されてきたが，振動に対するゆるみやボルト軸径と孔径のクリアランスですべりを発生することから，現在では建築物の主要構造部材の接合には使用されていない．

8.2.1 ボルトの種類

使用されるボルトは，JIS B 1180 に規定されている呼び径六角ボルトであり，その種類は，**表 8.1** に示す 4.6〜6.8 である．表中一番右側の F 値は設計で用いられる基準強度であり，第 9 章で説明する．

表 8.1　ボルトの機械的性質

ボルトの機械的性質による強度区分	降伏強さ $[N/mm^2]$	引張強さ $[N/mm^2]$	破断伸び $[\%]$	硬さ H_B	F 値 $[N/mm^2]$
4.6	240 以上	400 以上	22	114〜209	240
4.8	340 以上	420 以上	—	124〜209	240
5.6	300 以上	500 以上	20	147〜209	300
5.8	420 以上	520 以上	—	152〜209	300
6.8	480 以上	600 以上	—	181〜238	420

8.2.2 接合形式

接合形式は，ボルトに作用する応力の種類によって**図 8.2** のように分類される．ボルトが応力を伝達する機構としては，図 (a) に示すボルトのせん断によるもの，図 (b)

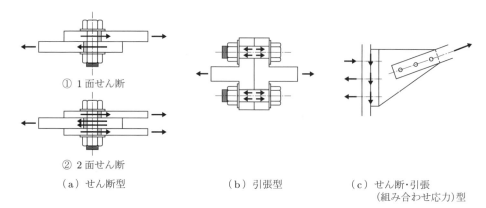

（a）せん断型　　　　　　　　　（b）引張型　　　　　　（c）せん断・引張
　　　　　　　　　　　　　　　　　　　　　　　　　　　　　　（組み合わせ応力）型

図 8.2　ボルトによる応力伝達機構

に示すボルトの引張によるもの，図 (c) に示すせん断と引張の組み合わせによるもの
の 3 種類がある．そして，ボルトがせん断力で抵抗する場合，図 (a) に示すように，
ボルトに接合する部材（接合材）の数によって一つのボルトに作用するせん断面数が
異なる．①ではせん断面が一つ，②ではせん断面が二つであり，それぞれ 1 面せん断
および 2 面せん断とよばれる．

　接合材にあける孔径は，過大なすべり変形を生じないように，ボルト径に対して
+1 mm 以内とする．ただし，ボルト径が 20 mm 以上の場合は +1.5 mm 以内とする
ことができる．

　通常，ボルト接合では，**図 8.3** に示すように複数のボルトで接合される．接合材の
長さ方向のボルト基準線をゲージライン，その相互間の距離をゲージ，ボルト相互の
中心間距離をピッチとよぶ．このピッチが短すぎても長すぎても，施工上の問題や応
力伝達における問題を生じることから，**表 8.2** に示すように，ピッチはボルト軸径の
4 倍を標準とし，2.5 倍以上とする規定が設けられている．

　また，8.2.3 項で説明する破壊形式の一つに縁端部の破壊があることから，縁端部の

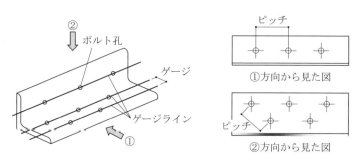

図 8.3　ゲージライン，ゲージ，ピッチ

表 8.2　ピッチ

軸径 d [mm]		10	12	16	20	22	24	28
ピッチ p	標準	40	50	60	70	80	90	100
	最小	25	30	40	50	55	60	70

表8.3　最小縁端距離

ボルト径 [mm]	縁端の種類	
	せん断縁，手動ガス切断縁	圧延縁，自動ガス切断縁，のこ引き縁，機械仕上縁
12	22	18
16	28	22
20	34	26
22	38	28
24	44	32
27	49	36
30	54	40

破壊を防止する目的で，表8.3のように最小縁端距離がボルト径ごとに定められている．そして，切断方法によってこの距離は異なり，シャーカッタによるせん断切断や手動ガス切断の場合は切断面の凹凸が大きく，自動ガス切断やのこ引き切断などの場合は小さい．そのため，最小縁端距離は前者で大きく，後者で小さい値となっている．

8.2.3　応力伝達機構と破壊形式

　図8.2 (a) に示すせん断型で応力が伝達される場合，板どうしの境界（せん断面）でせん断力が授受され，ボルトにせん断力が作用するとともに，ボルトから接合材に支圧力がはたらく．そのため，次のような現象が起こりうる．

① ボルトに対して接合材である板が厚い場合，作用応力がボルトせん断耐力を上回ると，図8.4 (a) のようなボルトのせん断破壊を生じる．

② ①とは逆に，ボルトに対して板が薄い場合，支圧力に対して接合材が抵抗できなくなると（作用応力が母材の支圧強度を上回ると），ボルト孔が楕円形状に変形し，最終的には図 (b) のような部材の支圧破壊を生じる．

③ 板部分で均一であった引張応力がボルト孔近傍では不均一となり，孔近くで最大応力を生じる．そのため，ボルト孔からの板のヘリまでの距離が短い場合，図 (c) のように，この部分が切れて破断する．これをへりあき破断とよぶ．また，ボルト孔から板の端部までの距離が短い場合，図 (d) のはしぬけ破断を生じる．

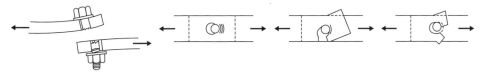

（a）ボルトのせん断破壊　　（b）母材の支圧破壊　　（c）へりあき破断　　（d）はしぬけ破断

図8.4　ボルトによる応力伝達機構と破壊形式

8.2.4　ボルトおよび接合材の耐力

　8.2.3項で説明したように，ボルト接合部の破壊は，ボルト自体のせん断破壊・引張破壊と接合材（母材）の支圧破壊に大別される．そのため，ボルト接合部の耐力に

ついても，ボルト耐力と母材の耐力を考える必要がある．設計に関しては第 9 章で説明するが，とくに支圧に関しては一般に降伏耐力ではなく，許容耐力を用いることから，ここではボルトのせん断耐力・引張耐力とあわせて設計時に用いる許容耐力を説明する．

$$\text{ボルトの許容せん断耐力：} R_s = m \cdot A_e \cdot f_s \tag{8.1}$$

$$\text{ボルトの許容引張耐力：} R_t = A_e \cdot f_t \tag{8.2}$$

$$\text{接合材の許容支圧耐力：} R_l = d \cdot t \cdot f_l \tag{8.3}$$

m：せん断面の数（1 面もしくは 2 面）

A_e：ボルトねじ部の有効断面積（**表 8.4** 参照），d：ボルトの軸径

t：母材の最小板厚（2 面せん断の場合（図 8.2 (a) ②）は両側の板厚の和と中央部の板厚のうち，小さいほうの値）

f_t, f_s, f_l：許容引張応力度，許容せん断応力度，許容支圧応力度（第 9 章参照）

表 8.4　ボルトの長期荷重に対する許容耐力

ボルト呼び径	有効断面積 [mm²]	強度区分								
		4.6，4.8			5.6，5.8			6.8		
		許容せん断耐力 [kN]		許容引張耐力 [kN]	許容せん断耐力 [kN]		許容引張耐力 [kN]	許容せん断耐力 [kN]		許容引張耐力 [kN]
		1 面せん断	2 面せん断		1 面せん断	2 面せん断		1 面せん断	2 面せん断	
M6	20.1	1.86	3.71	3.22	2.32	4.64	4.02	3.25	6.50	5.63
M8	36.6	3.38	6.76	5.86	4.23	8.45	7.32	5.92	11.8	10.2
M10	58.0	5.36	10.7	9.28	6.70	13.4	11.6	9.38	18.8	16.2
M12	84.3	7.79	15.6	13.5	9.73	19.5	16.9	13.6	27.3	23.6
M16	157	14.5	29.0	25.1	18.1	36.3	31.4	25.4	50.8	44.0
M20	245	22.6	45.3	39.2	28.3	56.6	49.0	39.6	79.2	68.6
M22	303	28.0	56.0	48.5	35.0	70.0	60.6	49.0	98.0	84.8
M24	353	32.6	65.2	56.5	40.8	81.5	70.6	57.1	114	98.8
M27	459	42.4	84.8	73.4	53.0	106	91.8	74.2	148	129
M30	561	51.8	104	89.8	64.8	130	112	90.7	181	157

8.2.5　適用範囲および使用条件

建築基準法施行令によると，「延べ床面積が 3000 m² 以下で，軒高 9 m 以下，かつ，スパン 13 m 以下の建築物で有効なもどり止めをした場合以外は，構造耐力上主要な部材の接合にボルトを使用してはならない」と規定されている．つまり，ボルトがゆるまないようにコンクリートで埋め込む場合，ナットの部分を溶接し，またはゆるみ防止用特殊ナットやナットを二重に使用する場合などはボルト接合してもよい．

ボルトを締め付けるとき，後述する高力ボルト接合のようにトルク値により管理されていないため，ボルトの締め付け力は大きくない．そのため，地震時にボルトにせん断力が作用すると，ボルトと孔とのクリアランスだけすべりが生じ，ボルト接合部

の数だけすべりが生じれば，その累積として大きなたわみ変形となり，二次応力や地震後の残留変形を生じる．

また，振動や衝撃などの繰り返し応力を受けると，ボルトがすべり，ナットが徐々にゆるむなど，接合部の変形が大きくなるとともに，不安定な状態となることから，このような接合部にもボルトを使用できない．

8.3 高力ボルト接合

前節で述べたボルト接合は，建築基準法で適用範囲が限定されている．一方，高力ボルト接合はより広範囲で建築物に適用でき，溶接と並んで接合の主流となっている．

8.3.1 高力ボルトの種類

高力ボルトには，**図 8.5** に示すような JIS B 1186 に規定されている高力六角ボルトと，JSS II 09（日本鋼構造協会規格）のトルシア形高力ボルトがある．高力六角ボルトは六角ナット，座金で構成されており，これらは高力ボルトセットとよばれている．高力六角ボルトは，**表 8.5** に示すように 1 種の F8T，2 種の F10T，3 種の F11T に分類される．ボルト名称の最初の「F」は摩擦接合（friction joint）を表し，ボルトの等級を表す記号「8T」，「10T」，「11T」は，応力度の単位が tonf/cm^2 であったときの引張強さの下限値を示している．たとえば，10T は 10 tonf/cm^2（980 N/mm^2）となる．

表 8.6 に高力ボルトの機械的性質を示す．応力の単位が SI 単位に移行した際，ボルト強度を 2% 上げたので，高力ボルトの許容耐力は，SI 単位以前の値を 1/10 倍す

図 8.5 高力六角ボルト（左）とトルシア形高力ボルト（右）

表 8.5 高力ボルトセットの種別

セットの種類		適用する構成部品の機械的性質による等級		
機械的性質による種類	トルク係数値による種類	ボルト	ナット	座金
1 種	A B	F8T	F8	
2 種	A B	F10T*	F10 (F8)	F35
(3 種)	A B	(F11T)		

* トルシア形高力ボルトでは S10T とよんでいる．

表 8.6　高力ボルトの機械的性質

ボルトの機械的 性質による等級	耐力* [N/mm²]	引張強さ [N/mm²]	伸び [%]	絞り [%]
F8T	640 以上	800〜1000	16 以上	45 以上
F10T	900 以上	1000〜1200	14 以上	40 以上
(F11T)	(950 以上)	(1100〜1300)	(14 以上)	(40 以上)

* 降伏点が明瞭でない場合に降伏点の代わりに用いるもので，0.2% の永久ひずみを生じるときの応力度．

れば SI 単位系の kN 表示の値となる．なお，3 種の F11T ボルトについては，遅れ破壊の問題があったことから，現在は製造されていない．また，1 種の F8T は耐力が低いことから，接合部に作用応力を上回る耐力を保有させようとした場合，F10T に比べて多くのボルトを必要とするため，接合効率が悪い．そのため，2 種の F10T ボルトが主に製造・使用されている．

| 解説
　　　　　遅れ破壊

　締め付け後，数年から十数年経ったとき，存在応力に加えて新たに応力が作用していなくても突然破断する現象である．ただし，すべてのボルトに生じるものではない．
　なお，遅れ破壊を生じる F11T は 1981 年に製造が停止されたものの，2013 年の改定時まで JIS 規格には残っていた．

8.3.2　接合形式

　接合形式は，8.2 節のボルト接合と同様，せん断型，引張型，引張・せん断型の 3 種類である．8.1 節でも説明したように，せん断型の場合，部材どうしの摩擦により応力を伝達させる．

　接合材の孔径は，ボルト接合よりも大きく，ボルト径に対して +2 mm 以内とする．ただし，ボルト径が 27 mm 以上の場合は，+3 mm 以内とすることができる．

　ボルトを締め付けることで，ボルトに張力が導入されることから，被締め付け部材間で圧縮力に比例した摩擦力が生じ，これにより応力が伝達される．締め付けによるボルト張力が大きいほど摩擦耐力や引張耐力は大きくなり，高い剛性を有することから，接合効率は高くなる．一方で，締め付けすぎると，ボルト破断やナットぬけを生じてしまう．そのため，表 8.7 に示すように，設計ボルト張力および標準ボルト張力が定められている．

　このような張力をボルトに導入するためのボルトの締め付け手順は，一次締め，マーキング，本締めの 3 段階となる．高力ボルトではボルト頭部およびナットの下に，トルシア形高力ボルトではナット下のみに専用座金を 1 枚ずつ敷き，ナットを回転させる．その際，ナットおよび座金には表裏があることに注意する．本締めにおける締め付け方法としては以下の方法がある．

表 8.7　高力ボルトの設計ボルト張力と標準ボルト張力

種類		設計ボルト張力	標準ボルト張力
1 種 F8T	M16	85.2	93.7
	M20	133	146
	M22	165	182
	M24	192	211
	M27	250	275
	M30	305	335
2 種 F10T	M16	106	117
	M20	165	182
	M22	205	226
	M24	238	262
	M27	310	341
	M30	379	417

①トルクコントロール法

　所定のボルト導入張力を与えるために要する締め付けトルクを次式より求め，ナットを締め付ける方法である．

$$T = kdN \tag{8.4}$$

　　T：締め付けトルク [Nm]，d：ボルトの公称軸径 [mm]

　　N：導入軸力 [kN]，k：トルク係数

ここで，kはナットを回転させるときに生じるボルトセット（ナット＋座金と接合部材，ボルト＋ナットと接合部材間）の摩擦係数に相当する値である．同一ロットで適切に管理されていればほぼ一定の値となるが，温度や湿度にも影響を受け，ロットが異なれば値も変化する．さらに，ボルトセットの表面にキズやホコリ，油，水などが付着していると値が大きくなり，ボルト導入軸力に必要となる締め付けトルクが大きくなることから，注意が必要である．

　以上より，JIS 規格ではトルク係数を**表 8.8** のように定めている．一般に M20 以上の高力ボルトには A 種，M16 以下では B 種が適用される．

表 8.8　トルク係数

トルク係数値による種類	A	B
トルク係数値の平均値	0.110～0.150	0.150～0.190
トルク係数値の標準偏差	0.010 以下	0.013 以下

　k が小さいと締め付けは容易であるが，ナットの戻りを生じやすい．k が大きいと締め付けが難しくなり，締め付けによるボルトのねじり力が大きくなることから，ボルトの降伏や破断を誘発することになる．

②ナット回転角法

　ナットの回転量とボルトに導入される張力が比例的な関係となることを用いて，ナット回転角量を制御する方法である．具体的には，一次締め付け後のナット回転量

が $120° \pm 30°$（M12 については $60° \pm 30°$）の範囲とする.

8.3.3 応力伝達機構と破壊形式

高力ボルト摩擦接合

　図 8.6 に示すように，ボルトを締め付けることでボルトに張力が導入されることから，被締め付け部材間において圧縮力に比例した摩擦力で応力が伝達される. そのため，接合部は一体となって変形することから，図 8.7 に示すようにボルト接合（図の破線）とは異なり，接合部の剛性が高くなっている. 通常，部材間の接合面の摩擦係数を大きくし，摩擦力を確保するために，赤錆状態とするかショットブラストとする. これらの処理をしていない黒皮肌の状態やペンキを塗布した状態では，摩擦力が低下してしまうことに注意する. 作用応力がある限界に達すると，接合材間においてボルト孔とボルト軸径のクリアランス間ですべりを生じるため，作用応力は上昇せずに変形のみ進行する. さらに変形が大きくなると，ボルト接合と同様，高力ボルトのせん断力が接合材に支圧力として作用するため，再び作用応力は大きくなる（剛性が回復する）. そのとき，接合材の引張変形により材の板厚が減少することで，ボルト張力も低下することから，摩擦力も小さくなる. 最終的には，ボルト接合と同様，図 8.4 に示したように，高力ボルトのせん断破壊，接合材の支圧破壊，ボルト孔位置での接合材の破断で強度が決定される.

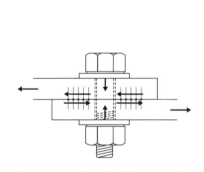

図 8.6　高力ボルト摩擦接合の応力伝達
機構

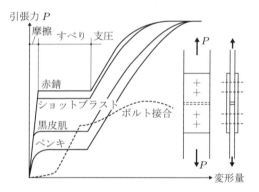

図 8.7　高力ボルト摩擦接合部の荷重と変形関係

　ボルト接合と比較して，ボルト孔周辺の摩擦力で応力を伝達する高力ボルト摩擦接合の特徴をまとめると，以下のとおりである.

（作用応力が摩擦力以下の場合）
(1) ボルトセットは製品管理されており，ボルト張力が適切に導入されることから，ボルトのゆるみは生じにくい.
(2) ボルト孔の断面欠損による破断は生じない.
(3) すべりが生じず，接合部の剛性が高い.

(4) ボルトにせん断力，支圧力が直接作用しないため，ボルト張力は変化しないことから，繰り返し荷重に対して疲労強度も高い．

（作用応力が摩擦力を超えた場合）

(5) ボルト強度が高いので，ボルトのせん断力で応力を伝達できる．

引張接合

引張接合は，高力ボルトに引張応力が作用する接合方法として，スプリットティー接合形式（後述，図 8.33 (b)）などの柱梁接合部や鋼管のフランジ継手などに用いられる．引張接合では，接合部のボルトを締め付ける（ボルトに張力を導入する）ことで，接合部材どうしに圧縮力が生じる．そのため，接合部に引張力が生じても所定の大きさに達するまでは，ボルトに引張応力がほとんど作用しないことから，高い剛性を有する．

図 8.8 はボルトの作用引張力とボルト張力の関係を示したものである．ボルトに張力 N を導入した状態（a）から部材が離間する状態（b）まで引張力 T が作用するとボルト張力も若干増加するものの，引張力に比べるとその増加量は小さい．これは，ボルトを締め付けたときに生じた接合部材間の圧縮力が減少するためである．つまり，この部材間の圧縮力が分布している面積は，ボルト軸面積よりも非常に大きく，圧縮による部材間の変形が減少すること（元に戻ること）で，部材間で引張力の大部分を負担するためである．その後，離間が完了すると（c），作用引張力はすべてボルトで負担するため，ボルト張力と等しくなり，最終的にはボルトねじ部で引張破断を生じる（d）．また，引張力を途中で除荷すると，離間開始以前ではボルト張力は初期値（a）に戻るが，離間開始後に除荷すると，引張力の大きさによってボルト張力は減少する（e, f）．

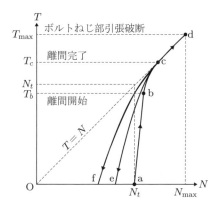

図 8.8 高力ボルトの引張力 T と
ボルト張力 N の関係

表 8.9 摩擦面の状態とすべり係数

摩擦面の状況	すべり係数
光明丹塗り	0.05〜0.20
亜鉛めっき面	0.10〜0.30
黒皮のまま	0.20〜0.45
みがき肌	0.20〜0.35
サンダーがけ	0.25〜0.45
酸化炎吹付け	0.30〜0.60
浮き錆を除去した赤錆面	0.45〜0.75
ショットブラストがけ	0.40〜0.75
サンドブラストがけ	0.45〜0.75

8.3.4　すべり耐力

高力ボルト摩擦接合

すべり係数は，摩擦面状態により**表 8.9** に示すとおりである．図 8.7 でも示したとおり，大きな摩擦力を確保するために，実構造物では摩擦面の浮き錆を除去して赤錆面とするか，ショットブラストがけした面とすることで，すべり係数 $\mu = 0.45$ を適用できる．導入軸力を N とすると，ボルト 1 本の 1 摩擦面あたりのすべり荷重 P_s は，次式のように求められる．

$$P_s = \mu N \tag{8.5}$$

引張とせん断が同時に作用する場合の接合

引張力とせん断力が同時に作用する場合，せん断力は摩擦力で負担するものの，引張力 T により式 (8.5) の N が減少するため，すべり荷重が低下することから，すべり荷重 P_s' は近似的に次式のように表される．

$$P_s' = \mu(N - T) \tag{8.6}$$

8.4　溶接接合

溶接は大きく分けて融接，圧接，ろう接（ろう付け）の三つに分類される．融接は部材の接合箇所を加熱して溶接金属を生成・供給し，部材どうしを融合させて接合する方法であり，鋼構造建築物で一般的に使用される．

圧接は接合部分を加熱して高温にしてから密着させる接合方法であり，鉄筋などに用いられる．ろう接は接合する部材を溶融することなく，溶接材を金属接合面間に付加する接合方法である．例としてハンダ付けなどがあるが，鋼構造では使用されていない．本節では，溶接（融接）について説明する．

8.4.1　溶接方法の種類

溶接は電極間の間にアークを発生させることで，溶接棒の心材または溶接ワイヤと，接合箇所となる部材の一部を高温にして溶かして一体化する接合方法であり，主な溶接方法として，被覆アーク溶接（アーク手溶接），炭酸ガスアーク溶接（半自動溶接），サブマージアーク溶接（自動溶接）があげられる．

被覆アーク溶接（アーク手溶接）

図 8.9 (a) に被覆アーク溶接の概要を示す．図に示すように，溶接棒と接合する部材（母材）は溶接機に接続され，その間にアーク熱（約 5000℃）を発生させ，溶接棒の先端と母材の一部を溶かすことで一体化させる接合方法である．なお，溶接棒は，軟鋼の心線とその周りの被覆材（フラックス）からなる被覆アーク溶接棒である．被覆材は，溶接時に熱分解して CO，CO_2，H_2 などの非活性ガスを発生させることで

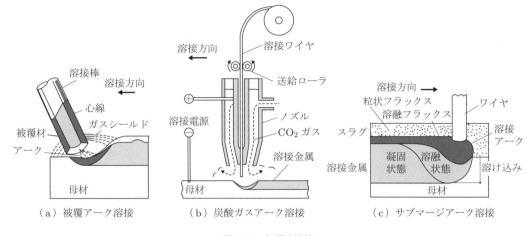

図 8.9　各種溶接法

空気から溶接部を遮蔽し，酸素や窒素による酸化・窒化を防ぎ，アークを安定させる
ガスシールドの役割をもつ．そして，溶融点の低い粘性のあるスラグをつくり，凝固
と冷却の速度をゆるやかにすることで溶接金属の機械的性質を高めるとともに，凝固
時に表面を覆って溶融金属を保護する．

炭酸ガスアーク溶接（半自動溶接）

図 (b) に炭酸ガスアーク溶接の概要を示す．リールに巻かれた溶接ワイヤをモー
ターで自動的に溶接箇所に供給し，溶接トーチを通して炭酸ガスをノズルから噴き出
すことで，大気からアークを遮断する方法である．ワイヤとガスの供給は自動，トー
チの操作は手動で行う半自動溶接がもっとも幅広く使用されている．被覆アーク溶接
に比べて作業効率に優れている．

サブマージアーク溶接（自動溶接）

図 (c) にサブマージアーク溶接の概要を示す．溶接線前方に粒状もしくは粉状のフ
ラックスを盛り，その中に溶接ワイヤ（心線）を挿入し，フラックスの中でアークを
発生させる方法である．フラックスの中でアークが発生するので，アークの強い光は
外から見えない．すべての作業は自動で行われ，アークが安定するため，溶接部の品
質が高く，大電流により溶け込みが大きく，厚板の溶接にも適しており，作業効率が
非常によい．ただし，一般的には長い直線状の溶接しかできないことから，複雑な形
状には適さない．

　なお，溶接棒は母材の鋼種や接合部に要求される性能，溶接効率や経済性などを考
慮して JIS 規格品から選定される．詳細については参考文献 9) を参照されたい．

8.4.2 溶接継目の種類

　溶接継目とは，8.4.1項で説明した溶接方法によって母材どうしをつなぎ合わせた部分，すなわち溶接のつなぎ目を指す．主な溶接継目の種類としては，**図8.10**に示すように，完全溶け込み溶接継目，すみ肉溶接継目，部分溶け込み溶接継目があり，それ以外にもプラグ溶接継目，スロット溶接継目，フレア溶接継目がある．

（a）完全溶け込み溶接継目　　（b）すみ肉溶接継目　　（c）部分溶け込み溶接継目

図 8.10　溶接継目の種類

完全溶け込み溶接

　完全溶け込み溶接とは，**図8.11**に示すように母材の板の端部を適切な角度で切り取り，この部分にアーク溶接により溶接金属を埋め込む方法である．切り取った部分を開先とよぶ．溶接時，開先部分に溶接金属を十分満たし，さらに表面を多少盛り上がらせる．この部分を余盛とよぶ．完全溶け込み溶接は，母材の板幅全長にわたって断続しないで溶接される．

　図8.12に示すように開先にもいろいろな種類があり，8.4.1項の溶接方法，板厚，溶接姿勢によって適切な開先を選択することになる．母材の板厚が薄い場合には I 形，厚い場合にはレ形，V 形が用いられる．さらに厚い場合には溶け込みをよくするように，開先角度を大きくとるか，板の両面から溶接できる X 形，K 形などが用いられる．なお，U 形も厚板に適しているが，現状，使用実績はほとんどない．

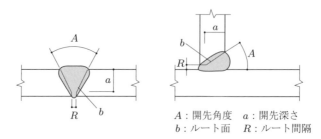

A：開先角度　　a：開先深さ
b：ルート面　　R：ルート間隔

図 8.11　開先および完全溶け込み溶接継目の断面

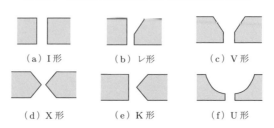

（a）I 形　　　（b）レ形　　　（c）V 形

（d）X 形　　　（e）K 形　　　（f）U 形

図 8.12　開先の種類

すみ肉溶接

すみ肉溶接とは，**図8.13**に示すように重なった2枚の板のすみ部分やT形に接合した板のすみ部分に溶融金属を置いて，接合する部材の一部を溶かし込んで溶接する方法である．図からわかるように，開先は用いておらず，溶接部の形状はおおむね三角形となる．設計時にはこの形状から溶接部の強度を算定することから，十分な強度を発揮するために溶け込みを十分に確保し，適切な形状とするように注意する必要がある．

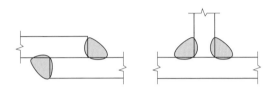

図8.13　すみ肉溶接継目の断面

すみ肉溶接継目の向きと作用力との関係から，**図8.14**に示すように前面すみ肉溶接継目，側面すみ肉溶接継目に分類される．前面すみ肉溶接継目は溶接線が作用応力に直角な場合，側面すみ肉溶接継目は溶接線が作用応力方向に平行な場合となる．継目の強度は，前面すみ肉溶接の場合が側面すみ肉溶接の1.4倍になる．また，完全溶け込み溶接と同様，すみ肉溶接でも連続して溶接される場合だけでなく，断続的に溶接される場合もある．

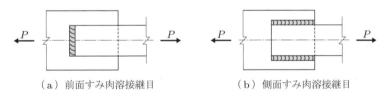

（a）前面すみ肉溶接継目　　　　　　（b）側面すみ肉溶接継目

図8.14　前面もしくは側面すみ肉溶接継目

部分溶け込み溶接

部分溶け込み溶接とは，**図8.15**に示すように板厚が厚い場合に部分的に開先を設け，その部分に溶接金属を埋め込む方法である．この溶接部はせん断応力のみが作用する場合には有効であるが，引張や曲げ（荷重偏心による曲げを含む）が作用した場合には十分な強度を発揮できないので，適用には注意する必要がある．

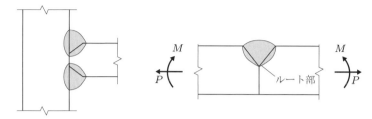

（a）部分溶け込み溶接の例　　（b）部分溶け込み溶接が使用できない例

図 8.15　部分溶け込み溶接接継目の断面

解説

裏はつり，裏あて金

　溶接施工において，板厚が薄い場合を除き，余盛ができるまで溶接継目を複数回溶接する．このとき，1回目の溶接（初層）では，溶け込み不足が生じ，溶接金属が急激に冷やされるので，割れなどの欠陥を生じやすい．そのため，溶接後にこの部分を削り取る作業を裏はつりとよぶ．

　裏はつりができない場合には，裏あて金を用いて溶接される．

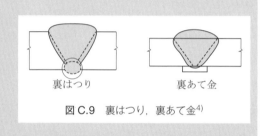

図 C.9　裏はつり，裏あて金[4]

8.4.3　溶接継目の耐力

　母材から作用する応力を溶接継目が負担できる耐力は，溶接継目の有効断面積 A_e（有効のど厚 a × 有効長さ l_e）に降伏応力度 σ_y もしくはせん断降伏応力度 $\sigma_y/\sqrt{3}$ を乗じることで求められる．

$$\text{圧縮応力もしくは引張応力が作用する場合：} P_y = a \cdot l_e \cdot \sigma_y \tag{8.7}$$

$$\text{せん断応力が作用する場合：} Q_y = a \cdot l_e \cdot \frac{\sigma_y}{\sqrt{3}} \tag{8.8}$$

以降では，各溶接継目の有効断面積について説明する．

　溶接金属は，母材以上の強度（降伏応力度 σ_y）をもっていることから，適切な溶接が行われれば，母材と同等の強度を有するものとみなすことができる．

完全溶け込み溶接

　完全溶け込み溶接の有効のど厚 a は，**図 8.16** (a) に示すように母材の板厚と同じ厚さと考えてよい．ただし，溶接する母材の板厚が異なる場合，a は薄いほうの板厚とする．母材の板幅全長にわたって断続的に溶接されることから，有効長さ l_e は通常，図 (b) に示すように母材の板幅としてよい．

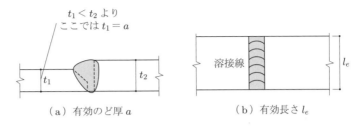

図 8.16 完全溶け込み溶接継目ののど厚と有効長さ

すみ肉溶接

すみ肉溶接の断面は，**図 8.17** (a) に示すように，母材と接している長さ（脚長 l）を 1 辺とした三角形を形成している．ただし，実際の溶接断面は図 (a) ①，②のようにさまざまな形状となることから，アミかけした三角形を形成する部分の長さをすみ肉溶接サイズ S とよび，設計時に指定される値としている．そして，接合される母材どうしの角部が直角である場合，1 辺を S とした直角二等辺三角形を形成するものとし，その頂点から斜辺に垂直に引いた線の長さを有効のど厚 a とすると，次式で表される．

$$a = \frac{S}{\sqrt{2}} \fallingdotseq 0.7S \tag{8.9}$$

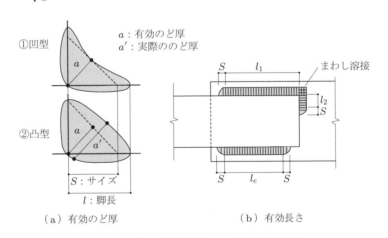

図 8.17 すみ肉溶接継目ののど厚と有効長さ

すみ肉断面が二等辺三角形を形成していない場合（不等脚すみ肉溶接），小さいほうの S を用いて式 (8.9) より有効のど厚を求める．なお，図 (a) ②のように溶接部が盛られている場合，実際ののど厚 a' は有効のど厚 a よりも厚くなるものの，これを有効のど厚とすることはない．有効長さ l_e は図 (b) に示すように，実際のすみ肉溶接長さから，始端と終端ですみ肉溶接サイズ S だけ差し引いた長さとする．これは，始端と終端では次項に示す溶接欠陥が起こりやすく，所定のサイズを確保できないためである．また，図 (b) の上側のように，まわし溶接がある場合，$l_1 + l_2$ を有効長さとする．

部分溶け込み溶接

前項でも述べたとおり，引張や曲げ（荷重偏心による曲げを含む）が作用した場合には十分な強度を発揮できないことから，すみ肉溶接として扱われる．有効のど厚 a は，

(a) 図8.12に示すレ形，K形，V形，X形を被覆アーク溶接で行う場合は，溶接溶け込み不足を考慮し，開先深さから3mm引いた値

(b) その他の開先形状を被覆アーク溶接で行う場合もしくはサブマージアークで行う場合は，開先深さ

とする．

解説

鋼製タブ，固形タブ

溶接施工において，溶接の始端と終端では，アークが不安定となり，不完全な溶接となりやすいため，溶接始端と終端の部分に図C.10に示すタブを取り付ける．鋼製タブは溶接継目と同じ形状であり，溶接終了後，一部を残して切断されることもあるが，そのまま残す場合が多い．固形タブは溶接終了後取り外される．

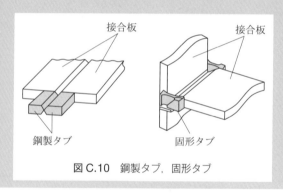

図C.10　鋼製タブ，固形タブ

8.4.4　溶接部での応力・変形と欠陥

溶接応力

図8.18に示すように，溶接金属が冷却されると，溶接部を含む接合部は収縮する．そのため，接合部端を拘束すると，溶接金属の収縮によって鋼材には引張応力が作用し，これを拘束応力とよぶ．拘束された接合部の拘束応力分布を示したものが図8.19である．拘束応力は溶接後，接合部に存在する（残留する）ことから，残留応力ともよばれる．拘束応力は溶接部の割れの原因となる．

溶接変形

溶接時に，母材は溶接によって局所的に熱せられて膨張した後，冷却によって収縮することから，さまざまな変形を生じる．代表的な変形として，図8.20に示すような横収縮，縦収縮，縦曲がり変形，角変形などがある．

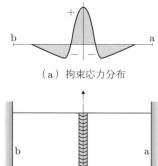

（a）拘束応力分布

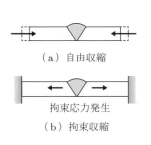

（a）自由収縮

拘束応力発生

（b）拘束収縮

図 8.18 拘束応力の発生

（b）拘束された溶接継手

図 8.19 拘束された溶接継手の応力

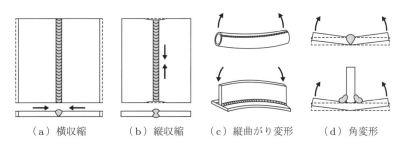

（a）横収縮 （b）縦収縮 （c）縦曲がり変形 （d）角変形

図 8.20 溶接変形

溶接欠陥

　溶接が適切に行われないと，**図 8.21** に示すようにさまざまな欠陥を生じる．その場合，応力集中により早期に破断する可能性があることから，溶接部の健全性を調べるために，外観検査や非破壊検査が行われる．外観検査は表面欠陥を目視などにより，非破壊検査は割れ，融合不良，ブロホールなどの内部欠陥を超音波探傷試験により調べるものである．欠陥が検出され，不合格となった場合には補修しなければならない．

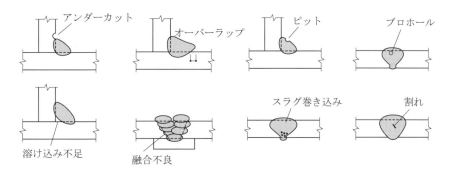

図 8.21 溶接欠陥の例

8.5　接合部

　　鋼構造建築物を構成する柱，梁，筋かいなどの部材は，製鉄所で製造された形鋼や平鋼を鉄骨製作工場（ファブリケーター）で加工・溶接したものであり，建設現場で組み上げられる．接合方法には 8.2〜8.4 節で説明したボルト接合，高力ボルト接合，溶接接合が用いられる．このような接合箇所を接合部とよぶ．図 8.1 に示すように，梁と梁，柱と柱，梁と柱，柱と基礎部材など，接合する部材の形式はさまざまである．これまで大地震時では接合部で破断や局部座屈などの被害を生じてきたことから，接合部に求められる性能はその形式によらず下記のとおりである．

- 接合される部材の応力を伝達できるように，接合部には作用応力よりも大きな耐力を保有させる
- 要求される荷重に対して，建築物全体が過度に変形しないように接合部の剛性を高め，局所変形を生じないようにする
- 上記の点を考慮して，接合部は応力伝達が明確でかつ容易に施工を行えるディテールとすることが望ましい

　　本節では各接合部の特徴を説明する．

8.5.1　継手

　　継手は同じ部材間での接合であり，梁と梁の接合を梁継手，柱と柱の接合を柱継手とよぶ．継手の位置は存在応力（部材に作用している応力）のうち，最小の位置に設けることが望ましいものの，形鋼（鋼材）は定尺長さであり，施工性などを考えると必ずしも最小の位置になるとは限らない．また，地震荷重や風荷重による水平力は，図 8.22 (b) に示すように曲げモーメント分布が対称とならず，これらの水平力は繰り返しとなることから，応力が最小となる位置は変化する．

　　そして，通常，鉄骨製作工場での製作，工場から建築現場までの運搬，建設現場での施工における問題から，梁継手の場合，梁端から 1 m 程度の位置に継手を設け，柱

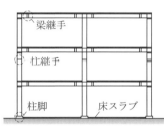

（a）ラーメン骨組の各部位

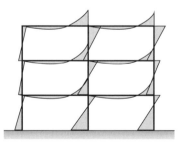

（b）鉛直・水平荷重が作用したときの曲げモーメント分布

図 8.22　鋼構造ラーメン骨組の曲げモーメント分布の一例

継手の場合，2〜3 階ごとに床上 1〜1.2 m の位置に継手を設けるのが一般的である（図 (a)）．

梁継手

　一般的に梁に用いられる断面は**図 8.23** に示すような H 形であり，現在，継手方法としては (a) フランジ，ウェブともに高力ボルト摩擦接合，(b) フランジ，ウェブともに溶接，(c) フランジを溶接，ウェブを高力ボルト摩擦接合としたものが用いられている．梁継手は，建物自重，積載荷重や地震・風・雪荷重によって生じる存在応力を伝達できればよいが，骨組全体の強度や剛性の観点から，非接合部材の耐力（この場合，梁の耐力）を伝達できるように添え板やボルト形状を選定することになる．

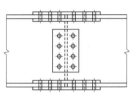 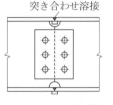 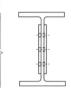

（a）高力ボルト摩擦接合　　　（b）溶接接合　　　（c）フランジを溶接，ウェブを
　　　　　　　　　　　　　　　　　　　　　　　　　　　　高力ボルト摩擦接合

図 8.23　梁継手の接合形式

　図 8.24 (a) に示すように，梁には曲げモーメントとせん断力が作用することから，フランジおよびウェブ継手部が分担する応力は次の二つの考え方による．

(1) 曲げモーメントは，継手部が梁と一体となって変形すると仮定し，フランジ継手部とウェブ継手部の断面二次モーメントの大きさに応じて次のように分担するものとする．また，せん断力はウェブ継手部のみで負担するものとする．

$$M_f = \frac{I_f}{I} M \tag{8.10}$$

$$M_w = \frac{I_w}{I} M \tag{8.11}$$

　　M：梁に作用する曲げモーメント

　　M_f：フランジが負担する曲げモーメント

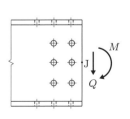 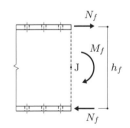 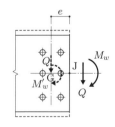

（a）作用応力　　　（b）フランジ継手の作用応力　　　（c）ウェブ継手の
　　　　　　　　　　　　　　　　　　　　　　　　　　　　作用応力

図 8.24　継手の作用応力

M_w：ウェブが負担する曲げモーメント

I_f：フランジの断面二次モーメント

I_w：ウェブの断面二次モーメント

I：梁の断面二次モーメント（$I - I_f + I_w$）

フランジ継手に関しては，フランジが負担する曲げモーメント M_f をフランジ中心間距離 h_f で除すことで，フランジの作用軸方向力 N_f は次式より求められる（図 8.24 (b)）．

$$N_f = \frac{M_f}{h_f} \tag{8.12}$$

この N_f に対して，フランジ継手板のサイズおよびボルト継手であればボルト本数，溶接継手であれば溶接サイズ（断面積）を求めることになる．

ウェブ継手に関しては，接合部重心 G において曲げモーメント M_w' とせん断力 Q が同時に作用するものとして，ウェブ継手板およびボルトに生じる最大応力を算定する（図 (c)）．その際，式 (8.11) の M_w（点 J における曲げモーメント）との関係は次式で表される．

$$M_w' = M_w + Qe \tag{8.13}$$

(2) 曲げモーメントはフランジ継手部分で，せん断力はウェブ継手部分で負担するものとする．H 形鋼ではフランジは，ウェブに比べて曲げ剛性が非常に大きいことから，このような略算法が用いられる．

柱継手

H 形鋼柱の場合，**図 8.25** に示すように，梁継手と同様に接合形式は (a) フランジ，ウェブともに高力ボルト摩擦接合もしくは (b) フランジを溶接，ウェブを高力ボルト摩擦接合である．角形鋼柱の場合，**図 8.26** に示す溶接であり，完全溶け込み溶接とする必要がある．柱継手においては，曲げモーメントとせん断力に加えて軸方向力が同時に作用することから，梁継手と同様，フランジおよびウェブの継手部が分担する応力は次の二つの考え方による．

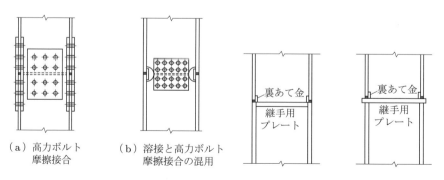

（a）高力ボルト 　　摩擦接合	（b）溶接と高力ボルト 　　摩擦接合の混用

図 8.25　H 形鋼柱の接合形式　　　　**図 8.26　角形鋼柱の接合形式**

(1) フランジ継手部とウェブ継手部の曲げモーメント M は，それぞれの断面二次モーメントの大きさに応じて式 (8.10), (8.11) より求めるものとする．また，せん断力はウェブ継手部のみで負担するものとする．そして，軸方向力 N はフランジとウェブの断面積に比例して次のように求められる．

$$N_f = \frac{A_f}{A} N \tag{8.14}$$

$$N_w = \frac{A_w}{A} N \tag{8.15}$$

N：柱に作用する軸方向力，N_f：片側のフランジが負担する軸方向力
N_w：ウェブが負担する軸方向力，A_f：片側のフランジ断面積
A_w：ウェブ断面積，A：柱の全断面積（$A = 2A_f + A_w$）

(2) 軸方向力はフランジとウェブの断面積に応じて式 (8.14), (8.15) のように分担し，曲げモーメントはフランジ継手部で，せん断力はウェブ継手部で負担するものとする．

作用応力計算

(1) 高力ボルト摩擦接合

部材に作用する軸方向力や曲げモーメントにより，フランジに作用する偶力 N によるボルト1本あたりの作用せん断力は次式となる（**図 8.27** (a)）.

$$R_N = \frac{N}{n} \tag{8.16}$$

n：軸方向力を負担するボルト本数

同様に，ウェブに作用するせん断力 Q に対してボルト1本あたりの作用せん断力は次式となる（図 (b)）.

$$R_Q = \frac{Q}{n} \tag{8.17}$$

n：せん断力を負担するボルト本数

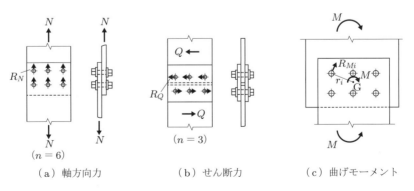

（a）軸方向力　　　　　（b）せん断力　　　　　（c）曲げモーメント

図 8.27 さまざまな応力によりボルトに作用するせん断力

　作用軸方向力および作用せん断力については，ボルトに均一な応力が作用するものとみなしてよい．曲げモーメントが作用する場合，ボルトに作用するせん断力はボルト群重心からの距離（重心からの半径）r_i に比例し，作用方向は円周方向となる．すなわち，曲げモーメントは，各ボルトに作用するせん断力 R_{Mi} と r_i の積の合計値として次のように表される（図 (c)）．

$$M = \sum R_{Mi} \cdot r_i \tag{8.18}$$

R_{Mi} はボルト群重心からの距離に比例することから，単位距離における作用せん断力を R_{M0} とおくと $R_{Mi} = R_{M0} \cdot r_i$ となり，これを式 (8.18) に代入すると次式となる．

$$M = R_{M0} \sum r_i^2 \quad \therefore R_{M0} = \frac{M}{\sum r_i^2} \tag{8.19}$$

よって，$R_{Mi} = R_{M0} \cdot r_i$ に式 (8.19) を代入すると，R_{Mi} は次式のように求められる．

$$R_{Mi} = R_{M0} \cdot r_i = \frac{M}{\sum r_j^2} r_i \tag{8.20}$$

　図 8.28 (a) に示すように，軸方向力，せん断力，曲げモーメントが同時に作用した場合，それぞれのボルトの作用せん断力を上記より求め，合成することでボルトに作用するせん断力の合力が求められる．たとえば，ウェブ継手にこれらの応力が作用した場合，作用せん断力による R_Q は y 方向，作用軸方向力による R_N は x 方向となるが，図 (b) に示すように曲げモーメントは円周方向に作用することから，x 方向と y 方向に分解して R_{Mx}，R_{My} とする（例題 8.1 の図 8.31 における A1 ボルト参照）．これらの合力 R は次のように求められる．

$$R = \sqrt{(R_N + R_{Mx})^2 + (R_Q + R_{My})^2} \tag{8.21}$$

(2) 溶接接合

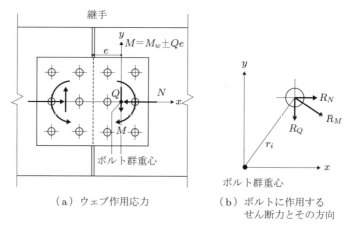

（a）ウェブ作用応力　　　（b）ボルトに作用する
　　　　　　　　　　　　　　せん断力とその方向

図 8.28　ウェブ継手におけるボルトの作用せん断力

　溶接継目の耐力は，8.4.3 項で説明したとおり，有効断面積 A_e（有効のど厚 $a \times$ 有効長さ l_e）に降伏応力度を乗じることで求められる．ここでは軸方向力，せん断力，曲げモーメントが作用する場合の作用応力を説明する．

(2-1) 完全溶け込み溶接継目

　継手応力はそれぞれ次のように求められる．

• 軸方向力 P が作用する場合

$$\sigma_N = \frac{P}{a \cdot l_e} \tag{8.22}$$

　　a：有効のど厚（溶接される板厚のうち小さいほうの値）

　　l_e：有効長さ（溶接される部材の幅）

• せん断力 Q が作用する場合

$$\tau_Q = \frac{Q}{a \cdot l_e} \tag{8.23}$$

• 曲げモーメント M が作用する場合

$$\sigma_M = \frac{M}{Z_{ef}} \tag{8.24}$$

　　Z_{ef}：溶接継手フランジの断面係数で，のど断面を転写した断面

• 曲げモーメント M とせん断力 Q の組み合わせ応力が作用する場合

　式 (8.23)，(8.24) より次のように求められる．

$$\sigma_C = \sqrt{\sigma_M^2 + 3\tau_Q^2} \tag{8.25}$$

(2-2) すみ肉溶接継目

　継手応力はそれぞれ次のように求められる．

• 軸方向力 P もしくはせん断力 Q が作用する場合（**図 8.29** (a)）

$$\tau_N = \frac{P}{\sum a \cdot l_e}, \quad \tau_Q = \frac{Q}{\sum a \cdot l_e} \tag{8.26}$$

　　a：有効のど厚（式 (8.9)）

　　l_e：有効長さ（$l - 2S$：l は溶接長さ，S は溶接のサイズ）

　溶接継目が複数ある場合は足し合わせる．

• 曲げモーメント M が作用する場合（図 (b)）

$$\tau_M = \frac{M}{Z_{ew}} \tag{8.27}$$

　　Z_{ew}：溶接継手ウェブの断面係数で，のど断面を転写した断面

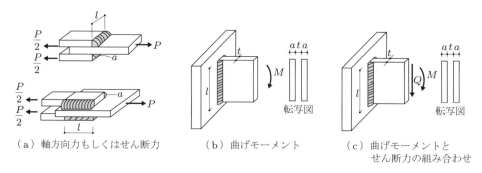

図 8.29 溶接継目に作用する応力

- 曲げモーメント M とせん断力 Q の組み合わせ応力が作用する場合（図 (c)）
  式 (8.26)，(8.27) より次のように求められる．

$$\tau_C = \sqrt{\tau_M^2 + \tau_Q^2} \tag{8.28}$$

解説

保有耐力接合

　保有耐力接合とは，接合部の終局耐力が部材（母材）の降伏耐力を上回る接合であり，これにより部材は最大限までその能力を発揮できる．これを式で示すと下記のようになる．

$$A_j\sigma_u \geq \alpha A_g\sigma_y$$

　　A_j：接合部の有効断面積，σ_u：接合部材の引張強さ

　　A_g：部材（母材）の全断面積，σ_y：部材（母材）の降伏応力度，α：安全率

ここで，接合部には，ボルト孔による欠損を考慮した有効面積（第4章）と鋼材の引張強さ（第3章）を用いているが，これは部材が降伏するまで破断させないという考え方である．α は設計時に用いられる安全率であり，基本的には 1.2 が採用される．これは，設計時には鋼材ごとに得られる σ_y ではなく，鋼種によって定められている基準強度 F 値を用いることで，実際に使用されている鋼材のばらつきを考慮するためである．F 値については第9章にて説明する．

▶**例題 8.1**

　図 8.30 に示すような継手に曲げモーメント M（= 60 kNm），せん断力 Q（= 120 kN）が作用したときのボルト A1，A2 に作用するせん断力を求めよ．

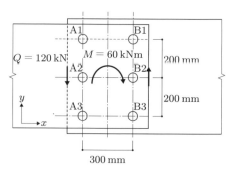

図 8.30 ボルト継手

▷**解答**

せん断力：

せん断力はすべてのボルトで均等に負担することから，式 (8.17) よりボルト 1 本に作用するせん断力は，

$$R_Q = \frac{Q}{n} = \frac{120}{6} = 20 \text{ kN}$$

となる．

曲げモーメント：

重心からの距離 r_i によって各ボルトに作用するせん断力の大きさは異なる．図 8.31 に示すように，重心 G は板の中心（A2 と B2 の真ん中）であることから，各ボルトの r_i を求める．

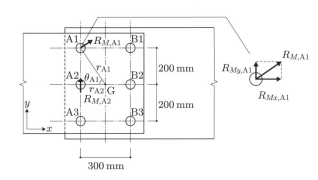

図 8.31 重心からのボルトの距離とボルト作用応力

A1，B1，A3，B3 は重心からの距離が等しいことから，

$$r_{\text{A1}} = r_{\text{B1}} = r_{\text{A3}} = r_{\text{B3}} = \sqrt{150^2 + 200^2} = 250 \text{ mm}$$

となり，A2，B2 は

$$r_{\text{A2}} = r_{\text{B2}} = 150 \text{ mm}$$

となる．

A1 に作用するせん断力は，式 (8.20) より

$$R_{M,\text{A1}} = \frac{M}{\sum r_i^2} r_{\text{A1}} = \frac{60 \times 10^3}{4 \times 250^2 + 2 \times 150^2} \times 250 = \frac{1.5 \times 10^7}{2.95 \times 10^5} = 50.8 \text{ kN}$$

となる．これを水平方向（x 方向）と鉛直方向（y 方向）に分解すると，

$$R_{Mx,\text{A1}} = R_{M,\text{A1}} \sin \theta_{\text{A1}} = 50.8 \times \frac{200}{250} = 40.6 \text{ kN} \quad （x \text{ 方向}）$$

$$R_{My,\text{A1}} = R_{M,\text{A1}} \cos \theta_{\text{A1}} = 50.8 \times \frac{150}{250} = 30.5 \text{ kN} \quad （y \text{ 方向}）$$

となる．なお，曲げモーメント M に 10^3 を乗じているのは，単位を m から mm としたためである．

同様に，A2 に作用するせん断力は

$$R_{M,\mathrm{A2}} = \frac{M}{\sum r_i^2} r_{\mathrm{A2}} = \frac{60 \times 10^3}{4 \times 250^2 + 2 \times 150^2} \times 150 = \frac{9.0 \times 10^6}{2.95 \times 10^5} = 30.5\ \mathrm{kN}$$

となる．これを水平方向（x 方向）と鉛直方向（y 方向）に分解すると

$$R_{Mx,\mathrm{A2}} = R_{M,\mathrm{A2}} \sin\theta_{\mathrm{A2}} = 30.5 \times \frac{0}{150} = 0\ \mathrm{kN} \quad (x\ \text{方向})$$

$$R_{My,\mathrm{A2}} = R_{M,\mathrm{A2}} \cos\theta_{\mathrm{A2}} = 30.5 \times \frac{150}{150} = 30.5\ \mathrm{kN} \quad (y\ \text{方向})$$

となる．

よって，合応力は，式 (8.21) より

$$R_{\mathrm{A1}} = \sqrt{R_{Mx,\mathrm{A1}}^2 + (R_Q + R_{My,\mathrm{A1}})^2} = \sqrt{40.6^2 + (20 + 30.5)^2} = 64.8\ \mathrm{kN}$$

$$R_{\mathrm{A2}} = \sqrt{R_{Mx,\mathrm{A2}}^2 + (R_Q + R_{My,\mathrm{A2}})^2} = \sqrt{0^2 + (20 + 30.5)^2} = 50.5\ \mathrm{kN}$$

となる．

8.5.2　柱梁接合部

　建築物に作用するさまざまな荷重を柱から梁，もしくは梁から梁に適切に伝達するためには，柱と梁の接合箇所，いわゆる柱梁接合部に十分な強度と剛性を保有させる必要がある．そして，応力伝達が明確となるよう，付加応力を生じさせない形状とすることが望ましい．

　柱梁接合部には，柱と梁の間でせん断力と軸力のみを伝達するピン接合形式と，柱と梁を一体とし，せん断力，曲げモーメント，軸力を伝達でき，かつ部材変形が連続する剛接合形式などがある．

ピン接合形式

　ピン接合形式は，図 8.32 に示すように梁フランジを柱と接合せず，梁ウェブと柱フランジのみを接合した形状である．ただし，接合には梁ウェブと柱フランジの縦方向に複数の高力ボルトを用いることが多いため，実際には接合部はある程度の回転剛性を有する．

　一般に，構造設計において骨組全体の応力分布や変形状態を確認するときはピン接合として仮定し，接合部ディテールを検討するときは上記の曲げモーメントを考慮することで，それぞれ安全側の判断となる．

　接合部位で生じる曲げモーメントに加え，せん断力による二次曲げモーメントも生じることから，これらの応力を負担できる適切な接合部とする必要がある．たとえば，図において梁端から距離 e にある高力ボルトの接合部にせん断力 Q が作用した場合，付加曲げモーメント M は次式となる．

$$M = Q \cdot e \tag{8.29}$$

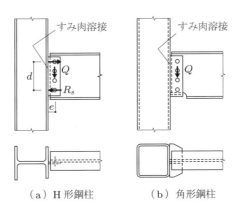

（a）H 形鋼柱　　　（b）角形鋼柱

図 8.32　ピン接合形式

　上記の応力に対して，柱に取り付くプレートと梁の接合部では

- 高力ボルト摩擦接合
- ボルト孔により断面欠損した梁断面

の強度を確認するとともに，柱とプレートの接合部では

- 溶接継目

の強度を確認する．

　また，このような接合部は筋かい付きラーメン構造に用いられるため，筋かい材に水平力を負担させることで，梁には曲げモーメントを伝達させる必要がなくなり，接合部はせん断力と軸方向力のみを負担すればよくなる．ただし，筋かい材から伝達される軸方向力は大きいことに注意する必要がある．

剛接合形式

　柱と梁を剛接合とした接合形式は一般にラーメン構造に用いられ，応力伝達や変形の連続性を確保できるように，十分な剛性と強度を有する接合部形状とする必要がある．接合方法としては高力ボルト接合，溶接接合，両者の混合接合があり，柱断面によって異なる．

　H 形鋼柱の場合，**図 8.33** に示すように (a)，(b) フランジ・ウェブともに高力ボルト摩擦接合，(c) フランジ・ウェブともに溶接接合，(d) フランジは溶接接合でウェブは高力ボルト摩擦接合を用いる．柱フランジと梁フランジを接合している図 (a) のトップアングルでは，曲げに伴う引張応力時に偏心曲げにより変形を生じることから，リブなどの補強が必要となる．また，図 (b) のスプリットティーでも曲げに伴う引張応力時に柱フランジに接合している T 形鋼が変形して偏心曲げがボルトに生じるため，注意する必要がある．

　図 (a)，(b) のようなフランジ・ウェブが高力ボルト摩擦接合の場合，継手と同様，フランジとウェブの接合部の剛性に応じて曲げモーメントの分担を考えることになる．一般にウェブ接合部の曲げ剛性が小さいことから，曲げモーメントはフランジで，せ

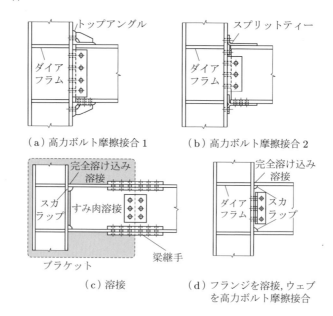

図 8.33　H 形鋼柱と H 形鋼梁の剛接合形式

ん断力はウェブで伝達するものとし，それぞれの応力を負担できるように設計すれば
よい．つまり，フランジは 8.5.1 項の梁継手の (2) の考え方，ウェブは前述のピン接
合形式の考え方に基づくことになる．

　図 (c) のようなフランジ・ウェブが溶接の場合，柱と梁の一部（ブラケットとよぶ）
を鉄骨製作工場で溶接し，建設現場でブラケットと梁を高力ボルト接合する方法（梁
継手）が一般的である．その際，フランジは完全溶け込み溶接，ウェブはすみ肉溶接
とする．梁の曲げによる軸方向力が柱梁接合部に作用し，柱フランジは**図 8.34** に示
すような板曲げを生じてしまうことから，柱の梁フランジ位置にダイアフラムとよば
れる板を柱に取り付ける必要がある（図 8.33 (d)）．また，ウェブをすみ肉溶接する場
合，ウェブの上下にスカラップとよばれる孔を設けることで，始端と終端で生じる溶
接欠陥を回避することができる．ただし，近年，スカラップによる断面欠損が応力集
中を生じる要因となることがわかり，スカラップを設けないノンスカラップ工法が用
いられることもある．

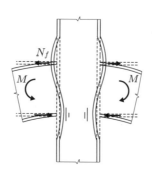

図 8.34　梁の曲げによる H 形鋼柱の板曲げ変形

　図 8.35 に示す角形鋼柱の場合，図 8.33 (c) と同様，柱とブラケットはフランジ・ウェブを溶接とする．角形鋼柱の場合，ダイアフラムの取り付け方法としては以下の 2 種類がある．

(a) 通しダイアフラム形式：梁の上下フランジ位置で柱を切断し，ダイアフラムを溶接する形式．その際，ダイアフラムは梁フランジよりも厚くする．

(b) 内ダイアフラム形式：柱内部にダイアフラムを溶接する形式．柱を接合部中央で切断し，ダイアフラムを取り付けた後，柱を接合するのが一般的である．

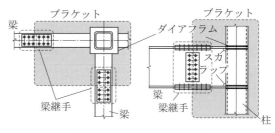

（a）通しダイアフラム形式

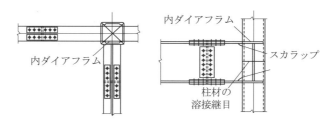

（b）内ダイアフラム形式

図 8.35　角形鋼柱とH形鋼梁の剛接合部

　また，図 8.33 (d) に示すようなフランジは溶接接合，ウェブは高力ボルト摩擦接合の場合，図 (c) の溶接と同様にフランジを完全溶け込み溶接する．応力の分担はフランジ接合部とウェブ接合部の剛性の大きさに応じればよいが，一般にウェブ接合部の曲げ剛性が小さいことから，8.5.1 項の梁継手の (2) で説明したように，曲げモーメントはフランジで，せん断力はウェブで伝達するものとしてよい．

柱梁接合部パネルの作用せん断力

　地震時に水平力を受ける鉄骨ラーメン骨組の曲げモーメント分布は，図 8.22 (b) のように表され，そのときの柱梁接合部パネルに作用する応力を単純化して示すと，**図 8.36** となる．このとき，パネルに作用するせん断力 Q_p は柱・梁の曲げモーメントとせん断力より次のように表される．

$$Q_p = \frac{{}_bM_1 + {}_bM_2}{h_b} - \frac{{}_cQ_1 + {}_cQ_2}{2} \tag{8.30}$$

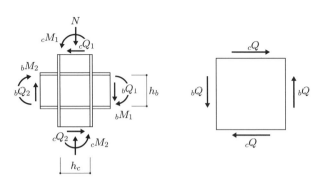

図 8.36　柱梁接合部パネルの作用応力

これを接合部のパネルの断面積で除すことで，作用せん断応力度を求めることができる．

$$\tau_p = \frac{{}_bM_1 + {}_bM_2}{h_b h_c t_w} - \frac{{}_cQ_1 + {}_cQ_2}{2h_c t_w} = \frac{{}_bM_1 + {}_bM_2}{V_e} - \frac{{}_cQ_1 + {}_cQ_2}{2h_c t_w} \tag{8.31}$$

V_e：接合部パネルの有効体積（H 形鋼のとき $h_b h_c t_w$）

h_b, h_c：梁フランジ，柱フランジ中心間距離

t_w：H 形鋼柱のウェブ板厚もしくは角形鋼柱・円形鋼管柱の板厚

　許容せん断応力度に対してパネルの作用せん断応力度が大きい場合には，**図 8.37** に示すようにプレートを溶接して板厚を厚くする，もしくは斜めにスティフナーを入れることで，作用せん断応力度を低減できる．

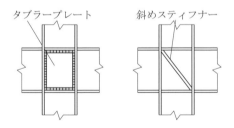

図 8.37　柱梁接合部パネル補強例

▶ **例題 8.2**

　図 8.38 に示すような柱梁接合部に曲げモーメント M（$= 400$ kNm），せん断力 Q（$= 160$ kN）が作用したときの溶接継目部に作用する応力度を求めよ．なお，H 形鋼梁の断面は H–500 × 200 × 10 × 16 とし，スカラップは 25 mm とする．また，フランジは完全溶け込み溶接，ウェブはすみ肉溶接であり，すみ肉溶接のサイズは $S = 6$ mm とする．

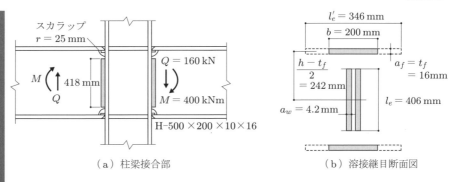

（a）柱梁接合部　　　　　　　　　　（b）溶接継目断面図

図 8.38　溶接による柱梁接合部

▷**解答**

フランジは完全溶け込み溶接，ウェブはすみ肉溶接であることから，最初に降伏応力度について考える．完全溶け込み溶接継目は母材と同等以上の降伏応力度であることから σ_y とし，すみ肉溶接継目はせん断降伏応力度 τ_y（$= \sigma_y/\sqrt{3}$）とする．

フランジ：

完全溶け込み溶接であるため，有効のど厚 a_f はフランジ板厚 t_f であることから，

$$a_f = 16 \text{ mm}$$

となる．有効長さ l_e はフランジ幅 b となるものの，上述の完全溶け込み溶接継目とすみ肉溶接継目の降伏応力度の違い（σ_y と τ_y）を考慮して τ_y に換算した l'_e とすると

$$l'_e = 200 \times \frac{\sigma_y}{\tau_y} = 200 \times \sqrt{3} = 346 \text{ mm}$$

となる．

ウェブ：

すみ肉溶接であるため，有効のど厚 a_w はサイズ $S = 6$ mm より，式 (8.9) に代入すると，

$$a_w = 0.7S = 4.2 \text{ mm}$$

となる．有効長さ l_e はウェブせい h から上下フランジの板厚 t_f および上下のスカラップ高さ，始終端の溶接サイズ S を差し引くことで求められる．

$$l_e = h - 2t_f - 2r - 2S = 500 - 2 \times 16 - 2 \times 25 - 2 \times 6 = 406 \text{ mm}$$

よって，溶接継目の断面二次モーメントは

$$I_e = 2 \times \frac{l'_e \cdot t_f^3}{12} + 2 \times t_f \cdot l'_e \cdot \left(\frac{h - t_f}{2}\right)^2 + 2 \times \frac{a_w \cdot l_e^3}{12}$$

$$= 2 \times \frac{346 \times 16^3}{12} + 2 \times 16 \times 346 \times \left(\frac{500 - 16}{2}\right)^2 + 2 \times \frac{4.2 \times 406^3}{12}$$

$$= 6.96 \times 10^8 \text{ mm}^4$$

となる．

　　曲げモーメントによるフランジとウェブの溶接継目の応力を算定するために，フランジ端およびウェブ端の断面係数を求めると

$$Z_{ef} = \frac{I_e}{h/2} = \frac{6.96 \times 10^8}{500/2} = 2.78 \times 10^6 \text{ mm}^3$$

$$Z_{ew} = \frac{I_e}{l_e/2} = \frac{6.96 \times 10^8}{406/2} = 3.43 \times 10^6 \text{ mm}^3$$

となる．また，ウェブ部分のすみ肉溶接継目断面積は

$$A_w = \sum a_w \cdot l_e = 2 \times 4.2 \times 406 = 3.41 \times 10^3 \text{ mm}^2$$

となる．

フランジ溶接継目部の作用応力度：

　式 (8.24) より

$$\sigma_M = \frac{M}{Z_{ef}} = \frac{400 \times 10^6}{2.78 \times 10^6} = 144 \text{ N/mm}^2$$

ウェブ溶接継目部の作用応力度：

　式 (8.27) より

$$\tau_M = \frac{M}{Z_{ew}} = \frac{400 \times 10^6}{3.43 \times 10^6} = 117 \text{ N/mm}^2 \quad (曲げモーメント M による)$$

式 (8.26) より

$$\tau_Q = \frac{Q}{A_w} = \frac{160 \times 10^3}{3.41 \times 10^3} = 46.9 \text{ N/mm}^2 \quad (せん断力 Q による)$$

よって，式 (8.28) より

$$\tau_C = \sqrt{\tau_M^2 + \tau_Q^2} = \sqrt{117^2 + 46.9^2} = 126 \text{ N/mm}^2$$

8.5.3 大梁と小梁の接合部

　　小梁は床スラブや積載荷重などの重量を支えてたわみを抑える役割と，大梁の横座屈変形を拘束する横座屈補剛の役割を担う．一般に小梁は大梁に比べて梁せいが小さいものの，床スラブを支える役割をもつため，上フランジの面を合わせて設置される．また，大梁の曲げモーメントは，建築物の自重・積載荷重・雪荷重による鉛直荷重と風・地震荷重などの水平荷重により生じることから，図 8.22 の曲げモーメント分布より，幅広い範囲で上フランジが圧縮応力となる．そのため，梁の横座屈による上フランジの面外変形を拘束できることから，梁のねじれ変形の発生も抑えられる．これらをふまえて，大梁と小梁の接合部には図 8.39 に示すような形状が用いられる．大梁に設置された縦スティフナーと小梁のウェブを高力ボルト接合することで，小梁のせん断力を大梁に伝達することも可能となる．なお，横座屈補剛として求められる性能については，6.2.6 項を参照されたい．

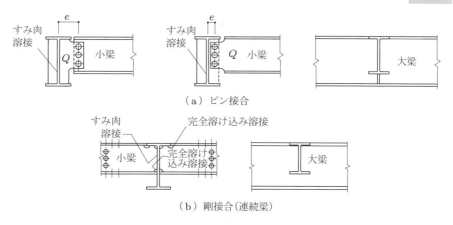

図 8.39　大梁と小梁の接合部

　小梁のたわみを検討する場合，単純支持と仮定するものの，実際には縦方向に複数の高力ボルトにより接合部はある程度の回転剛性を有することから，小梁端の回転が生じるとき，接合部で曲げモーメントが発生する．また，ガセットプレートの溶接継目には，ボルト位置で伝達されるせん断力 Q と偏心距離 e による偏心曲げモーメントが作用するので，これらの応力に対して十分な強度を保有することを確認する．

　また，小梁を連続梁とした構造とする場合，たとえば図 (b) に示すように小梁の作用応力を大梁を介して反対側の小梁に伝達できるような形状とする．

8.5.4　柱脚

　柱脚は建築物に作用するさまざまな応力を柱から基礎に伝達する部位である．建築物を支持する部位として非常に大きな応力が作用するとともに，鋼構造である建築物（上部構造物）と鉄筋コンクリート構造である基礎という異なる構造体を接合する部位であり，制約条件も多いという問題もある．柱脚の接合形式にもよるが，軸方向力・せん断力を伝達するピン接合形式，軸方向力，せん断力，曲げモーメントを伝達する剛接合もしくは半剛接合形式に分類される．

　代表的な柱脚形状として，露出型柱脚，根巻き型柱脚，埋め込み型柱脚があり，建築物の規模，要求性能，施工性・経済性といったさまざまな視点を考慮して，設計者は実情に合った最適なものを選択する．ここでは，これら 3 種類の柱脚について説明する．

露出型柱脚

　図 8.40 (a) に示す露出型柱脚は比較的固定度が小さく，ピン接合から半剛接合に近い回転剛性を有する．小規模な建築物で柱脚に作用するせん断力や軸方向力が小さければ，図 8.41 (a) のようにボルト本数が 2 本もしくは 4 本程度のアンカーボルトの配置となる．このとき，柱脚の固定度が小さく，ピン接合に近くなる．8.5.2 項の接合部におけるピン接合形式と同様，骨組全体の応力分布や変形状態を確認するときは

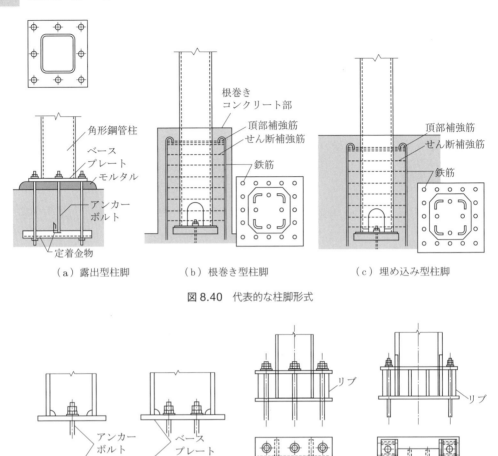

（a）露出型柱脚　　　（b）根巻き型柱脚　　　（c）埋め込み型柱脚

図 8.40　代表的な柱脚形式

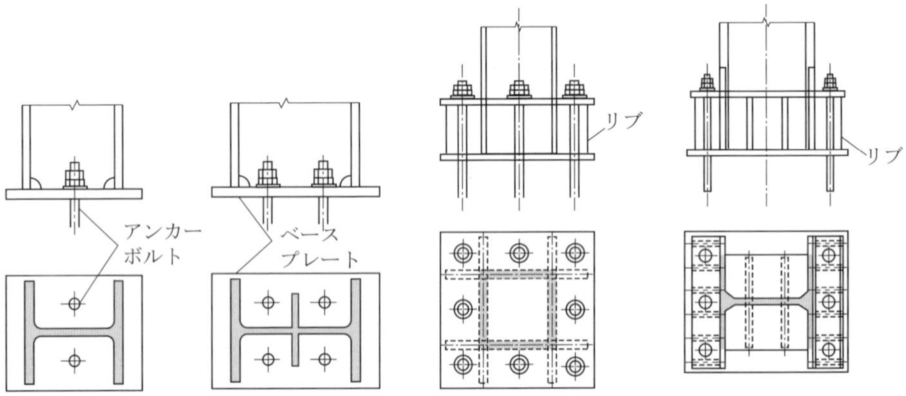

（a）ピン接合に近い場合　　　　　　（b）半剛接合の場合

図 8.41　露出型柱脚

ピン接合と仮定し，柱脚の形状を検討するときは固定度を考慮した曲げモーメントに対して安全性を検討すればよい．

　半剛接合とする場合，図 8.41 (b) に示すように，ボルト本数を増やし，ボルト径を大きくするとともに，プレートの曲げ変形を防ぐためにリブを設けて剛性を高める必要がある．

　軸方向力と曲げモーメント・せん断力を受ける露出型柱脚の応力状態は**図 8.42** (a)のようになる．柱の作用圧縮軸力や曲げモーメントによる圧縮応力側では，基礎コンクリートから反力を受け，引張応力側では，アンカーボルトおよび定着板で反力を受ける．アンカーボルトは曲げモーメントによって引張応力を受けるため，十分な塑性変形できるよう，定着長さを直径の 20 倍（$20d$）以上とする．そして，アンカーボルトがねじ部で破断しないように次の関係を満たさなければならない．

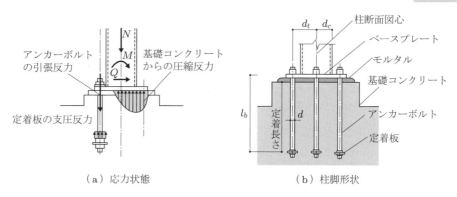

（a）応力状態　　　　　　　　　**（b）柱脚形状**

図 8.42　露出型柱脚の応力状態と柱脚形状

$$\frac{\sigma_y}{\sigma_u} < \frac{A_{be}}{A_b} \tag{8.32}$$

σ_y：アンカーボルトの降伏強度，σ_u：アンカーボルトの引張強さ

A_{be}：アンカーボルトのねじ部有効断面積

A_b：アンカーボルトの軸部断面積

せん断力 Q はベースプレート底面と基礎梁上面が十分に密着している場合，これらの間の摩擦力によって伝達できるものとする．このとき摩擦係数 μ は 0.4 とする．

$$Q \leq \mu N = 0.4N \tag{8.33}$$

N：柱の作用圧縮力

もし，作用せん断力が摩擦力を上回る場合，摩擦力を無視してすべてアンカーボルトで負担するものとして耐力を検討することになる．これは，作用せん断力が摩擦力を超えると，アンカーボルトがすべり出し，支圧抵抗に移行するためである．そのため，摩擦力と支圧力を足し合わせることはできない．なお，引張力作用時にも摩擦力は期待できない．

また，露出型柱脚の回転剛性は，回転中心を柱の曲げ圧縮側フランジ外縁と仮定すると，次のように表される．

$$K_b = \frac{E \cdot n_t \cdot A_b (d_t + d_c)^2}{2l_b} \tag{8.34}$$

E：アンカーボルトのヤング係数，n_t：引張側アンカーボルトの本数

A_b：アンカーボルトの軸部断面積

d_t：柱断面図心から引張側アンカーボルト群図心までの距離（図 8.42 (b) 参照）

d_c：柱断面図心から柱断面圧縮縁までの距離（図 8.42 (b) 参照）

l_b：アンカーボルトの有効長さ（ベースプレート上端から定着ナットまでの長さ（図 8.42 (b) 参照））

ただし，式 (8.34) の係数 1/2 は実験結果に基づいて設定したものである．

　露出型柱脚の施工は，事前に鉄骨柱に取り付けたベースプレートの孔を通してアンカーボルトをコンクリート打設前の鉄筋コンクリート基礎梁に埋め込み，その先端を定着金物や定着板に取り付けて固定する（**図8.43**）という手順で行う．コンクリート打設時に移動しやすいことから，金物などを固定し，最後にベースプレートと基礎梁の間にモルタルを充填して固める手順とする．アンカーボルトを締め付けるときには座金を使用し，ダブルナットなどによりナットがゆるまないようにする．

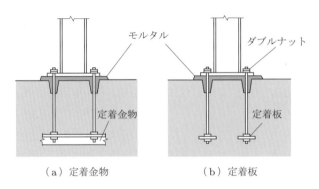

（a）定着金物　　　　　　　　　（b）定着板

図8.43　アンカーボルトの定着方法

　露出型柱脚は，大地震時にベースプレートの曲げ変形，アンカーボルトの定着不足による引きぬけや破断，基礎コンクリートの割裂などの被害を生じることがある．解説「露出型柱脚の地震被害」の図 C.11 はその一例を示したものである．

解説
露出型柱脚の地震被害

　図 C.11 は 1995 年に生じた兵庫県南部地震で倒壊した 3 階建ての鉄骨ラーメン構造のアパートである．柱脚は露出型柱脚であり，被りコンクリートの剥落，ボルトの変形などが生じた．

（a）倒壊したアパート　　　　　　　（b）柱脚の被害

図 C.11　露出型柱脚の地震被害例（日本建築学会・土木学会編：1995 年阪神・淡路大震災スライド集，丸善）

根巻き型柱脚

図 8.40 (b) に示す根巻き型柱脚は固定度が高く，固定端とみなすことができる．しかし，鉄筋コンクリート基礎梁から立ち上がった鉄筋コンクリート柱に鉄骨柱を埋め込むことから，柱内部の取り合いが複雑となるため，柱の脚部（鉄筋コンクリート部分）が大きくなり，意匠の観点からも注意が必要となる．柱の反曲点にせん断力 Q が作用したとき，根巻き鉄筋コンクリート部を含めた全体の曲げモーメントは**図 8.44** (b) の太線となり，下端部では $M = Ql$ となる．しかし，鉄骨柱に作用したせん断力は根巻き鉄筋コンクリート部に伝達されるため，図 (a) のようなせん断力 Q' が逆向きに生じる．そのため，鉄骨柱の曲げモーメントは根巻き鉄筋コンクリート上端部から下端部に向けて減少する（$M_1 \to 0$）一方，その分を根巻き鉄筋コンクリート部が負担する．下端部の根巻き鉄筋コンクリート部の曲げモーメントは $M_2 = Q'l_2$ となる．この応力分担を模式的に示したものが図 (b) である．

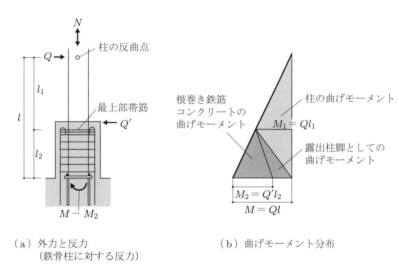

（a）外力と反力　　　　　　　　（b）曲げモーメント分布
（鉄骨柱に対する反力）

図 8.44 根巻き型柱脚の応力状態

根巻き型柱脚の代表的な破壊モードは，鉄筋コンクリート部分で生じるため，ここでの説明は割愛するが，根巻き鉄筋コンクリート高さを柱せいの 2.5 倍以上とすることで，鉄筋コンクリートに作用するせん断力は小さくなり，主筋の定着力も大きくなる点に留意するとよい．

埋め込み型柱脚

図 8.40 (c) に示す埋め込み型柱脚は根巻き型柱脚と同様，固定度が高く，固定端とみなすことができる．その際，鉄骨柱の埋め込み深さは柱せいの 2 倍以上とし，鉄骨柱周辺の被りコンクリートの厚さを十分に確保するために基礎梁を拡幅する場合もある．一方で，鉄骨柱が搬入されないと基礎梁のコンクリートを打設できないため，他の柱脚に比べて施工期間が長くなる．

8.5.5　トラス構造の接合

　　トラス構造は，軸方向力を各部材に伝達させることで高い剛性と耐力を有する．そのため，接合は基本的には**図 8.45** に示すようにトラスの基準線と各部材の重心線を一致させ，かつ 1 点で交わるようにすることが前提となる．基準線と重心線が一致しない，もしくは複数の交点が一つの接合部にある場合，偏心接合となり，部材には付加曲げモーメントが生じる．**図 8.46** に示すように部材数が多く，接合形状が複雑な場合，重心の不一致や複数の交点は避けられないことから，偏心距離をできるだけ小さくするように配置する．たとえば，図 8.45 (a) のようなボルト接合の場合，接合部にガセットプレートを設け，各部材とガセットプレートをボルト接合することで接合部を形成するが，偏心を避けようとすれば，部材よりも曲げ剛性が小さいガセットプレートのサイズが大きくなる．しかし，一般に曲げ剛性が小さいガセットプレートで板曲げを生じてしまうことから，ガセットプレートをあまり大きくしないことが望ましい．曲げ剛性が大きい部材を用いる場合，図 8.45 (b) に示すようにガセットプレートにリブを設け，曲げ剛性を高める方法もある．

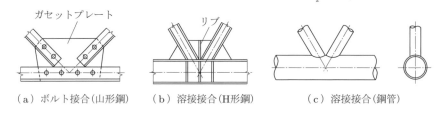

（a）ボルト接合(山形鋼)　　　（b）溶接接合(H形鋼)　　　（c）溶接接合(鋼管)

図 8.45　トラスの接合部

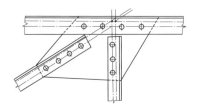

図 8.46　トラスの偏心接合

　　図 8.45 (c) に示す鋼管は，2 方向の曲げ剛性，ねじり剛性が大きく，基準線と各部材の重心線を一致させ，かつ 1 点で交わるようにすることができる．さらに，ガセットプレートを省略することができる．一方で，弦材と腹材を適切に溶接するため，弦材の曲面に合わせて腹材を開先加工する必要がある．

解説 根巻き型柱脚の代表的な破壊モード

　根巻き型柱脚の破壊は，内包する鉄骨柱ではなく，根巻き鉄筋コンクリート部分で以下のように分類される．下記の(1)，(2)の破壊モードは柱の急激な耐力低下を生じ，脆性的に破壊してしまうので，注意が必要である．

(1) 鉄骨柱からの支圧力による頂部コンクリートのひび割れ（図C.12 (a)）
(2) 根巻きコンクリートのせん断力によるひび割れ（図(b)）
(3) 根巻き鉄筋コンクリート内部の主筋の曲げ降伏

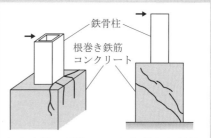

（a）支圧ひび割れ　　（b）斜めひび割れ

図C.12　根巻き型柱脚の代表的な破壊モード

解説 埋め込み型柱脚の代表的な破壊モード

　埋め込み型柱脚の破壊は，鉄骨柱だけでなく，埋め込んだ鉄筋コンクリート基礎梁でも生じ，以下のように分類される．下記(1)〜(3)の破壊モードは柱の急激な耐力低下を生じ，脆性破壊にいたるので，注意が必要である．

(1) 鉄骨柱の板曲げ変形（図C.13の(a)）
(2) 埋め込み表面近くの鉄骨柱周辺部分のコンクリートの圧壊(b)
(3) コンクリートのパンチングシア破壊(c)
(4) 鉄骨柱の曲げ降伏(a)

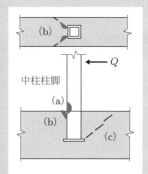

図C.13　埋め込み型柱脚の代表的な破壊モード

8
接合

9 構造設計

　建築物に作用するさまざまな荷重・外力に対して安全性を確保するためには，小規模建築物を除いた多くの建築物で構造設計を行う必要がある．設計時に想定する荷重・外力は，固定荷重，積載荷重，積雪荷重，風荷重，地震荷重であり，これらの荷重のうち，単独もしくは複数の荷重に対して各部材および骨組全体の安全性を確保することになる．

　本章では，最初に現行の建築基準法における構造計算規定を概説し，建築物に作用するさまざまな荷重・外力を紹介する．そして，第3章の鋼材の材料特性，第4～8章の各部材の力学挙動により求められる耐力を適用した設計式について説明する．さらに，第1章で説明したように，わが国においてこれまで甚大な被害をもたらした地震に対する設計法，いわゆる耐震設計法を中心に，第2章で紹介した骨組の損傷機構に対する設計法の習得を目的とする．

9.1 各種構造設計法の概要

　現在，構造設計では，①許容応力度等計算，②保有水平耐力計算，③限界耐力計算，④時刻歴応答解析のうち，建築物の規模に応じて①のみの場合，もしくは①と②～④を組み合わせる場合がある．

　図 9.1 に建築基準法の構造計算規定を示す．建築物の規模に対して一号建築物から四号建築物に分類されている．

(i) 四号建築物といわれる小規模な建築物については構造計算しなくてよい．

(ii) 三号建築物は高さ 31 m 以下で①許容応力度等計算による一次設計により安全性を確保する．その際，地震力を割り増すことで，②～④の二次設計を省略できる．この設計方法はルート1とよばれている．

(iii) 二号建築物のうち，31 m 以下の場合は，(ii) 三号建築物と同様，許容応力度等計算による一次設計で安全性を確保する．その際，層間変形角，偏心率，剛心率の制限を満たすとともに，靭性などを確保することを確認する．この設計方法はルート2とよばれている．

(iv) 二号建築物のうち，31 m を超える場合もしくは (iii) のルート2の制限を満足しない場合は，保有水平耐力計算により，架構の弾塑性解析などから求められる終局耐力（保有水平耐力）が建築物の架構形式などによって定められる建築物に作用する地震力（必要保有水平耐力）を上回ることを確認することで，安全性を確保する．この設計法はルート3とよばれる．

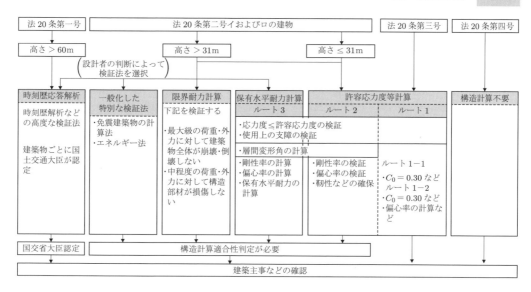

図 9.1　建築基準法における主な構造計算規定

(v) 31 m を超える二号建築物に適用される保有水平耐力計算とは別の方法として，限界耐力計算が定められている．設計で限界耐力計算を適用した場合，許容応力度等計算で用いる構造規定は適用しない．限界耐力計算では，損傷限界と安全限界といった二つの性能レベルを定めており，損傷限界は中程度の荷重・外力に対して構造部材が損傷しないこと，安全限界は最大級の荷重・外力に対して建築物全体が崩壊や倒壊しないことを検証する．そのほかに，限界耐力計算と同等以上の安全性が確かめられる方法として，国土交通大臣が定める免震建築物告示やエネルギー法告示などもある．

(vi) 60 m を超える建築物に対しては，これまで観測された地震動や模擬地震動をモデル化した建築物に入力し，その応答値を求める時刻歴応答解析などの検討方法を適用することで，より詳細に安全性を検証する．

　　本章では，建築物の構造設計のうち，耐震設計について焦点を当て，以降，一次設計（許容応力度等計算），二次設計について説明する．

9.2　荷重と外力

9.2.1　荷重と外力の概要

　　建築物に作用する荷重および外力は，**表 9.1** (a) に示すようにその発生頻度により日常的に作用する荷重，稀に作用する荷重，きわめて稀に作用する荷重の 3 段階に分けられる．そして，建築物に作用する荷重および外力は，固定荷重，積載荷重，積雪荷重，風荷重（風圧力），地震荷重（地震力）の 5 種類であり，これらを想定して構造設計する．日常的に作用する荷重（長期荷重）としては固定荷重，積載荷重であり，

表9.1 建築物の設計用荷重

(a) 荷重の大きさと頻度

計算法1[*1]	長期荷重	短期荷重	―
計算法2[*2]	日常的に作用	稀に作用	きわめて稀に作用
固定荷重	実状による	―	
積載荷重	建築基準法の規定	たとえば引越し時の荷重	―
積雪荷重	50年の発生確率99% 0.7S	50年再現期待値 S	500年再現期待値 1.4S
風荷重	年最大期待値 居住性の検討	50年再現期待値 W	500年再現期待値 1.6W
地震荷重	―	中地震動 0.2K	大地震動 K

(b) 荷重の組み合わせ

計算法1[*1]		長期荷重	短期荷重	―
計算法2[*2]		日常的に作用	稀に作用	きわめて稀に作用
設計法		長期許容応力度	短期許容応力度	終局強度
常時		$G+P$	―	―
積雪時	一般	$G+P$	$G+P+S$	$G+P+1.4S$
	多雪区域	$G+P+0.7S$		
暴風時	一般	―	$G+P+W$	$G+P+1.6W$
	多雪区域	―	$G+P+0.35S+W$	$G+P+0.35S+1.6W$
地震時	一般	―	$G+P+0.2K$	$G+P+K$
	多雪区域	―	$G+P+0.35S+0.2K$	$G+P+0.35S+K$

*1 許容応力度計算　　*2 限界耐力計算
G：固定荷重，P：積載荷重，S：積雪荷重，W：風荷重，K：地震荷重
建築物の実況に応じて，土圧，水圧，震動，衝撃による外力も考慮する（第83条）

多雪地域で長期間にわたる場合は積雪荷重も含まれる．風荷重については居住性を検討する．

　稀に作用する荷重（短期荷重），きわめて稀に作用する荷重としては，風荷重，地震荷重が主であり，必要に応じて積雪荷重も含まれる．積雪荷重，風荷重は，稀に作用する荷重の場合は50年再現期待値，きわめて稀に作用する荷重の場合は500年再現期待値を用いる．地震荷重は稀に生じる荷重として中地震動を，きわめて稀に生じる荷重として大地震動を想定している．ここで，積雪荷重，風荷重の50年もしくは500年再現期待値とは，過去の観測記録に基づいて確率統計的な手法により求めたものである．

　表 (b) に示すように，これらの荷重は単独で作用せず，複数の荷重の組み合わせによって建築物に作用する．たとえば，短期荷重の場合，地震時には地震荷重に加え，固定荷重と積載荷重も考慮し，多雪地域ではさらに積雪荷重も考慮する．固定荷重および積載荷重の組み合わせでは長期の積雪荷重を50年の発生確率 $0.7S$ とするものの（表 (a) 参照），暴風時および地震時には短期の積雪荷重を $0.35S$（長期荷重の50%）に低減できる．一方，暴風と地震が同時に作用する確率はきわめて低いことから，風荷重と地震荷重の両方を考慮せず，それぞれの場合について耐風設計，耐震設計を行う．

　　本章では鋼構造建築物の構造設計で主となる耐震設計に焦点を当てて説明するため，積雪荷重や風圧力は概要の説明にとどめる．詳細については文献 7) を参照されたい．

9.2.2　固定荷重

　　建築基準法施行令第 84 条では，建築物の各部の固定荷重は，当該建築物の実況に応じて計算しなければならないとしている．固定荷重は，躯体（構造体），間仕切り壁，屋根折板などの非構造部材，内外装材などの建築物全体の自重である．柱，梁などの構造部材の重量は，単位体積あたりの重量（鉄の比重 7.8）が示されているので，部材形状から体積を算出し，乗じることで求められる．また，一般的な構法を用いた建築物における各部材（屋根，床，壁など）の重量については，建築基準法施行令第 84 条，文献 7) などに示されているので参照されたい．

9.2.3　積載荷重

　　建築基準法施行令第 85 条では，建築物の各部の積載荷重は，当該建築物の実況に応じて計算しなければならないとしたうえで，**表 9.2** に示す (い)，(ろ)，(は) の欄に記載の数値に床面積を乗じて計算できる．この表では (い) は床を構造計算する場合，(ろ) は大梁，柱または基礎を構造計算する場合，(は) は地震力を計算する場合に分けて示されている．床用の積載荷重はその床に積載できる最大荷重であり，大梁，柱用の積載荷重は，床用よりも広い支配面積を支持する柱とそれに取り付く大梁で囲まれた範囲における載荷可能な最大荷重となる．地震力用の積載荷重には，地震時に加わる水平力を計算する際の積載荷重として建築物の使用状態における平均的な値を設定している．

表 9.2　積載荷重

			(い) 床の構造計算をする場合 [N/m²]	(ろ) 大梁，柱または基礎の構造計算をする場合 [N/m²]	(は) 地震力を計算する場合 [N/m²]
一	住宅の居室，住宅以外の建築物における寝室または病室		1800	1300	600
二	事務室		2900	1800	800
三	教室		2300	2100	1100
四	百貨店または店舗の売場		2900	2400	1300
五	劇場，映画館，演芸場，観覧場，公会堂，集会場その他これらに類する用途に供する建築物の客席または集会室	固定席の場合	2900	2600	1600
		その他の場合	3500	3200	2100
六	自動車車庫および自動車通路		5400	3900	2000
七	廊下，玄関または階段		(三) から (五) までに掲げる室に連絡するものにあっては，(五) の「その他の場合」の数値による．		
八	屋上広場またはバルコニー		(一) の数値による．ただし，学校または百貨店の用途に供する建物にあっては，(四) の数値による．		

9.2.4 積雪荷重

建築基準法施行令第86条では，積雪荷重 S は積雪の単位荷重に屋根の水平投影面積およびその地方における垂直積雪量を乗じて計算しなければならないとしている．これを式で表記すると，次のようになる．

$$S = d \cdot \rho \cdot A \tag{9.1}$$

　ρ：積雪の単位体積重量 $[\mathrm{kN/m^2}]$（多雪区域以外では $2.0\,\mathrm{kN/m^2}$，多雪区域では一部を除き，およそ $3.0\,\mathrm{kN/m^2}$）

　A：屋根の水平投影面積 $[\mathrm{m^2}]$，d：その地方における垂直積雪量 $[\mathrm{m}]$

60度以下の屋根勾配がある場合は，屋根勾配の大きさに応じて積雪荷重を低減できる．また，雪下ろしを行う習慣のある地方においては，雪下ろしの実況に応じて垂直積雪量を $1\,\mathrm{m}$ まで減らして積雪荷重を計算することができる．

9.2.5 風圧力

風は動的に建築物に作用するものの，耐風設計では基本的に静的な外力に置換し，建築物の安全性を検討する．そこで，建築基準法施行令第87条では，構造骨組用風荷重 W_f を次式のように定めている．

$$W_f = C_f \cdot q \cdot A \tag{9.2}$$

　C_f：風力係数，q：速度圧 $[\mathrm{N/m^2}]$

　A：高さ方向における見付け面積（風を受ける建物の面積）$[\mathrm{m^2}]$

風力係数 C_f は次式に示すとおりである．

$$C_f = C_{pe} - C_{pi} \tag{9.3}$$

　C_{pe}：外圧係数，C_{pi}：内圧係数

外圧係数は風向に対する壁面の位置（向き）により定まる係数である．また，速度圧 q は次式に示すとおりである．

$$q = 0.6E \cdot V_0^2 \tag{9.4}$$

$$E = E_r^2 \cdot G_f \tag{9.5}$$

　E：当該建築物の屋根の高さおよび周辺地域の粗度区分に応じた速度圧の高さの分布係数

　V_0：基準風速（その地方の平均風速）

　E_r：平均風速の高さ方向の分布を表す係数，G_f：ガスト影響係数

基準風速 V_0

その地方における過去の台風の記録に基づく風害の程度，その他風の性状に応じて $30 \sim 46\,[\mathrm{m/s}]$ までの範囲において $2\,\mathrm{m}$ 刻みで定められた風速であり，下記の地表面粗

度区分 II の高さ 10 m の位置で，稀に発生する中程度の暴風の 10 分間の平均値（平均風速）としている．

地表面粗度区分

海岸線もしくは湖岸線からの距離，建物の密集度により地表面の粗度が変化することで，風速の鉛直分布が異なる．この違いを地表面粗度区分とよび，都市計画区域では II〜IV，都市計画区域外では I〜III としている[13]．

ガスト影響係数 G_f

式 (9.4) の速度圧は最大風圧力を算定するものであるが，式中の V_0 はその地方の平均風速である．しかし，風圧力は時間的および建物の振動特性により変動することから，その変動を考慮して最大風圧力を求める必要がある．ガスト影響係数はその変動係数であり，地表面粗度区分や建築物の高さによって定められている[13]．

9.2.6 地震力（一次設計）

地震は，地殻プレートの移動に伴って生じるひずみが解放されることで発生する海溝型地震と，プレート内の活断層がずれることにより発生する内陸型地震（直下地震）に分けられる．その振動は地盤を通じて基礎から上部構造物（建築物）に伝播し，建築物は振動する．この建築物の振動は地震応答とよばれ，建築物や地盤の固有周期や減衰性などの動的特性が影響する．地震応答による加速度（加速度応答）に建築物の重量を乗じた慣性力は，風と同様，動的に建築物に作用するものの，耐震設計では基本的に静的に置換した水平力（地震力）に対して，建築物の安全性を検討する．建築基準法施行令第 88 条では，この水平力の代わりに，各層（$i = 1, 2, \ldots, n$）に作用するせん断力，いわゆる層せん断力 Q_i を次式のように定めている．

$$Q_i \doteqdot C_i \sum_{j=i}^{n} w_j \tag{9.6a}$$

$$C_i = Z \cdot R_t \cdot A_i \cdot C_0 \tag{9.6b}$$

C_0：標準層せん断力係数で，一次設計では基本的には 0.2，二次設計で保有水平耐力を検討する場合には 1.0

Z：地域係数，R_t：振動特性係数

A_i：層せん断力係数の高さ方向の分布係数

$\sum_{j=i}^{n} w_j$：i 層が支えている重量（i 層より上層の重量の合計）

層せん断力 Q_i

図 9.2 に示すように，i 層が支えている重量（固定荷重，積載荷重，多雪区域では積雪荷重の和）$\sum_{j=i}^{n} w_j$ に層せん断力係数 C_i を乗じた値である．なお，水平力 F_i と層せん断力 Q_i は，構造力学で学んだように**図 9.3** のような関係にある．

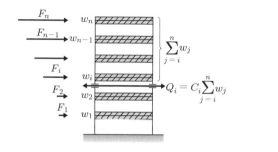

図 9.2 層せん断力

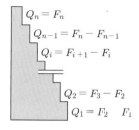

図 9.3 水平力と層せん断
力の関係

地域係数 Z

地震の発生およびその大きさは地域によって異なることから，過去の地震記録に基づく震害の程度および地震活動の状況，その他の地震性状に応じて**図 9.4** に示すように 0.7〜1.0 の値としている．

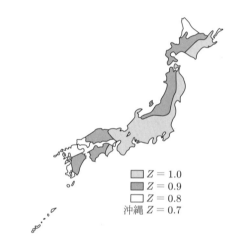

図 9.4 地域係数 Z

振動特性係数 R_t

建築物の弾性時の固有周期および地盤特性の違いによる地震応答の影響を考慮した係数である．地盤特性に応じて，第一種地盤から第三種地盤の 3 種類に分類し，建築物の一次固有周期 T の関数として次のように定めている．

$$R_t = 1 \quad (T < T_c) \tag{9.7}$$

$$R_t = 1 - 0.2\left(\frac{T}{T_c} - 1\right)^2 \quad (T_c \leq T < 2T_c) \tag{9.8}$$

$$R_t = \frac{1.6 T_c}{T} \quad (2T_c \leq T) \tag{9.9}$$

T_c：地盤種別ごとの地盤周期で，第一種地盤（岩盤，硬質砂礫層などの硬質地盤）の場合 0.4，第二種地盤（第一種と第三種以外の地盤）の場合 0.6，

第三種地盤（腐植土，泥土などが大部分を占める沖積層や埋め立て地な
どの軟弱地盤）の場合 0.8

　建築物の一次固有周期は，建築物をモデル化し，数値解析などによって求めない場
合，次式の略算式を用いてよい．

$$T = (0.02 + 0.01\alpha)h \tag{9.10}$$

　h：当該建築物の高さ [m]
　α：鋼構造部分の高さと建築物の高さの比で，すべて鋼構造であれば 1.0

　図 9.5 は，第一種地盤から第三種地盤における振動特性係数 R_t と建築物の一次固
有周期 T との関係を示したものである．地盤が軟らかいほど R_t は大きくなるが，こ
れは地盤が軟らかくなると，地震動が増幅することを意味している．また，一次固有
周期 T が大きいほど R_t は小さくなるが，これは建築物がゆっくり揺れることで加速
度応答が低減されるためである．

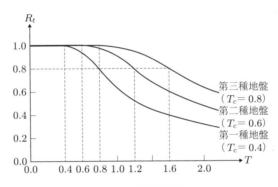

図 9.5　振動特性係数 R_t

層せん断力係数の高さ方向の分布係数 A_i

　建築物の振動特性（一次固有周期）を考慮して，高さ方向に層せん断力を割り増す
係数であり，第一層の層せん断力係数（$A_1 = 1.0$）に対する比を意味する．多くの地
震応答解析に基づき建築物の応答の平均値を示しており，建築物の一次固有周期 T お
よび i 層の質量分布 α_i の関数として次式で与えられている．

$$A_i = 1 + \left(\frac{1}{\sqrt{\alpha_i}} - \alpha_i\right)\frac{2T}{1 + 3T} \tag{9.11}$$

α_i は建築物の全重量に対する i 層が支持している重量の比で，次式に示すとおりで
ある．

$$\alpha_i = \frac{\sum_{j=i}^{n} w_j}{\sum_{j=1}^{n} w_j} \tag{9.12}$$

　図 9.6 は，さまざまな建築物の一次固有周期 T における層せん断力係数の高さ方向
の分布係数 A_i を示したものである．建築物は剛体であれば T が非常に小さくなり，

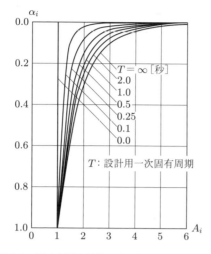

図 9.6　層せん断力係数の高さ方向の分布係数 A_i

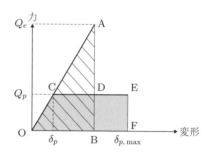

図 9.7　建築物の地震エネルギー吸収

高さ方向に一体として振動することから，A_i は等しくなる．建築物が曲がりやすいほど T は大きくなり，上層は大きく振られることから，とくに上層で A_i は大きくなる．

9.2.7　地震力（二次設計）

　二次設計における地震力は式 (9.6b) の標準せん断力係数を $C_0 = 1.0$ とすればよいが，これは一次設計の $C_0 = 0.2$ に対して 5 倍の大きさの地震力となる．しかし，$C_0 = 1.0$ の地震力に対してすべての構造部材を弾性保持させる（作用応力を許容応力度以内とする）ことは現実的ではない．

　図 9.7 に示すように建築物が弾性保持している場合，地震力と水平変位の関係（勾配）は直線的に上昇する（一定となる）．この面積（△OAB）は建築物が吸収する地震エネルギーであることから，建築物がこの面積以上の地震エネルギーを吸収できれば，耐震上の安全性が確保されたことになる．建築物の部材の塑性化を許容することで，図中に示すように地震力が一定となり変位のみが増加する履歴（台形 OCEF）が形成され，この履歴の面積が地震エネルギーを上回れば，建築物に要求される耐力 Q_p は小さくてもよいといえる．そこで，建築物に作用する地震力（必要保有水平耐力）Q_{uni} と建築物の保有水平耐力 Q_{ui} との関係は次式で表される．

$$Q_{ui} \geq Q_{uni} \tag{9.13}$$

$$Q_{uni} = D_s \cdot F_{es} \cdot Q_{udi} \tag{9.14}$$

　　　D_s：構造特性係数

　　　F_{es}：形状係数（各階の偏心率，剛性率に応じて定める係数）

　　　Q_{udi}：式 (9.6a) の層せん断力

　ここで，構造特性係数 D_s は図 9.7 に示すように建築物が弾性の場合の地震力 Q_e に対する Q_p の比であり，建築物の塑性変形能力に応じて 0.25〜0.5 となる．形状係数

F_{es} は，各層の水平剛性の高さ方向分布と平面的な偏心を考慮した値である．これら
の詳細については，9.4 節の二次設計で説明する．

▶ 例題 9.1
　図 9.8 に示すような 6 階建て鋼構造建築物の一次設計用の各層の層せん断力を求めよ．地域係数 $Z = 0.9$，地盤は第二種地盤とし，各層の単位面積あたりの重量は最上層のみ 10 kN/m^2 で，その他の層は 8 kN/m^2 とする．

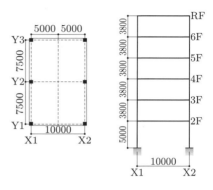

図 9.8　6 階建て鋼構造建築物

▷ 解答
　各層のせん断力は式 (9.6) より求められる．

$$Q_i = C_i \sum_{j=i}^{n} w_j \qquad\qquad (9.6\text{a，再掲})$$

$$C_i = Z \cdot R_t \cdot A_i \cdot C_0 \qquad\qquad (9.6\text{b，再掲})$$

各層の重量 w_j：

$$w_1 = w_2 = w_3 = w_4 = w_5 = 8 \text{ kN/m}^2 \times 10 \text{ m} \times 15 \text{ m} = 1200 \text{ kN}$$

$$w_6 = 10 \text{ kN/m}^2 \times 10 \text{ m} \times 15 \text{ m} = 1500 \text{ kN}$$

建築物の一次固有周期 T：
　鋼構造なので，式 (9.10) の $\alpha = 1.0$，階高は 1 階で 5 m，2〜6 階で 3.8 m の 6 階建てなので $h = 24$ m より

$$T = 0.03h = 0.72 \ [秒]$$

となる．

振動特性係数：
　第二種地盤なので $T_c = 0.6$，建築物の一次固有周期 $T = 0.72$ より，式 (9.8) から

$$R_t = 1 - 0.2\left(\frac{T}{T_c} - 1\right)^2 = 1 - 0.2 \times \left(\frac{0.72}{0.6} - 1\right)^2 = 0.992$$

となる．

層せん断力係数の高さ方向の分布係数 A_i：
　A_i は式 (9.11) より求められる．

$$A_i = 1 + \left(\frac{1}{\sqrt{\alpha_i}} - \alpha_i\right)\frac{2T}{1 + 3T} \qquad\qquad (9.11\text{，再掲})$$

9

構造設計

α_i は建築物の全重量に対する i 層が支持している重量の比で，式 (9.12) より

$$\alpha_1 = \frac{\sum_{j=1}^{6} w_j}{\sum_{j=1}^{6} w_j} = \frac{1500 \text{ kN} + 1200 \text{ kN} \times 5}{1500 \text{ kN} + 1200 \text{ kN} \times 5} = \frac{7500 \text{ kN}}{7500 \text{ kN}} = 1.0$$

$$\alpha_2 = \frac{\sum_{j=2}^{6} w_j}{\sum_{j=1}^{6} w_j} = \frac{1500 \text{ kN} + 1200 \text{ kN} \times 4}{7500 \text{ kN}} = 0.84$$

$$\alpha_3 = \frac{\sum_{j=3}^{6} w_j}{\sum_{j=1}^{6} w_j} = \frac{1500 \text{ kN} + 1200 \text{ kN} \times 3}{7500 \text{ kN}} = 0.68$$

$$\alpha_4 = \frac{\sum_{j=4}^{6} w_j}{\sum_{j=1}^{6} w_j} = \frac{1500 \text{ kN} + 1200 \text{ kN} \times 2}{7500 \text{ kN}} = 0.52$$

$$\alpha_5 = \frac{\sum_{j=5}^{6} w_j}{\sum_{j=1}^{6} w_j} = \frac{1500 \text{ kN} + 1200 \text{ kN}}{7500 \text{ kN}} = 0.36$$

$$\alpha_6 = \frac{\sum_{j=6}^{6} w_j}{\sum_{j=1}^{6} w_j} = \frac{1500 \text{ kN}}{7500 \text{ kN}} = 0.20$$

となる．これらの α_i と $T = 0.72$ を式 (9.11) に代入すると，

$$A_1 = 1.00, \quad A_2 = 1.11, \quad A_3 = 1.24, \quad A_4 = 1.40, \quad A_5 = 1.60, \quad A_6 = 1.93$$

となる．

標準層せん断力係数 C_0：

$$C_0 = 0.2$$

層せん断力係数 C_i：

Z，R_t，A_i，C_0 を式 (9.6b) に代入すると，

$$C_1 = 0.179, \quad C_2 = 0.198, \quad C_3 = 0.221$$
$$C_4 = 0.250, \quad C_5 = 0.286, \quad C_6 = 0.345$$

となる．

層せん断力 Q_i：

$$Q_1 = 1.34 \times 10^3 \text{ kN}, \quad Q_2 = 1.25 \times 10^3 \text{ kN}, \quad Q_3 = 1.13 \times 10^3 \text{ kN}$$
$$Q_4 = 9.75 \times 10^2 \text{ kN}, \quad Q_5 = 7.72 \times 10^2 \text{ kN}, \quad Q_6 = 5.18 \times 10^2 \text{ kN}$$

9.3 一次設計（許容応力度等計算）

9.3.1 鋼材の基準強度

3.1 節の鋼材の機械的性質に示す降伏応力度 σ_y や引張強さ σ_u は，それぞれの鋼材（ロット）に対して引張試験より得られる値である．しかし，一般的には設計する前に鋼材の引張試験を実施して鋼材の機械的性質を調べることは，時間的な制約や煩雑さから難しい．また，鋼材の降伏比は鋼材の種類によって異なり，降伏比が大きいと降

伏応力度から引張強さまでの余裕度が小さい．そこで，設計時に用いる基準強度には，JIS で規定された降伏応力度の下限値と引張強さの下限値の 70% のうち，小さいほうの値を採用する．建築構造部材に用いられる鋼材の F 値と終局強度 F_u 値を**表 9.3** に示す．表におけるすべての鋼材の F 値は $0.7F_u$ よりも小さい．たとえば，SN400 の場合，$F = 235 \ \mathrm{N/mm^2} < 0.7F_u \ (= 0.7 \times 400 = 280 \ \mathrm{N/mm^2})$ であることから，降伏応力度の下限値で定められていることがわかる．また，冷間成形鋼管については常温で曲げ加工するために角部などでは塑性ひずみが大きくなることから，別途 F 値を**表 9.4** のように定めている．塑性加工方法の違いで板厚の適用範囲が異なるため，それぞれの方法について F 値を設定している．

　許容応力度は鋼材の基準強度 F 値に基づき，**表 9.5** のように規定されている．長期許容応力度は F 値を安全率 1.5 で除した値とし，短期許容応力度は長期許容応力度の 1.5 倍としている．ただし，圧縮と曲げの場合は曲げ座屈，横座屈（第 5 章，第 6 章）を生じる可能性があることから，これらを考慮した許容応力度については本節

表 9.3　JIS 規格鋼材の基準強度 F 値と終局強度 F_u 値

構造種別		建築構造用		一般構造用			溶接構造用		
種類の記号		SN400 SNR400 STKN400	SN490 SNR490 STKR490	SS400 STK400 STKR400 SSC400 SWH400	SS490	SS540	SM400	SM490 SM490Y STKR490 STK490	SM520
$F \ [\mathrm{N/mm^2}]$	厚さ 40 mm 以下	235	325	235	275	375	235	325	355
	厚さ 40 mm を超え 100 mm 以下	215	295	215	255	—	215	295	335 75 mm を超えるものは 325
$F_u \ [\mathrm{N/mm^2}]$		400	490	400	490	540	400	490	520

表 9.4　認定鋼材 BCR，BCP の基準強度 F 値

成形法	ロール成形	プレス成形	
種類の記号	BCR295	BCP235	BCP325
板厚 [mm]	6〜22	6〜40	
$F \ [\mathrm{N/mm^2}]$	295	235	325

表 9.5　さまざまな応力に対する許容応力度

長期に生じる力に対する許容応力度 $[\mathrm{N/mm^2}]$				短期に生じる力に対する許容応力度 $[\mathrm{N/mm^2}]$			
圧縮 f_c	引張 f_t	曲げ f_b	せん断 f_s	圧縮	引張	曲げ	せん断
$\dfrac{F}{1.5}$	$\dfrac{F}{1.5}$	$\dfrac{F}{1.5}$	$\dfrac{F}{1.5\sqrt{3}}$	長期に生じる力に対する圧縮，引張，曲げまたはせん断の許容応力度のそれぞれの数値の 1.5 倍とする．			

9.3.3 項の圧縮材，9.3.4 項の曲げ材で説明する．

　なお，許容応力度は安全側の値となるように，有効数字（本書では基本的に 3 桁）の次の桁の数字を切り捨てとする．

9.3.2　引張材

　引張材は基本的に部材の全断面で作用応力を負担できるが，4.1 節におけるボルト孔による断面欠損がある場合，その影響を考慮した有効断面積を用いて，次式で断面検定する．

$$\sigma_t = \frac{N_t}{A_n} \leq f_t \tag{9.15}$$

　　　σ_t：作用引張応力度，N_t：引張力，A_n：有効断面積，f_t：許容引張応力度

　式 (9.15) でボルト孔による断面欠損があるときの有効断面積 A_n については，式 (4.2)，(4.3) より算定する．

9.3.3　圧縮材

　第 5 章で説明したとおり，圧縮材は曲げ座屈を生じることから，曲げ座屈を考慮した許容圧縮応力度により，圧縮力に対して次式を用いて検定する．

$$\sigma_c = \frac{N_c}{A} \leq f_c \tag{9.16}$$

　　　σ_c：作用圧縮応力度，N_c：圧縮力，f_c：許容圧縮応力度，A：断面積

　弾性座屈領域では式 (5.11)，非弾性座屈領域では式 (5.15) を基にして降伏応力度 σ_y を基準強度 F に代え，安全率 ν を設定すると，長期許容圧縮応力度は次式で表される．

$$f_c = \frac{F}{\nu}\left\{1.0 - 0.4\left(\frac{\lambda}{\Lambda}\right)^2\right\} \quad (\lambda \leq \Lambda) \tag{9.17}$$

$$\nu \left(= \frac{3}{2} + \frac{2}{3}\left(\frac{\lambda}{\Lambda}\right)^2 \right)：安全率$$

$$f_c = \frac{6}{13}\frac{0.6F}{(\lambda/\Lambda)^2} = \frac{0.277}{(\lambda/\Lambda)^2}F \quad (\lambda > \Lambda) \tag{9.18}$$

$$\Lambda = \pi\sqrt{\frac{E}{0.6F}} \tag{9.19}$$

　図 9.9 は，第 5 章で導出した曲げ座屈応力度と長期・短期許容圧縮応力度の関係を示したものである．縦軸は曲げ座屈応力度 σ_{cr} および長期・短期許容圧縮応力度 f_c，$1.5f_c$ を基準強度 F 値で除しており，横軸は細長比 λ を限界細長比 Λ で除したものである．これらの値で除すことで，鋼材の種別によらず，それぞれ一つの曲線で表すことができる．長期許容圧縮応力度が表 9.5 に示す $F/1.5$ となるのは $\lambda = 0$ であり，

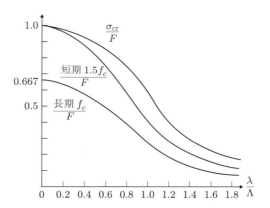

図 9.9 曲げ座屈応力度と長期・短期許容圧縮応力度

λ が大きくなると f_c は低下していく．また，安全率 ν は細長比が大きくなるにつれて大きくなり，$\lambda = 0$ のとき 1.5 で $\lambda = \Lambda$ のとき 2.17（$= 13/6$）としている．これは，λ が大きくなるにつれて，圧縮材の形状初期不整や荷重不整が大きくなり，不安定性が増加するためである．ただし，Λ 以上の場合でも 2.17 としている．そのため，安全率を考慮した短期許容応力度 $1.5f_c$ は $\lambda = 0$ 以外では座屈応力度 σ_{cr} よりも小さくなる．

圧縮材が中央で補剛されている場合，補剛剛性 k_b，補剛力 R_b は第 5 章の式 (5.18)，(5.19) を基に次式とする．

$$k_b \geq 2\frac{P_{\mathrm{cr2}}}{l} \tag{9.20}$$

$$R_b \geq 0.02P \tag{9.21}$$

$$P_{\mathrm{cr2}} = \frac{\pi^2}{l^2}EI$$

$\quad P$：圧縮材に作用する軸力，E：ヤング係数

$\quad I$：圧縮材の断面二次モーメント，l：圧縮材長さ

9.3.4 曲げ材（梁など）

第 6 章では，H 形断面のような開断面の梁が曲げモーメントを受ける場合，横座屈を生じること，およびその弾性横座屈曲げモーメント式の導出について説明した．ここでは，第 6 章の弾性横座屈モーメント式を基にして，許容曲げ応力度により作用曲げ応力を検定する．

(1) 1 軸曲げの場合

$$\frac{{}_c\sigma_b}{f_b} \leq 1, \quad \frac{{}_t\sigma_b}{f_t} \leq 1 \tag{9.22}$$

(2) 2 軸曲げの場合

$$\frac{{}_c\sigma_{bx}}{f_{bx}} + \frac{{}_c\sigma_{by}}{f_{by}} \le 1, \quad \frac{{}_t\sigma_{bx} + {}_t\sigma_{by}}{f_t} \le 1 \tag{9.23}$$

$\quad {}_c\sigma_b,\ {}_c\sigma_{bx},\ {}_c\sigma_{by}$：圧縮側の曲げ応力度

$\quad {}_t\sigma_b,\ {}_t\sigma_{bx},\ {}_t\sigma_{by}$：引張側の曲げ応力度

$\quad f_b,\ f_{bx},\ f_{by}$：許容曲げ応力度（後述の式 (9.31)），$f_t$：許容引張応力度

　第 6 章で述べたとおり，梁断面に主に使用される H 形鋼について考えると，梁に作用する 1 軸曲げの場合，下記に示すように圧縮側と引張側で曲げ応力度は等しい．

$$_c\sigma_b = {}_t\sigma_b = \frac{M}{Z_x}, \quad Z_x = \frac{I_x}{h/2} \tag{9.24, 式 (6.2) 再掲}$$

そのため，H 形鋼梁では式 (9.22)，(9.23) の圧縮側，引張側の検定式の分子である ${}_c\sigma_{bi}$ と ${}_t\sigma_{bi}$ は等しく（$i = x$ or y），$f_b \le f_t$ であることから，式 (9.22)，(9.23) の検定値は圧縮側で大きくなる．ただし，非対称断面では ${}_c\sigma_b \ne {}_t\sigma_b$ となるので，圧縮側，引張側それぞれについて検定しなければならない．

　許容曲げ応力度は弾性横座屈モーメント M_{cr} を基に導出されるが，式 (6.38) は複雑であることから，二つの項（ワグナーの曲げねじれの項 $M_{\mathrm{cr}1}\ (= \sqrt{\pi^4 EI_y EI_w / l_b^4}$）とサン・ブナンねじれの項 $M_{\mathrm{cr}2}\ (= \sqrt{\pi^2 EI_y GJ_T / l_b^2})$）に分離する．$M_{\mathrm{cr}}$ と $M_{\mathrm{cr}1}$，$M_{\mathrm{cr}2}$ の関係を示したものが**図 9.10** である．$M_{\mathrm{cr}1}$ が大きくなるのは，梁長が短く，梁幅が狭くて梁せいが高い梁である．$M_{\mathrm{cr}2}$ が大きくなるのは，その逆で梁長が長く，梁幅が広くて梁せいが低い梁である．そのため，横座屈長さ l_b が短くなると $M_{\mathrm{cr}1}$ が卓越し，M_{cr} に近づく一方，横座屈長さ l_b が長くなると $M_{\mathrm{cr}2}$ が卓越して M_{cr} に近づく．そして，M_{cr} に対して $M_{\mathrm{cr}1}$ もしくは $M_{\mathrm{cr}2}$ の大きいほうの差が最大となるのは $M_{\mathrm{cr}1} = M_{\mathrm{cr}2}$ のときであり，このときの横軸は，式 (6.38) より $\pi\sqrt{EI_w/GJ_T}$ となる．そして，M_{cr} に対して $(\sqrt{2}-1)/\sqrt{2} = 0.29$ の低下率となる．許容圧縮応力度

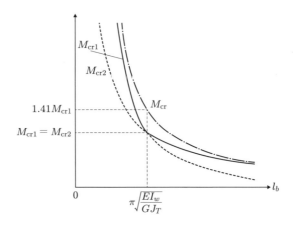

図 9.10　横座屈荷重の各成分（$M_{\mathrm{cr}1}$，$M_{\mathrm{cr}2}$）

の安全率は 1.5〜2.19 であることから，式の簡略化により生じた誤差を安全率と考えれば，0.29 は決して大きな低下率とはいえない．そこで，ワグナーの曲げねじれの項 M_{cr1} とサン・ブナンねじれの項 M_{cr2} のどちらか大きいほうの値を用いる．

次に，モーメント修正係数 C を考慮した式 (6.38) におけるワグナー曲げねじれの項 M_{cr1} とサン・ブナンねじれの項 M_{cr2} をそれぞれ断面係数 Z で除すと，次式のように表される．

$$\sigma_{\mathrm{cr1}} = \frac{M_{\mathrm{cr1}}}{Z} = \frac{C}{l_b^2}\frac{\pi^2 E I_f}{A_1} = \frac{C\pi^2 E}{(l_b/{}^*i_y)^2} \tag{9.25}$$

$$\sigma_{\mathrm{cr2}} = \frac{M_{\mathrm{cr2}}}{Z} = \frac{C}{l_b}\frac{\pi\sqrt{EG}}{3}\frac{A_f}{h} \tag{9.26}$$

$$C = 1.75 + 1.05\left(\frac{M_2}{M_1}\right) + 0.3\left(\frac{M_2}{M_1}\right)^2 \leq 2.3 \qquad (9.27,\ \text{式 (6.30) 再掲})$$

l_b：横補剛区間長さ，I_f：圧縮フランジの断面二次モーメント

A_1：T 形断面の断面積（$A_f + A_w/6$）（図 6.15 (c)）

${}^*i_y$：横座屈に対する断面二次半径（$\sqrt{I_f/A_1}$）

G：せん断弾性係数，h：梁せい（図 6.14 (b)）

そして，非弾性領域の横座屈応力度を考える．ワグナーの曲げねじれの項 M_{cr1} は式 (6.27) で示したとおり，圧縮フランジの曲げ座屈に置換できる．そして，図 9.10 に示すように，横座屈長さが短いときに M_{cr1} は大きくなる．以上を踏まえて，弾性曲げ座屈応力度を基にした式 (9.25) ではなく，非弾性の許容圧縮応力度を基にした次式を用いる．

$$\sigma_{\mathrm{cr1}} = \frac{F}{\nu}\left\{1.0 - \frac{0.4}{C}\frac{(l_b/{}^*i_y)^2}{\Lambda^2}\right\} \tag{9.28}$$

式 (9.26) の各物理量に値を代入して整理したうえで，式 (9.28)，(9.26) を安全率で除すと，次式となる．許容引張応力度と同様，長期応力度に対して 1.5 とし，サン・ブナンねじれの項は応力勾配の影響が少ないことから，$C = 1.0$ とする．

$$f_{b1} = \frac{F}{1.5}\left\{1.0 - 0.4\frac{(l_b/{}^*i_y)^2}{C\Lambda^2}\right\} = \left\{1.0 - 0.4\frac{(l_b/{}^*i_y)^2}{C\Lambda^2}\right\}f_t \tag{9.29}$$

$$f_{b2} = \frac{1}{1.5}\frac{0.65E}{l_b h/A_f} = \frac{89000}{l_b h/A_f} \tag{9.30}$$

以上より，式 (9.29)，(9.30) のどちらか大きいほうの値を許容曲げ応力度 f_b とする．ただし，最大値は $f_b \leq f_t$ とする．つまり，

$$f_b = \min\{f_t, \max(f_{b1}, f_{b2})\} \tag{9.31}$$

となる．

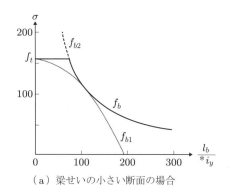 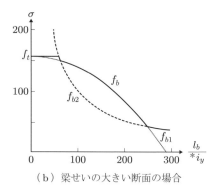

（a）梁せいの小さい断面の場合 （b）梁せいの大きい断面の場合

図 9.11 梁せいの異なる場合における許容曲げ応力度 f_b の比較

図 9.11 に許容曲げ応力度を示している．図 (a) は梁せいの小さい断面の場合，図 (b) は梁せいの大きい断面の場合である．実線は式 (9.31) の f_b，点線は式 (9.29) の f_{b1}，破線は式 (9.30) の f_{b2} である．図 (a)，(b) ともに，横軸の横座屈細長比 $l_b/{}^*i_y$ が小さい範囲では f_t で一定であるが，図 (a) ではすべての範囲で $f_{b1} < f_{b2}$ であり，f_t で一定となっている範囲外では $f_b = f_{b2}$ である．一方，図 (b) では f_t で一定となっている範囲外を除けば，$l_b/{}^*i_y$ が小さい範囲と大きい範囲で $f_{b1} < f_{b2}$ となり，その中間では $f_{b1} > f_{b2}$ となっていることから，それぞれ大きいほうの値が f_b となる．このように，梁断面によって，許容曲げ応力度 f_b の曲線が異なることに注意する必要がある．曲げモーメントを受ける梁が中央で補剛されている場合，補剛剛性 k_b，補剛力 R_b は第 6 章の式 (6.37) などを基に，次式とする．

$$k_b \geq \frac{4M_{\mathrm{cr}}}{h \cdot l_b} \tag{9.32}$$

$$R_b \geq 0.02\frac{f_b \cdot Z}{h} \tag{9.33}$$

M_{cr}：横補剛区間長さとした梁の横座屈モーメント（式 (6.38)）

h：梁せい，l_b：横補剛区間長さ（梁材端と横補剛材間，横補剛材間の長さ）

f_b：許容曲げ応力度（式 (9.31)），Z：梁の断面係数

なお，H 形鋼梁の最大せん断応力度 τ はウェブ中央で生じるが，この値はウェブ断面積で除した平均せん断応力度と比べてもわずかに大きいだけなので，次式で検定する．

$$\tau = \frac{Q}{A_w} = \frac{Q}{(h - 2t_f)t_w} \leq f_s \tag{9.34}$$

Q：作用せん断力，A_w：ウェブ断面積

t_f，t_w：フランジおよびウェブの板厚，h：梁せい

一般に，梁長がウェブせいのおよそ 4 倍以上であれば，曲げモーメントとせん断力の大きさの関係から曲げ応力度が支配的となり，多くの場合，せん断応力度に対して許容せん断応力度は十分に余裕がある．

9.3.5 軸方向力と曲げが作用する材（柱など）

本項では，軸方向力と曲げが作用する柱などについて，作用応力度を許容圧縮応力度および許容曲げ応力度により検定する．圧縮力と曲げが作用する場合，式 (6.45) の降伏荷重 P_y，降伏曲げモーメント M_y をそれぞれ曲げ座屈荷重 P_{cr}，横座屈モーメント M_{cr} に置き換える．

$$\frac{P}{P_{cr}} + \frac{M_0}{M_{cr}}\frac{1}{1 - P/P_{cr}} = 1 \tag{9.35}$$

ラーメン骨組に用いられる柱の細長比は $\lambda \leq 40$ となることが多く，そのときの弾性座屈荷重は非常に大きいことから，式 (6.45) において $P/P_y = 0$ とおくと，次のように表される．

$$\frac{P}{P_{cr}} + \frac{M_0}{M_{cr}} = 1 \tag{9.36}$$

そのため，以降の許容応力度設計式では式 (9.36) を基にする．

以下の式 (9.37)〜(9.40) は軸方向力と曲げが作用する材を対象としたものであるが，作用力の組み合わせにより適用する式が異なる．

(1) 圧縮力と曲げが作用する場合

$$\frac{\sigma_c}{f_c} + \frac{{}_c\sigma_b}{f_b} \leq 1 \tag{9.37}$$

(2) 引張力と曲げが作用する場合

$$\frac{\sigma_t + {}_t\sigma_b}{f_t} \leq 1 \quad \text{かつ} \quad \frac{{}_c\sigma_b - \sigma_t}{f_b} \leq 1 \tag{9.38}$$

(3) 圧縮力と 2 軸曲げが作用する場合

$$\frac{\sigma_c}{f_c} + \frac{{}_c\sigma_{bx}}{f_{bx}} + \frac{{}_c\sigma_{by}}{f_{by}} \leq 1 \quad \text{かつ} \quad \frac{{}_t\sigma_{bx} + {}_t\sigma_{by} - \sigma_c}{f_t} \leq 1 \tag{9.39}$$

(4) 引張力と曲げが作用する場合

$$\frac{\sigma_t + {}_t\sigma_{bx} + {}_t\sigma_{by}}{f_t} \leq 1 \quad \text{かつ} \quad \frac{{}_c\sigma_{bx}}{f_{bx}} + \frac{{}_c\sigma_{by}}{f_{by}} - \frac{\sigma_t}{f_t} \leq 1 \tag{9.40}$$

σ_c：圧縮力による応力度（式 (9.16)），σ_t：引張力による応力度（式 (9.15)）

$_c\sigma_b$：曲げによる圧縮側の曲げ応力度（式 (9.24)）

$_t\sigma_b$：曲げによる引張側の曲げ応力度（式 (9.24)）

$_c\sigma_{bx},\ _c\sigma_{by}$：$x$ 軸回りもしくは y 軸回りの曲げによる圧縮側の曲げ応力度

$_t\sigma_{bx},\ _t\sigma_{by}$：$x$ 軸回りもしくは y 軸回りの曲げによる引張側の曲げ応力度

f_c：許容圧縮応力度（式 (9.17) もしくは式 (9.18)）

f_{bx}：x 軸回りの許容曲げ応力度（式 (9.31)）

f_{by}：y 軸回りの許容曲げ応力度（式 (9.31)）

f_b：許容曲げ応力度で，(4) の場合は f_{bx} と f_{by} のうち小さいほうの値

f_t：許容引張応力度

　柱断面に 2 軸対称断面（H 形鋼，角形鋼管，円形鋼管）が用いられる場合，9.3.4 項の曲げ材と同様，1 軸曲げの場合は式 (9.24) により曲げ応力度を算定できる．一方で，非対称断面の場合は $_c\sigma_{bi} \neq {}_t\sigma_{bi}$（$i = x$ or y）となるので，圧縮側，引張側それぞれについて検定しなければならない．

　なお，ラーメン構造の柱には角形鋼管や円形鋼管などの閉断面が多く用いられるが，通常，これらの断面については横座屈を生じないことから，式 (9.37)〜(9.40) における許容曲げ応力度 f_b の代わりに許容引張応力度 f_t を用いてよい．

　また，柱の細長比が大きくなりすぎると，施工時の建て方に支障をきたすほか，建築物の水平変形が大きくなりすぎるので，一次設計時には以下に示す細長比制限を設けている．

$$\lambda \leq 200 \tag{9.41}$$

支点補剛を設ける場合，補剛材に要求される補剛剛性は 9.3.3 項の圧縮材と同様に式 (9.20)，補剛力は式 (9.21) を適用してよい．

解説　　**梁のたわみ制限**

　柱や梁などの構造部材は，想定される外力・荷重による作用応力に対して，許容応力度以下とする強度設計が行われる．一方で，鋼構造では部材が十分な強度を保有していても，剛性が小さいため，たわみを生じると居住性が問題となる，もしくは非構造部材で損傷する危険がある．そのため，長さ l の曲げ材に対するたわみ（δ/l）制限を以下のとおり規定している．

(1) 梁

　　　両端単純支持：$\dfrac{\delta}{l} \leq \dfrac{1}{300}$

　　　片持ち梁：$\dfrac{\delta}{l} \leq \dfrac{1}{250}$

(2) クレーン走行梁

　　　手動クレーン：$\dfrac{\delta}{l} \leq \dfrac{1}{500}$

　　　電動クレーン：$\dfrac{\delta}{l} \leq \dfrac{1}{1200} \sim \dfrac{1}{800}$

(3) 母屋・胴縁

　　　スレートなど：$\dfrac{\delta}{l} \leq \dfrac{1}{200}$

$$\text{亜鉛鉄板など：}\quad \frac{\delta}{l} \leq \frac{1}{150}$$

スレートなど，損傷を受けやすい仕上げ材のたわみ制限は小さく，亜鉛鉄板のように多少のたわみを生じても実害がない場合，たわみ制限値を大きく規定している．

9.3.6　板材

第7章では，圧縮応力を受ける板の座屈（局部座屈）に対する支持条件の影響について説明した．一次設計時には弾性時に柱や梁のフランジ・ウェブが局部座屈を生じないように弾性座屈応力度を定め，そのときの幅厚比よりも小さくするように，**表9.6**に示す幅厚比制限を設けている．幅厚比制限値の考え方は以下のとおりである．

表 9.6　許容応力度計算における幅厚比制限値

条件	断面形	一般式	幅厚比制限値	
			$F = 235\,\text{N/mm}^2$	$F = 325\,\text{N/mm}^2$
1縁支持他縁自由の板要素		$\dfrac{b}{t} \leq 0.44\sqrt{\dfrac{E}{F}}$	13	11
		$\dfrac{b}{t} \leq 0.53\sqrt{\dfrac{E}{F}}$	16	13
2縁支持の板要素		柱, 圧縮材のフランジ, ウェブ $\dfrac{d}{t} \leq 1.6\sqrt{\dfrac{E}{F}}$	47	40
		梁のウェブ $\dfrac{d}{t} \leq 2.4\sqrt{\dfrac{E}{F}}$	71	60
円形鋼管		$\dfrac{D}{t} \leq 0.114\dfrac{E}{F}$	99	72

※表中の d は，フランジ板厚 t_f およびフィレット長さ r を引いたウェブせいである．
　E: ヤング係数，F: 設計基準強度（表9.3）.

(1) 弾性時に局部座屈を生じないということは，座屈応力度が基準強度 F 値よりも大きくなる必要があることから，F 値が大きいほど制限値が厳しくなる（小さくなる）．

(2) 1 縁支持他縁自由の板要素は主にフランジであり，部材が圧縮力もしくは曲げモーメントを受けるとき圧縮応力が作用する．

(3) 2 縁支持の板要素は主にウェブであり，部材に圧縮力が作用するときは圧縮応力のみ，曲げモーメントが作用するときは板要素内で圧縮応力と引張応力がはたらく．そのため，圧縮力を受ける柱や圧縮材では幅厚比制限値が小さく，曲げモーメントを受ける梁では大きくなっている．

(4) 表 7.1 (c)，(d) に示す 1 縁支持他縁自由の座屈応力度係数は，表 7.1 (a)，(b)，(e) の 2 縁支持に比べて小さいことから，表 9.6 の幅厚比制限値は 2 縁支持に比べて 1 縁支持他縁自由のほうが小さい．

9.3.7 高力ボルト接合

高力ボルト接合の許容応力度はせん断，引張，引張とせん断が同時に作用する場合に分けられる．高力ボルトの長期応力に対する許容応力度は**表 9.7** に示すとおりである．

表 9.7　高力ボルトの長期応力に対する許容応力度

高力ボルト	許容せん断応力度 f_s [N/mm²]	許容引張応力度 f_t [N/mm²]
F8T	120	250
F10T	150	310

※ 短期応力に対しては 1.5 倍する．

せん断の場合

高力ボルト接合は摩擦により応力を伝達することから，短期応力時にはすべり荷重を超えないこととし，長期応力時には安全率を $\nu = 1.5$ としている．許容せん断応力度 f_s を次式に示す．

$$f_s = \frac{1}{\nu} m \mu \frac{N_0}{A} \tag{9.42}$$

　ν：安全率（長期応力 1.5，短期応力 1.0）
　m：摩擦面の数（1 もしくは 2），μ：設計用摩擦係数（0.45）
　N_0：設計ボルト張力（**表 9.8**），A：ボルト軸断面積

引張が作用する場合

短期応力時に離間しないこととし，長期応力時には安全率を $\nu = 1.5$ としている．次式に許容引張応力度 f_t を示す．

$$f_t = \frac{1}{\nu} 0.9 \frac{N_0}{A} \tag{9.43}$$

　ν：安全率（長期応力 1.5，短期応力 1.0）

表 9.8 高力ボルト接合の長期応力に対する許容耐力

高力ボルトの種類	ボルト呼び径	ボルト軸径 [mm]	ボルト孔径 [mm]	ボルト軸断面積 [mm²]	ボルト有効断面積 [mm²]	設計ボルト張力 [kN]	許容せん断耐力 [kN]		許容引張力 [kN]
							1面摩擦	2面摩擦	
F8T	M12	12	14	113	84	45.8	13.6	27.1	28.2
	M16	16	18	201	157	85.2	24.1	48.2	50.3
	M20	20	22	314	245	133	37.7	75.4	78.5
	M22	22	24	380	303	165	45.6	91.2	95.0
	M24	24	26	452	353	192	54.2	108	113
F10T	M12	12	14	113	84	56.9	17.0	33.9	35.1
	M16	16	18	201	157	106	30.2	60.3	62.3
	M20	20	22	314	245	165	47.1	94.2	97.4
	M22	22	24	380	303	205	57.0	114	118
	M24	24	26	452	353	238	67.9	136	140

1. 短期応力に対しては 1.5 倍する.
2. ボルト孔径は鋼構造設計規準による.

式 (9.43) の係数 0.9 は多くの実験結果に基づき，図 8.8 に示すように，初期導入張力の 90% 程度で離間を開始することによる.

引張とせん断が同時に作用する場合

ボルトに作用する引張力により，式 (9.42) よりもすべり荷重が低下することを考慮して，次式のように許容せん断応力度 f_{st} を低減する.

$$f_{st} = \frac{1}{\nu}\mu\frac{N_0 - T}{A} = f_s\left(1 - \frac{\sigma_t A}{N_0}\right) \tag{9.44}$$

T：ボルト 1 本あたりの作用引張力

σ_t：ボルト 1 本あたりの作用引張応力度（$= T/A$），ただし式 (9.43) の f_t 以下

9.3.8 溶接接合

溶接接合の許容応力度は軸方向力，せん断力，曲げモーメント，曲げモーメントとせん断力が同時に作用した場合に分けられる．完全溶け込み溶接継目，すみ肉溶接継目の作用応力度は式 (8.22)〜(8.28) より求められ，これらの応力度がそれぞれの許容応力度以下となればよい．表 9.9 にそれぞれの溶接継目に対する作用応力度と許容応力度の関係を示す．完全溶け込み溶接継目の場合，せん断応力度を除いて許容引張応力度に対して検定するが，すみ肉溶接継目の場合，すべての応力度に対して許容せん断応力度により検定する.

9.3.9 高力ボルト接合と溶接接合の併用

一つの接合部位に，高力ボルト接合と溶接接合を併用する場合，以下のとおりとする.

表 9.9 溶接継目の許容応力度

作用応力	完全溶け込み溶接継目	すみ肉溶接継目
軸方向力	$\sigma_N = \dfrac{P}{a \cdot l_e} \leq f_t$	$\tau_N = \dfrac{P}{\sum a \cdot l_e} \leq f_s$
せん断力	$\tau_Q = \dfrac{Q}{a \cdot l_e} \leq f_s$	$\tau_Q = \dfrac{P}{\sum a \cdot l_e} \leq f_s$
曲げモーメント	$\sigma_M = \dfrac{M}{Z} \leq f_t$	$\tau_M = \dfrac{M}{Z} \leq f_s$
せん断力と曲げモーメントが同時に作用する場合	$\sigma_C = \sqrt{\sigma_M^2 + 3\tau_Q^2} \leq f_t$	$\tau_C = \sqrt{\tau_M^2 + \tau_Q^2} \leq f_s$

(1) 高力ボルト接合，溶接接合の順で施工するのであれば，両者の耐力の和を接合部耐力としてよい.

(2) 溶接接合，高力ボルト接合の順で施工すると，溶接によるひずみが生じることから，摩擦による耐力が期待できない可能性があるため，溶接のみを接合部耐力とする.

なお，一般に柱や梁の継手・接合部ではフランジを溶接し，ウェブを高力ボルト摩擦接合とする方法が用いられる. このときは，接合部位が異なり，負担する応力を分離できるので，このような接合は混用接合とよばれ，上記 (1)，(2) の考え方を適用せず，それぞれの耐力を見込んでよい.

9.3.10 梁および柱の継手

存在応力設計

継手に作用する応力は 8.5.1 項の式 (8.10)〜(8.21) より算定する.

(1) 高力ボルト接合

フランジ：

フランジが負担する曲げモーメント M_f をフランジ中心間距離 h_f で除した偶力 N_f（式 (8.12)）を，表 9.8 のボルト 1 本の許容せん断耐力 R_s で除し，必要本数 n を求める.

$$n = \frac{N_f}{R_s} \tag{9.45}$$

ウェブ：

仮定したボルト配置において，接合部重心位置における曲げモーメント M とせん断力 Q，軸方向力 N よりボルトに作用するせん断力を式 (8.21) より求め，表 9.8 のボルト 1 本の許容せん断耐力が作用せん断力を上回ることを確認する.

添板：

添板断面は母材（梁もしくは柱）の断面積および断面二次モーメント以上とする.

ボルト孔により欠損した母材の断面：

　ボルト孔によって欠損した断面について，曲げモーメントとせん断力，軸方向力より求められる作用応力度が許容応力度を下回ることを確認する．

(2) 溶接接合

フランジ：

　フランジ，ウェブともに完全溶け込み溶接とする場合，母材と同等の強度を確保できることから，溶接部の検定は行わなくてよい．ウェブに添板をすみ肉溶接して応力を伝達する場合，曲げモーメントとせん断力，軸方向力を式 (8.26)〜(8.28) に代入することで求めた作用せん断応力度 τ_N，τ_Q，τ_M もしくは τ_C が許容せん断応力度 f_s を下回ることを確認する．

全強設計

　全強設計の場合，曲げモーメントとせん断力，軸方向力は，ボルト孔を控除した断面積，断面係数により次式で求められる．

$$M_e = Z_e \cdot f_t, \quad N_e = A_e \cdot f_t, \quad Q_e = A_{ew} \cdot f_s \tag{9.46}$$

　　　M_e：曲げ耐力，N_e：軸方向耐力，Q_e：せん断耐力

　　　Z_e：ボルト孔を控除した断面係数，A_e：ボルト孔を控除した断面積

　　　A_{ew}：ボルト孔を控除したウェブの断面積

　　　f_t，f_s：母材の許容引張応力度，許容せん断応力度

　式 (9.46) を式 (8.10)〜(8.21) に代入することで継手に作用する応力が求められ，「存在応力設計」と同じ手順で必要ボルト本数の算定やボルトの作用せん断力の検定を行う．

柱継手における設計上の注意点：

　日本建築学会 鋼構造許容応力度設計規準[7]では，以下の点に留意して設計するように定めている．

- 存在応力設計の場合，部材の各応力（M，Q，N）は継手耐力の $1/2$ 以上とする．
- 継手位置で断面に引張応力が生じるおそれがなく，接合部端面を削り仕上げなどにより密着させた場合，圧縮力および曲げモーメントのそれぞれ $1/4$ は接触面により直接伝達するものとみなしてよい．
- 暴風時・地震時の応力の組み合わせの場合，積載荷重を無視したことによって生じる引張応力に対しても安全になるように設計する．

9.3.11　柱梁接合部パネル

　8.5.2 項では，柱梁接合部パネルに作用するせん断応力度が式 (8.31) として示されている．

$$\tau_p = \frac{{}_bM_1 + {}_bM_2}{h_b h_c t_w} - \frac{{}_cQ_1 + {}_cQ_2}{2h_c t_w} = \frac{{}_bM_1 + {}_bM_2}{V_e} - \frac{{}_cQ_1 + {}_cQ_2}{2h_c t_w}$$

(9.47, 式 (8.31) 再掲)

V_e は接合部パネルの有効体積であり, 次式に示すとおりである.

$$\text{H 形鋼柱} : V_e = h_b h_c t_w, \quad \text{角形鋼管柱} : V_e = \frac{16}{9} h_b h_c t_w$$

$$\text{円形鋼管柱} : V_e = \frac{\pi}{2} h_b h_c t_w \quad (\text{図 9.12 のアミかけ部参照})$$

h_b：梁および柱フランジ幅

h_c：梁フランジ, 柱フランジ中心間距離

t_w：H 形鋼柱のウェブ板厚もしくは角形鋼柱・円形鋼管柱の板厚

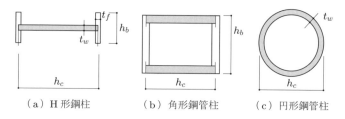

（a）H 形鋼柱 　　　（b）角形鋼管柱 　　　（c）円形鋼管柱

図 9.12 接合部パネルの有効断面積

パネル部は板厚の厚いダイアフラムや柱フランジで囲まれていることから, 降伏した後も耐力が上昇し, 大地震時には第 2 章で示した梁崩壊形と同様, パネル崩壊形も安定した挙動を示す. そして, 簡便化を図るために, 設計式では許容せん断応力度を 4/3 倍して式 (9.47) の右辺第 2 項（せん断力の項）を無視した次式としている.

$$\tau_p = \frac{{}_bM_1 + {}_bM_2}{V_e} \leq \frac{4}{3}\frac{F}{\sqrt{3}} = \frac{4}{3}\frac{1.5f_t}{\sqrt{3}} = 2f_s$$

$$\text{すなわち} \frac{{}_bM_1 + {}_bM_2}{2V_e} \leq f_s \tag{9.48}$$

▶**例題 9.2**

　図 9.13 に示すような K 形筋かい材について考える. 筋かい材断面は H–300 × 300 × 10 × 15 $(r = 13)$, 材質は SN400, 層高さ（梁芯間距離）4000 mm, 梁長（柱芯間距離）6000 mm, 筋かい材の梁芯–柱芯間距離 5000 mm である. 筋かい材の各節点位置において骨組の面外方向の変形は拘束されているものとする. また, 筋かい材とガセットプレートは高力ボルト摩擦接合されており, ボルトは M20, F10T で配置は接合部詳細に示すとおり, 筋かい材側では上下フランジにそれぞれ 4 本, ウェブに 4 本が接合されている. ボルト孔径は 22 mm, ヤング係数 $E = 2.05 \times 10^5$ N/mm² とする.

　地震時に水平力が 1500 kN 作用するとき, この筋かい材の応力度を検定せよ.

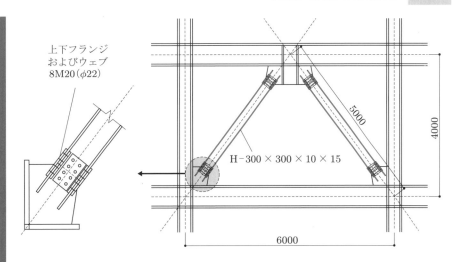

上下フランジ
およびウェブ
8M20(ϕ22)

H$-300 \times 300 \times 10 \times 15$

5000

4000

6000

図 9.13 地震力を受けるK形筋かい材

▷**解答**

図 9.13 において，筋かい材の材端支持条件は面外方向に変形が拘束されており，柱や梁により回転拘束を受けるものの，その拘束度は不明であることから，安全側にピン支持とすると，**図 9.14** のようにモデル化できる．

次に，筋かい材の諸元を求めておく．

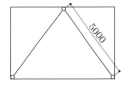

5000

図 9.14 筋かい材モデル

筋かい材諸元：

材質は SN400 であることから，表 9.3 より，$F = 235 \text{ N/mm}^2$ となる．

許容圧縮応力度：

筋かい材 1 本に作用する軸方向力 N は水平力 $P = 1500 \text{ kN}$，筋かい材の梁芯 – 柱芯間距離 5000 mm，柱芯から筋かい材接合部までの距離 3000 mm（＝ 6000 mm/2）より，次のように求められる．

$$N = \left(1500 \times \frac{5000}{3000}\right) \div 2 = 1250 \text{ kN}$$

断面積 A：

$$A = 300 \times 15 \times 2 + (300 - 15 \times 2) \times 10 = 11700 \text{ mm}^2$$

よって，筋かい材に作用する圧縮応力度 σ_c は次式より求められる．

$$\sigma_c = \frac{1250}{11700} = 1.07 \times 10^{-1} \text{ kN/mm}^2 = 107 \text{ N/mm}^2$$

限界細長比 Λ：

式 (9.19) より

$$\Lambda = \pi \sqrt{\frac{E}{0.6F}} = \pi \sqrt{\frac{2.05 \times 10^5}{0.6 \times 235}} = 120$$

弱軸回りの断面二次モーメント I_y：

$$I_y = \frac{300^3 \times 15}{12} \times 2 + \frac{(300 - 15 \times 2) \times 10^3}{12} = 6.75 \times 10^7 \ \text{mm}^4$$

よって，断面二次半径 i_y は A，I_y より次式となる．

$$i_y = \sqrt{\frac{I_y}{A}} = 76.0 \ \text{mm}$$

筋かい材の材端支持条件はピン支持であることから，座屈長さ係数 $k = 1$ となる．
以上より，筋かい材の細長比 λ は式 (4.6) より次式で求められる．

$$\lambda = \frac{5000}{76} = 65.8$$

筋かい材の細長比 $\lambda = 65.8$ は限界細長比 $\Lambda = 120$ よりも小さいことから，式 (9.17) を採用する．最初に安全率 ν を求めると，

$$\nu = \frac{3}{2} + \frac{2}{3}\left(\frac{\lambda}{\Lambda}\right)^2 = \frac{3}{2} + \frac{2}{3}\left(\frac{65.8}{120}\right)^2 = 1.70$$

となる．上記より求めた λ，ν，そして F を式 (9.17) に代入すると，許容圧縮応力度 f_c は次のように求められる．

$$f_c = \frac{F}{\nu}\left\{1.0 - 0.4\left(\frac{\lambda}{\Lambda}\right)^2\right\} = \frac{235}{1.70}\left\{1.0 - 0.4\left(\frac{65.8}{120}\right)^2\right\} = 122 \ \text{N/mm}^2$$

$\sigma_c < f_c$ より，OK となる．

幅厚比：

　フランジの幅厚比制限値については表 9.6 の「1 縁支持他縁自由の板要素」，ウェブの幅厚比制限値については圧縮応力を受けることから，表 9.6 の「2 縁支持の板要素」の「柱，圧縮材のウェブ」を採用する．そして，筋かい材断面は H–300 × 300 × 10 × 15 なので，フランジ幅厚比，ウェブ幅厚比は

$$\frac{b}{t_f} = \frac{300/2}{15} = 10 < 16, \quad \frac{\phi}{t_w} = \frac{300 - 15 \times 2}{10} = 27 < 47$$

となり，OK である．

許容引張応力度：

　並列ボルトの破断線は，「引張応力に対して最小となる断面は，ボルト中心を通る材軸に垂直な実断面で破断を生じる」ことから，図 9.13 の接合部詳細に示すように，ボルト孔径 $\phi = 22$ mm，上下フランジおよびウェブの断面にはそれぞれ 2 本ずつの場合，これらを式 (4.2) に代入すると次のように求められる．

$$\begin{aligned}
A_e &= A_0 - ndt \\
&= 300 \times 15 \times 2 + (300 - 15 \times 2) \times 10 - (2 \times 22 \times 15 \times 2 + 2 \times 22 \times 10) \\
&= 9940 \ \text{mm}^2
\end{aligned}$$

引張応力に対する検定には式 (9.15) を用いる．前述の筋かい 1 本に作用する軸方向力 $N = 1250$ kN，$A_e = 9940 \ \text{mm}^2$ を式 (9.15) に代入すると，

$$\sigma_t = \frac{N_t}{A_e} = \frac{1250 \text{ kN}}{9940 \text{ mm}^2} = 126 \text{ N/mm}^2$$

$$\leq f_t = \frac{F}{1.5} = \frac{235 \text{ N/mm}^2}{1.5} = 156 \text{ N/mm}^2$$

となり，OK である．なお，9.3.1 項で説明したように許容応力度は安全側の値となるように有効数字 4 桁目を切り捨てとしている．

高力ボルト摩擦接合：

図 9.13 の接合部詳細より，フランジおよびウェブともに 2 面摩擦接合であることから，表 9.8 より M20 ボルト 1 本あたりの長期応力に対する許容耐力は 94.2 kN となる．今回は地震力が作用した場合であることから，短期応力に対する許容耐力は $1.5 \times 94.2 = 141$ kN である．ボルト本数は 12 本であることから，接合部耐力は

$$141 \times 12 = 1692 \text{ kN} > 1250 \text{ kN}$$

より，OK となる．

なお，今回は筋かい材の検定のみ行ったが，ガセットプレートについても許容引張応力度および高力ボルト摩擦接合に関する検定を行う必要がある．

▶ 例題 9.3

図 9.15 に示すような中央集中荷重を受ける H 形鋼梁について考える．梁断面 H–$600 \times 300 \times 12 \times 25$（$r = 13$），梁長 $l = 12000$ mm，鋼種 SN490，ヤング係数 $E = 2.05 \times 10^5$ N/mm^2 である．鉛直荷重 $P = 160$ kN が常時作用するとき，この梁の応力度を検定せよ．(i) 横補剛材がない場合，(ii) 梁中央に横補剛材があり，横曲げ変形が完全に拘束されている場合について考える．

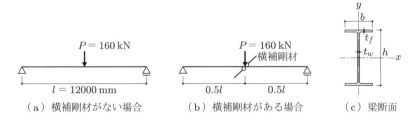

$P = 160$ kN　　　　　$P = 160$ kN
　　　　　　　　　　　　　　　　横補剛材

$l = 12000$ mm　　　　0.5l　　0.5l

（a）横補剛材がない場合　　（b）横補剛材がある場合　　（c）梁断面

図 9.15　梁中央で鉛直荷重を受ける梁

▷ 解答

最初に，H 形鋼梁の諸元を求めておく．

H 形鋼梁の諸元：

断面係数 Z は次のように求められる．

$$Z = \frac{I_x}{h/2} = \frac{1.41 \times 10^9}{300} = 4.70 \times 10^6 \text{ mm}^3$$

鋼種は SN490 であることから，表 9.3 より $F = 325$ N/mm^2 となる．

限界細長比 Λ は式 (9.19) より次のように求められる.

$$\Lambda = \pi\sqrt{\frac{E}{0.6F}} = \pi\sqrt{\frac{2.05 \times 10^5}{0.6 \times 325}} - 102$$

圧縮フランジの断面二次モーメント（H 形断面の弱軸方向）I_f は次のように求められる.

$$I_f = \frac{300^3 \times 25}{12} = 5.63 \times 10^7 \text{ mm}^4$$

圧縮フランジとウェブの 1/6 の断面積 A_1 は次式のとおりである.

$$A_1 = 300 \times 25 + \frac{600 - 25 \times 2}{6} \times 12 = 8600 \text{ mm}^2$$

よって，梁の横座屈に対する断面二次半径 ${}^*i_y$ は A_1, I_f より次式となる.

$$^*i_y = \sqrt{\frac{I_f}{A_1}} = 80.9 \text{ mm}$$

作用曲げ応力度：

作用曲げモーメントが最大となるのは**図 9.16** に示すように梁中央であり，横補剛材の有無にかかわらず，それぞれの区間で最大値となる.

$$\sigma_b = \frac{M}{Z} = \frac{Pl/4}{Z} = \frac{160 \times 10^3 \times 12000/4}{4.70 \times 10^6} = 102 \text{ N/mm}^2$$

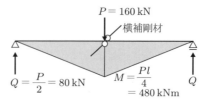

図 9.16　曲げモーメント分布とせん断力

許容曲げ応力度：

許容曲げ応力度 f_b は式 (9.31) より求められることから，(i), (ii) の場合について f_{b1} と f_{b2} を求める.

$$f_b = \min\{f_t, \max(f_{b1}, f_{b2})\} \tag{9.31, 再掲}$$

$$f_{b1} = \frac{F}{1.5}\left\{1.0 - 0.4\frac{(l_b/{}^*i_y)^2}{C\Lambda^2}\right\} = \left\{1.0 - 0.4\frac{(l_b/{}^*i_y)^2}{C\Lambda^2}\right\}f_t \tag{9.29, 再掲}$$

$$f_{b2} = \frac{1}{1.5}\frac{0.65E}{l_b h/A_f} = \frac{89000}{l_b h/A_f} \tag{9.30, 再掲}$$

(i) 横補剛材がない場合

横補剛支点間距離 l_b は梁長 $l = 12000$ mm であり，曲げモーメント分布は図 6.19 (d) と同じく梁端より中央で曲げモーメントが大きい分布であることから，モーメント修正係数は $C = 1.0$ となる．よって，

$$f_{b1} = \frac{F}{1.5}\left\{1.0 - 0.4\frac{(l_b/{}^*i_y)^2}{C\Lambda^2}\right\} = \frac{325}{1.5}\left\{1.0 - 0.4\frac{(12000/80.9)^2}{1.0 \times 102^2}\right\}$$

$$= 33.4 \text{ N/mm}^2$$

$$f_{b2} = \frac{89000}{l_b h / A_f} = \frac{89000}{12000 \times 600/(300 \times 25)} = 92.7 \text{ N/mm}^2$$

となることから，f_b は

$$f_b = 92.7 \text{ N/mm}^2 \ (\leq f_t = 325/1.5 = 216)$$

となる．したがって

$$\sigma_b > f_b$$

より，NG である．

(ii) 梁中央に横補剛材がある場合

横補剛支点間距離 l_b は梁長の半分 $l/2 = 6000$ mm，モーメント修正係数 C は式 (9.27) に横補剛支点区間における両端の曲げモーメントの比 $M_2/M_1 = 0$ を代入することで次のように求められる．

$$C = 1.75 + 1.05\left(\frac{M_2}{M_1}\right) + 0.3\left(\frac{M_2}{M_1}\right)^2 = 1.75$$

よって，

$$f_{b1} = \frac{F}{1.5}\left\{1.0 - 0.4\frac{(l_b/{}^*i_y)^2}{C\Lambda^2}\right\} = \frac{325}{1.5}\left\{1.0 - 0.4\frac{(6000/80.9)^2}{1.75 \times 102^2}\right\}$$

$$= 190 \text{ N/mm}^2$$

$$f_{b2} = \frac{89000}{l_b h / A_f} = \frac{89000}{6000 \times 600/(300 \times 25)} = 185 \text{ N/mm}^2$$

となり，f_b は

$$f_b = 190 \text{ N/mm}^2 \ (\leq f_t = 325/1.5 = 216)$$

となる．したがって

$$\sigma_b < f_b$$

より，OK である．

許容せん断応力度：

式 (9.34) を用いて検定する．

$$\tau = \frac{Q}{A_w} = \frac{Q}{(h - 2t_f)t_w} = \frac{80 \times 10^3}{(600 - 2 \times 25) \times 12} = 12.1 \text{ N/mm}^2$$

$$< f_s = \frac{325}{1.5\sqrt{3}} = 125 \text{ N/mm}^2$$

となり，OK である．

幅厚比：

例題 9.2 と同様，フランジの幅厚比制限値については表 9.6 の「1 縁支持他縁自由の板要素」，ウェブの幅厚比制限値については圧縮応力を受けないことから，表 9.6 の「2 縁支持の板要素」の「梁のウェブ」を採用する．

そして，梁断面は H–600 × 300 × 12 × 25 なので，フランジ幅厚比，ウェブ幅厚比は

$$\frac{b}{t_f} = \frac{300/2}{25} = 6 < 13, \quad \frac{d}{t_w} = \frac{600 - 25 \times 2}{12} = 45.8 < 60$$

となり，OK である．

▶例題 9.4

例題 8.2 の柱梁接合部について，許容応力度の検定を行う．柱，梁の鋼種は SN400B 材とする．なお，例題 8.2 に示した条件は下記のとおりである．なお，これらの荷重は地震力によるものとする．

図 9.17 に示すような柱梁接合部に曲げモーメント M（= 400 kNm），せん断力 Q（= 160 kN）が作用したときの溶接継目部に作用する応力度を求めよ．なお，H 形鋼梁の断面は，H–500 × 200 × 10 × 16 とし，スカラップは 25 mm とする．また，フランジは完全溶け込み溶接，ウェブはすみ肉溶接であり，すみ肉の溶接サイズは $S = 6$ mm とする．

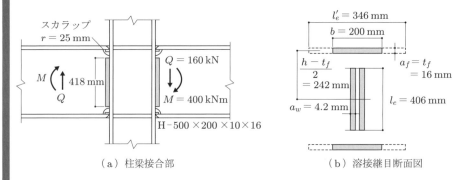

（a）柱梁接合部　　　　　　（b）溶接継目断面図

図 9.17　溶接による柱梁接合部（図 8.38 再掲）

▷解答

フランジ，ウェブの作用応力度は例題 8.2 で求めているので，解答のみ再掲する．

フランジの作用応力度：

$$\sigma_M = \frac{M}{Z_{ef}} = \frac{400 \times 10^6}{2.78 \times 10^6} = 144 \text{ N/mm}^2$$

ウェブ作用応力度：

$$\tau_M = \frac{M}{Z_{ew}} = \frac{400 \times 10^6}{3.43 \times 10^6} = 117 \text{ N/mm}^2$$

$$\tau_Q = \frac{Q}{A_w} = \frac{160 \times 10^3}{3.41 \times 10^3} = 46.9 \text{ N/mm}^2$$

許容応力度：

荷重は地震力であることから，短期許容応力度を用いる．鋼種は SN400B であることから，表 9.3 より $F = 235$ N/mm²．また，フランジは完全溶け込み溶接であることから，$1.5 f_t$（= 235 N/mm²），ウェブはすみ肉溶接であることから，$1.5 f_s$（= $1.5 f_t / \sqrt{3}$ =

135 N/mm²）となる.

検定：

　フランジ（完全溶け込み溶接）は

$$\sigma_M = 144 \text{ N/mm}^2 \leq 1.5f_t = 235 \text{ N/mm}^2$$

ウェブ（すみ肉溶接）は

$$\tau_C = \sqrt{117^2 + 46.9^2} = 126 \text{ N/mm}^2 \leq 1.5f_s = 1.5f_t/\sqrt{3} = 135 \text{ N/mm}^2$$

となり，いずれも OK である.

9.4 二次設計

9.4.1 耐震設計法の概要

　大地震時においても建築物が倒壊することなく，人命を守るために，建築物に求められる性能を定めている．一方で，建築物の種別（建物高さや建築面積）によっては簡略的な耐震設計法を採用することもできる．9.1 節では，図 9.1 に示すように，構造物の種別によって耐震設計法が異なり，ルート 1～3 に大別されること，これら以外に限界耐力計算，時刻歴応答解析などの方法があることを説明した．本節では，図 9.18 に示すような一般的に用いられるルート 1～3 の耐震設計法を説明する．

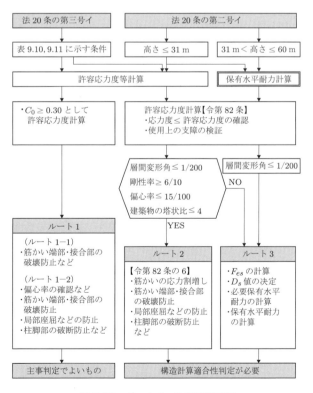

図 9.18　ルート 1～3 の設計手順

9.4.2 ルート1

ルート1は，**表9.10**に示すような小規模建築物を対象としており，規模制限によってルート1-1とルート1-2に分けられる．**表9.11**に示すように，標準せん断力係数を$C_0 \geq 0.3$に割り増しすることで，保有水平耐力計算を省略できる．ルート1-2では，各階の偏心率を0.15以下とし，局部座屈防止のための幅厚比規定など，ルート2で要求される条件がここでも適用される．

表9.10　ルート1-1，ルート1-2の対象建築物

ルート1-1	ルート1-2
地階を除く階数 ≤ 3	地階を除く階数 ≤ 2
建物高さ $\leq 13\,\mathrm{m}$，かつ軒高さ $\leq 9\,\mathrm{m}$	建物高さ $\leq 13\,\mathrm{m}$，かつ軒高さ $\leq 9\,\mathrm{m}$
スパン長さ $\leq 6\,\mathrm{m}$	スパン長さ $\leq 12\,\mathrm{m}$
延べ床面積 $\leq 500\,\mathrm{m}^2$	延べ床面積 $\leq 500\,\mathrm{m}^2$（平屋の場合，延べ床面積 $\leq 3000\,\mathrm{m}^2$）

表9.11　ルート1-1，ルート1-2の必要条件

ルート1-1	ルート1-2
標準せん断力係数 $C_0 \geq 0.3$	標準せん断力係数 $C_0 \geq 0.3$
水平力を負担する筋かいの保有耐力接合	水平力を負担する筋かいの保有耐力接合
冷間成形角形鋼管柱の応力割り増し	冷間成形角形鋼管柱の応力割り増し
	各階の偏心率 ≤ 0.15
	柱および梁材の幅厚比（幅厚比種別FA）
	柱および梁の継手の保有耐力接合
	梁の保有耐力横補剛
	柱脚部の強度あるいは靭性の確保

表9.12　冷間成形角形鋼管柱の応力の割り増し

鋼材の種別	柱および梁の接合部の構造方法	
	内ダイアフラム形式	その他
STKR	1.3	1.4
BCR	1.2	1.3
BCP	1.1	1.2

冷間成形角形鋼管は二軸対称断面であるため，2方向の構面に対して剛性が等しく，また柱梁接合部を剛接合にできることから，ラーメン構造に用いられる．一方で，常温で曲げ加工するため，角部では塑性ひずみが大きくなり，柱材の塑性変形性能を低下させる．そのため，**表9.12**に示すように冷間成形角形鋼管柱の応力を割り増す．なお，STKR材は降伏比，溶接性，シャルピー吸収エネルギーの規格がないことから，割増係数がもっとも大きい．BCR材は断面全体で塑性加工となり，BCP材は角部のみ塑性加工となることから，割増係数は，BCP材よりもBCR材のほうが大きくなっている．

9.4.3 ルート2

ルート2は，図9.18に示すように31m以下で塔状比（建物高さ/建物短辺の長さ）が4以下となる建築物を対象とする．ちなみに，塔状比が4を超える建築物はペンシ

ルビルとよばれる．設計においては，$C_0 = 0.2$ を用いた地震力に対して一次設計を行い，次の条件などを満たせば，保有水平耐力計算を行わなくてもよい．

(1) 層間変形角 1/200 以下
(2) 剛性率 0.6 以上
(3) 偏心率 0.15 以下
(4) 筋かい材の応力割り増し
(5) 塑性変形能力の確保（幅厚比制限，横補剛，柱梁接合部の終局耐力）
(6) 冷間成形角形鋼管の応力の割り増し

(1) 層間変形角

　層間変形角とは，各層の層間変位（層の相対的な水平変位，たとえば図 9.19 に示す $\delta_2 \, (= \Delta_2 - \Delta_1)$ をその階高で除したものである．一次設計時に層間変形角が大きいと，たとえ構造部材の損傷がなかったとしても，非構造部材（間仕切り壁や天井，扉など）が大きく変形して地震後に機能不全となる危険があることから，それぞれの方向に対して層間変形角 1/200 以下としている．ただし，仕上げ材などの非構造部材が著しい損傷を生じない場合は 1/120 以下としてよい．

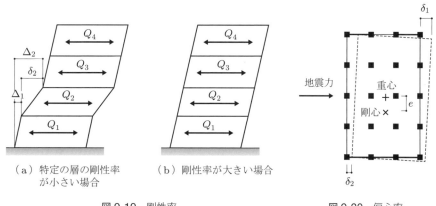

|（a）特定の層の剛性率　が小さい場合 | （b）剛性率が大きい場合 |

図 9.19　剛性率　　　　　　　　　　**図 9.20　偏心率**

(2) 剛性率

　剛性率とは，建築物における各層の水平剛性の割合を示したものである．特定の層で水平剛性が小さいと，図 9.19 (a) に示すように地震時に層間変形が集中して層崩壊を生じる危険がある．そこで，次式の条件を満たすように剛性率 R_s を定めて図 (b) のように高さ方向にバランスの良い構造とすることで，優れた耐震性能を有する建築物となる．

$$R_s = \frac{r_s}{\bar{r}_s} \geq 0.6 \tag{9.49}$$

　　r_s：層間変形角の逆数，$\bar{r}_s$：建築物の層間変形角の平均の逆数

(3) 偏心率

建築物において平面的に重心と剛心の距離が大きい場合，重心に作用する地震力によって，**図 9.20** に示すように建築物がねじれることから，剛心から離れた構造部材は大きな変形（$\delta_1 > \delta_2$）を生じて損傷する危険性がある．この重心と剛心の距離を弾力半径とよばれる長さで除したものを偏心率 R_e として次式に示す．弾力半径とは，各階の剛心回りのねじり剛性を水平剛性で除した数値の平方根である．

$$R_e = \frac{e}{r_e} \leq 0.15 \tag{9.50}$$

e：偏心率，r_e：弾力半径

(4) 筋かい材の応力割り増し

筋かい材はラーメン骨組に取り付けられ，地震力に対して軸力で抵抗することから，高い水平剛性と耐力を有し，骨組の保有性能を向上させる．一方で，所定の圧縮力を超えると曲げ座屈を生じ，急激に耐力低下することから，座屈後は安定した塑性履歴を描けず，地震に対するエネルギー吸収も期待できない（p. 61 の図 C.6）．そのため，筋かい付きラーメン骨組がラーメン骨組と同等の耐震性能（耐力やエネルギー吸収量）を有するように，筋かい材の水平力の負担率 β に応じて，一次設計用地震応力を次式のように割り増している．

$$\beta \leq \frac{5}{7} \text{のとき}\quad \alpha = 1 + 0.7\beta \tag{9.51}$$

$$\beta > \frac{5}{7} \text{のとき}\quad \alpha = 1.5 \tag{9.52}$$

α：地震応力の割増係数，β：筋かい材の水平力の負担率

(5) 塑性変形能力の確保

二次設計では建築物全体が塑性化し，エネルギーを吸収することで，大地震時も倒壊しないように定めていることから，建築物を構成する各部材が十分に塑性変形できるように次の各条件を満たす必要がある．

• 幅厚比制限

9.3 節の一次設計では，梁や柱のフランジやウェブが基準強度まで局部座屈を生じないように，**表 9.6** に示す幅厚比制限を設けている．二次設計では梁や柱が塑性化後も早期に耐力低下せず，十分に塑性変形することで建築物が安定した挙動とするために，より厳しい幅厚比制限として**表 9.13** の FA の値を採用する．

• 横補剛

梁の横座屈については，9.3 節の一次設計では作用曲げ応力に対して，許容曲げ応力度による検定を行っている．二次設計では梁の塑性化を許容しているため，強度だけでなく，塑性変形についても検討する必要がある．梁が十分な塑性変形を生じる前に横座屈を生じると局部座屈よりも耐力低下が著しくなる傾向にあることから，

表 9.13 柱・梁の幅厚比制限値と種別

幅厚比または径厚比の制限						柱および梁の種別
柱				梁		
H 形鋼		角形鋼管	円形鋼管	H 形鋼		
フランジ	ウェブ	—	—	フランジ	ウェブ	
$9.5\sqrt{235/F}$	$43\sqrt{235/F}$	$33\sqrt{235/F}$	$50(235/F)$	$9\sqrt{235/F}$	$60\sqrt{235/F}$	FA
$12\sqrt{235/F}$	$45\sqrt{235/F}$	$37\sqrt{235/F}$	$70(235/F)$	$11\sqrt{235/F}$	$65\sqrt{235/F}$	FB
$15.5\sqrt{235/F}$	$48\sqrt{235/F}$	$48\sqrt{235/F}$	$100(235/F)$	$15.5\sqrt{235/F}$	$71\sqrt{235/F}$	FC
FA, FB および FC のいずれにも該当しない場合						FD

F 値は，鋼材の基準強度 [N/mm²] を表す.

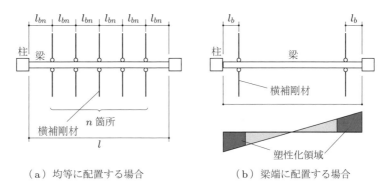

（a）均等に配置する場合　　　（b）梁端に配置する場合

図 9.21　横補剛

表 9.14　横補剛間隔

(a) 均等に配置する場合

種類	梁の弱軸回りの細長比 λ_y
400N 級	$\lambda_y \leq 170 + 20n$
490N 級	$\lambda_y \leq 130 + 20n$

n：横補剛の箇所数，
$\lambda_y = l/i_y$，l：梁スパン [mm]，
i_y：梁の弱軸回りの断面二次半径 [mm]

(b) 梁端に配置する場合

種類	梁の横補剛間隔 l_b [mm]
400N 級	$l_b \cdot h/A_f \leq 250$ かつ $l_b/i_y \leq 65$
490N 級	$l_b \cdot h/A_f \leq 200$ かつ $l_b/i_y \leq 50$

h：梁せい [mm]，A_f：圧縮フランジの断面積 [mm²]

図 9.21 (a) のように横座屈変形を拘束するために表 9.14 (a) の横補剛間隔（横補剛材数）を定めている．また，地震時には梁に逆対称曲げモーメントが生じて梁端で塑性化が顕著となることから，図 9.21 (b) のように梁端部で横補剛する場合は，表 9.14 (b) の横補剛間隔とする.

• 柱梁接合部の終局耐力（保有耐力接合）

　梁が十分に塑性変形するときに，一般に梁よりも高い強度を有する柱も塑性化することがあり，接合部は梁の全塑性曲げモーメントよりも大きな曲げモーメントを生じうる．そこで，接合部が作用曲げモーメントや作用せん断力に対して破壊しないよう，梁の全塑性モーメント M_{pb}，梁両端が全塑性モーメントとなるときのせん断力 Q_{pb} に対して次式の条件を満たすようにする.

$$M_j \geq \alpha M_{pb} \tag{9.53}$$

表 9.15 接合部・継手に作用する安全率

部位	作用応力	400N 級鋼材	490N 級鋼材
仕口	曲げ	1.3	1.2
継手部	曲げ	1.3 (1.2)	1.2 (1.1)
	せん断	1.3	1.2

部材の塑性化が予想される領域（材端から 0.1l または 2d 以上までの部分程度．ここで，l：柱または梁の長さ，d：部材の最大せい）に継手部がある場合の最大曲げ強さの検討は，応力勾配を考慮して（）内の数値に対して行ってもよい．

$$Q_j \geq \alpha Q_{pb} = \alpha \frac{2M_{pb}}{l} \tag{9.54}$$

M_j：接合部・継手の最大曲げ耐力，Q_j：接合部・継手の最大せん断耐力
l：梁の内のり長さ，α：接合部・継手に作用する安全率（**表 9.15**）

(6) 冷間成形角形鋼管の応力の割り増し

ルート 2 では冷間成形角形鋼管の角部の塑性加工による靭性低下を考慮して，1 階と最上階を除くすべての柱梁接合部で下記の条件を満たすことを確認する．

$$\sum M_{pc} \geq 1.5 \sum M_{pb} \tag{9.55}$$

M_{pb}：柱梁接合における梁の全塑性曲げ耐力
M_{pc}：柱梁接合における柱の全塑性曲げ耐力

さらに，1 階柱脚に STKR 材を用いる場合，9.4.2 項で述べた理由から，表 9.12 の応力割り増し係数を乗じる．

9.4.4 ルート 3

ルート 3 は，高さ 31 m を超え 60 m 以下の鉄骨建築物，図 9.18 に示すルート 2 の各規定を満たさない 31 m 以下の鉄骨建築物が対象となる．ルート 3 では保有水平耐力計算が行われるが，その際，下記の項目について検討する．

(1) 必要保有水平耐力 Q_{uni}
(2) 保有水平耐力 Q_{ui}
(3) 構造特性係数 D_s
(4) 形状係数 F_{es}

(1) 必要保有水平耐力 Q_{uni}

必要保有水平耐力とは，標準せん断力係数を $C_0 = 1.0$ とした地震力であるが，重力と等しい水平力が建築物に作用し，作用応力度を許容応力度以内となるように耐震設計すれば，柱や梁断面は非常に大きくなり，建築計画上また経済的にも実現困難である．そのため，二次設計では，建築物における部材の塑性化により地震エネルギーを吸収することで，耐震上の安全性を確保する．具体的には，図 9.7 に示したように，地震力に対して建築物が弾性となる場合（$C_0 = 1.0$），建築物により吸収された地震エネ

ルギーは △OAB で囲まれた部分となる. 各部材が十分に塑性変形できれば, △OAB と等しい面積の台形 OCEF となり, これは小さい水平力であっても建築物は弾性の場合と等しい地震エネルギーを吸収できることを意味している. このときの台形の縦軸が地震力であり, これを必要保有水平耐力とよぶ. 具体的には式 (9.14) で表される.

$$Q_{uni} = D_s \cdot F_{es} \cdot Q_{udi} \qquad (9.56, \ 式 (9.14) \ 再掲)$$

Q_{udi} は $C_0 = 1.0$ としたときの式 (9.6a) の層せん断力であり, これに部材の塑性化による地震エネルギー吸収を考慮した構造特性係数 D_s と, 偏心率や剛性率からなる形状係数 F_{es} を乗じる.

(2) 保有水平耐力 Q_{ui}

上記の必要保有水平耐力 Q_{uni} を上回る保有水平耐力 Q_{ui} を定めるために, 各部材断面を選定する.

$$Q_{ui} \geq Q_{uni} \qquad (9.57, \ 式 (9.13) \ 再掲)$$

このとき, それぞれの構造部材が十分な塑性変形能力を保有していても, 第 2 章で示したように特定の層のみで塑性ヒンジを形成して層崩壊を生じるのであれば, 建築物全体で地震エネルギーを十分に吸収できない. そのため, 梁崩壊形やパネル崩壊形のように全体崩壊形とすることで各部位での損傷を少なくして分散させ, 建築物全体の塑性変形能力を確保することが望ましい. 建築物の保有水平耐力の検討には建築物を骨組にモデル化した静的増分解析 (弾塑性解析) が一般的であるが, それ以外でも節点モーメント振り分け法, 層モーメント分割法, 仮想仕事法などが用いられることもある.

(3) 構造特性係数 D_s

構造特性係数 D_s は, 図 9.7 に示したように建築物が弾性の場合の地震力 Q_e に対する Q_p の比であり, 建築物の塑性変形能力を表す指標である. **表 9.16** に D_s と構造種別, 柱・梁の部材群の種別の関係を示す. β_u は対象となる層の水平力に対する筋かい材の水平力分担率である. β_u が大きくなると, 柱・梁の部材群の種別によらず,

表 9.16 D_s 値

			柱および梁の部材群としての種別			
			A	B	C	D
筋かいの部材群としての種別	A または $\beta_u = 0$ の場合		0.25	0.3	0.35	0.4
	B	$0 < \beta_u \leq 0.3$ の場合	0.25	0.3	0.35	0.4
		$0.3 < \beta_u \leq 0.7$ の場合	0.3	0.3	0.35	0.45
		$\beta_u > 0.7$ の場合	0.35	0.35	0.4	0.5
	C	$0 < \beta_u \leq 0.3$ の場合	0.3	0.3	0.35	0.4
		$0.3 < \beta_u \leq 0.5$ の場合	0.35	0.35	0.4	0.45
		$\beta_u > 0.5$ の場合	0.4	0.4	0.45	0.5

β_u は, 筋かい・耐震壁の水平耐力の和を保有水平耐力の数値で除した数値を表す.

D_s を大きく設定する．これは，9.4.3 項のルート 2 の「(4) 筋かい材の応力割り増し」でも述べたとおり，筋かい材は座屈後に安定した塑性履歴を描けないことから，筋かい材の水平力分担率が大きいと，層全体のエネルギー量が低下するためである．表中の A～D については次の手順で定める．

① 表 9.13 より柱および梁の幅厚比の部材種別 FA～FD を求める．幅厚比が小さいほど塑性変形能力は高く，FA → FD の順となる．

② 同様に，**表 9.17** に示す有効細長比と鋼材の基準強度の関係から，筋かいの種別 BA～BC を求める．

③ 最後に，層全体における各部材種別の耐力の割合を求め，柱および梁の部材群，筋かいの部材群の種別 A～C を**表 9.18** より求める．

表 9.17　筋かいの種別と有効細長比

有効細長比	筋かいの種別
$\lambda \leq 495/\sqrt{F}$	BA
$495/\sqrt{F} < \lambda \leq 890/\sqrt{F}$ または $1980/\sqrt{F} \leq \lambda$	BB
$890/\sqrt{F} < \lambda < 1980/\sqrt{F}$	BC

λ：筋かいの有効細長比
F：鋼材の基準強度 [N/mm²]

表 9.18　部材群としての種別

部材の耐力の割合	部材群としての種別
$\gamma_A \geq 0.5$ かつ $\gamma_C \leq 0.2$	A
$\gamma_C < 0.5$（部材群としての種別が A の場合を除く）	B
$\gamma_C \geq 0.5$	C

γ_A：筋かいの部材群としての種別を定める場合は，種別 BA の筋かいの耐力の和をすべての筋かいの水平耐力の和で除した値．柱および梁の部材群としての種別を定める場合は，種別 FA の柱の耐力の和を FD である柱を除くすべての柱の水平耐力の和で除した値．
γ_C：筋かいの部材群としての種別を定める場合は，種別 BC の筋かいの耐力の和をすべての筋かいの水平耐力の和で除した値．柱および梁の部材群としての種別を定める場合は，種別 FC の柱の耐力の和を FD である柱を除くすべての柱の水平耐力の和で除した値．

改めて表 9.16 を見てみると，横行の柱および梁の部材群としての種別が A のとき D_s はもっとも小さく，D のときもっとも大きい．つまり，幅厚比が小さい FA の部材が多いほど，層全体の塑性変形能力が高いため，D_s を小さくできることを意味している．縦列の筋かいの部材群の種別は，表 9.16 で A のとき D_s はもっとも小さく，C のときもっとも大きい．さらに，筋かい材の水平力分担率が小さいほど D_s は小さくなる．つまり，有効細長比が小さい筋かい材は塑性変形能力を有するため，種別 A であれば水平力分担率によらず，D_s は同じ値となる一方，種別 B，C では筋かいの塑性変形能力は乏しいため，水平力分担率が大きくなると，D_s は大きくなる．

(4) 形状係数 F_{es}

形状係数 F_{es} は，各層の水平剛性の高さ方向分布を考慮した F_s と平面的な偏心を考慮した F_e の積として，次のように求められる．

$$F_{es} = F_s \cdot F_e \tag{9.58}$$

<table>
<tr><td colspan="2">表 9.19　F_s 値</td></tr>
<tr><td>剛性率 R_s</td><td>F_s 値</td></tr>
<tr><td>$R_s \geq 0.6$</td><td>1.0</td></tr>
<tr><td>$R_s < 0.6$</td><td>$2.0 - \dfrac{R_s}{0.6}$</td></tr>
</table>

<table>
<tr><td colspan="2">表 9.20　F_e 値</td></tr>
<tr><td>偏心率 R_e</td><td>F_e 値</td></tr>
<tr><td>$R_e \leq 0.15$</td><td>1.0</td></tr>
<tr><td>$0.15 < R_e < 0.3$</td><td>直線補間した値</td></tr>
<tr><td>$R_e \geq 0.3$</td><td>1.5</td></tr>
</table>

F_s は 9.4.3 項のルート 2 の「(2) 剛性率」R_s の大きさによって**表 9.19** より求められ，F_e は同じく「(3) 偏心率」R_e の大きさによって**表 9.20** より求められる.

　剛性率，偏心率ともにルート 2 の制限値を満たしていれば $F_{es} = 1.0$ となるが，いずれかもしくは両者が満たしていないと必要保有水平耐力 Q_{uni} を割り増すことになる.

演習問題

9.1　表 9.2（p. 143）に示す積載荷重において，「床の構造計算をする場合」が「地震力を計算する場合」よりも大きい理由を述べよ.

9.2　問図 9.1 に示すような 3 階建て鋼構造物について次の問いに答えよ. なお，地域係数 $Z = 0.9$，地盤は第二種地盤とし，各層の重量は最上層のみ 2700 kN で，その他の層は 2400 kN とする.

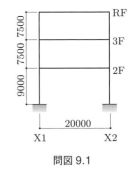

問図 9.1

　(1)　この建築物の一次設計用の層せん断力を求めよ.

　(2)　例題 9.1 の 6 階建て鋼構造物の層せん断力と比べて相違を述べよ.

9.3　表 9.3（p. 151）の各鋼材（板厚 40 mm 以下）の降伏比を求め，これらの基準強度 F 値が JIS で規定された降伏応力度の下限値により定まることを示せ.

9.4　問図 9.2 に示すように，全長 $l = 4$ m の両端ピン支持された組立圧縮材が圧縮力を受けている. この組立材は，二つの溝形鋼 $[\,-100 \times 50 \times 5 \times 7.5$（$[\,$ は溝

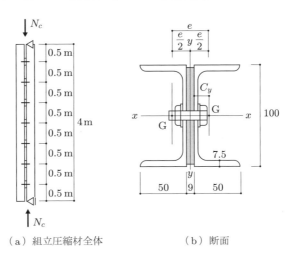

（a）組立圧縮材全体　　　　　（b）断面

問図 9.2

形断面を示す）が向かい合わせではさみ板（板厚 9 mm）を用いて溶接接合されている．ヤング係数 $E = 2.05 \times 10^5$ N/mm²，鋼種は SN400A である．溝形鋼 1 本の断面性能については下記の値を用いてよい．次の問いに答えよ．

　　断面積 $A = 1.19 \times 10^3$ mm²，重心位置 $C_y = 1.54 \times 10$ mm，

　　断面二次モーメント $I_x = 1.88 \times 10^6$ mm⁴，$I_y = 2.6 \times 10^5$ mm⁴

(1) この組立圧縮材の長期許容圧縮力 N_c を求めよ．

(2) はさみ板に使用する F10T の高力ボルトが (1) の長期許容圧縮力に対して耐えられるようにボルト径を選定せよ．

9.5　問図 9.3 のようなボルト接合された孔あき鋼板（SN400）に引張荷重 P が作用するとき，以下の問いに答えよ．

(1) ボルト孔の直径を $\phi = 25$ mm としたとき，添板および母材の長期許容引張耐力 P_t を求めよ．

(2) M24 の普通ボルト（強度区分 4.6，4.8）で接合したとき，この接合部の長期許容引張耐力 P_t を求めよ．

(3) 接合方法をボルト接合から高力ボルト摩擦接合に変更した．この接合部の長期許容引張耐力 P_t を求めよ．

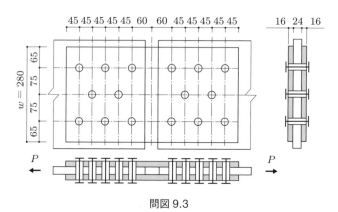

問図 9.3

9.6　問図 9.3 と同じ形状の添板および母材を問図 9.4 に示すようにすみ肉溶接した．問図 (a) は側面のみ，問図 (b) は側面と前面を回し溶接している．この接合部の長期許容引張耐力 P_t を求めよ．溶接サイズ S は添板の板厚とする．

9.7　許容圧縮応力度の安全率 ν の範囲を求めよ．また，ν が表 9.5（p. 151）の「長期に生じる力に対する許容応力度」の安全率 1.5 となるのは，どのようなときか示せ．

9.8　表 9.3 の各鋼材の限界細長比 Λ を求めよ．

9.9　圧縮材の細長比 λ，梁の横座屈細長比 $l_b/{}^*i_y$，幅厚比 d/t の相違を述べよ．

9.10　梁断面 H–600 × 200 × 11 × 17 について梁の横座屈を検討する．このとき，ヤング係数 $E = 2.05 \times 10^5$ N/mm²，せん断弾性係数 $G = 7.80 \times 10^4$ N/mm²，基準強度 $F = 235$ N/mm² である．

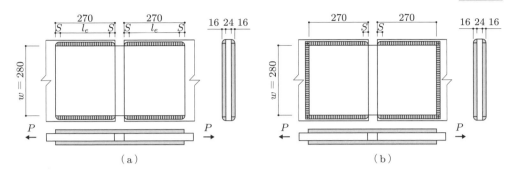

問図 9.4

(1) **問図 9.5** (a)〜(c) に示す曲げモーメントを受ける場合の許容曲げ応力度曲線を問図 (d) に描け.

(2) 問図 (a)〜(c) の曲げモーメント分布を受ける, 梁長 $l_b = 8\,\mathrm{m}$ の梁の許容曲げ応力度を求めよ. その際, 許容曲げ応力度がどの式により求められたものかも示せ.

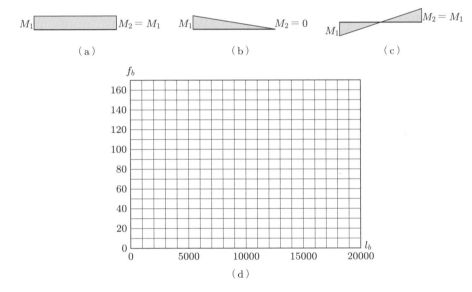

問図 9.5

9.11 問図 9.6 に示すように，圧縮力 P $(= 300\,\text{kN})$，曲げモーメント M_1 $(= 150\,\text{kNm})$，M_2 $(= 0.5M_1)$ が作用する柱 $(l = 7\,\text{m})$ について短期許容応力度設計を行う．次の問いに答えよ．このとき，ヤング係数 $E = 2.05 \times 10^5\,\text{N/mm}^2$，せん断弾性係数 $G = 7.80 \times 10^4\,\text{N/mm}^2$ である．

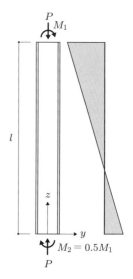

問図 9.6

(1) 柱断面 H–340 × 250 × 9 × 14，SN400B の場合，この柱の作用応力度に対して検定せよ．

(2) 柱断面 □–250 × 250 × 12（□ は角形を示す），BCP235 の場合，この柱の作用応力度に対して検定せよ．

9.12 表 9.6（p. 159）に示す幅厚比制限値は，基準強度 F 値が高いほど小さくなっている．この理由を説明せよ．

9.13 問図 9.7 に示す筋かい材が取り付いた高力ボルト接合部について，筋かい材（SN400B）が短期許容引張応力度に達するまで，高力ボルトが安全となるように設計する．筋かい材の断面は □–100 × 100 × 3.2，ボルト本数は $n = 4$ 本とする．また，筋かい材とガセットプレートは溶接接合とするが，今回は検定しなくてよい．次の問いに答えよ．

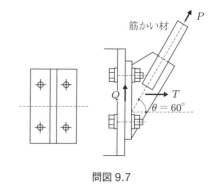

問図 9.7

(1) 筋かい材の許容引張力を求めよ．

(2) 1 本の高力ボルトに作用する引張応力度，せん断応力度を各ボルト軸径に対して求めよ．

(3) 問 (1) の許容引張力に対して安全となるように高力ボルトを設計せよ．

9.14 問図 9.8 は，鉄骨ラーメン骨組の柱と梁の一部である．冷間成形角形鋼管柱（□–400 × 400 × 19，ダイアフラム 22 mm，BCP295）に H 形鋼梁（H–600 × 200 × 11 × 17，スカラップ 25 mm，SN400B）が長期荷重として中央集中荷重 P $(= 280\,\text{kN})$ を受けるとき，長期許容応力度設計を行う．次の問いに答えよ．ただし，柱および梁断面は変更しないものとする．

(1) フランジ，ウェブの幅厚比が幅厚比制限値以内であることを確認せよ．

(2) 荷重 P により生じる曲げ応力度について検定せよ．検定比が 1.0 を超える場合，どのようにすれば，検定比が 1.0 以下になるか検討せよ．

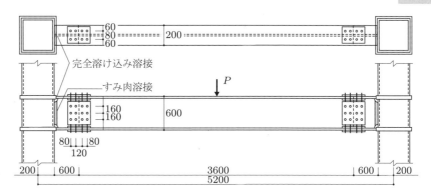

問図 9.8

(3) 柱梁接合部（フランジ：完全溶け込み溶接，ウェブ：すみ肉溶接）において溶接サイズをできるだけ大きくしたとき，荷重 P により生じる応力度に対して検定せよ．

(4) 梁継手（フランジ，ウェブ：高力ボルト摩擦接合で F10T を使用する）において，ボルト本数をフランジ 4×2，ウェブ 4×3 とし，フランジとウェブで同じ径のボルトを使用するとき，荷重 P により生じる応力に対して適切なボルト径を表 9.8（p. 161）から選定せよ．また，母材（梁）および添板について検定せよ．なお，添板は上フランジ側で 200 mm × 12 mm，下フランジ側で 80 mm × 12 mm を 2 枚，ウェブで 480 mm × 9 mm を 2 枚とし，母材と同じ鋼種とする．

9

構造設計

演習問題解答

第1章

1.1 表 1.1 に示すように，鋼の密度はコンクリートの 3 倍である一方，剛性・圧縮強度は 10 倍，引張強度は 100 倍程度である．そのため，圧縮時の比強度は 3 倍程度，引張時は 30 倍程度となる．さらに，鋼は材料的に安定しており，薄板および細長い部材を加工することが可能である（仮にコンクリートが鋼と同じ比強度であったとしても，薄板および細長い部材を加工することは難しい）．そのため，同規模の RC 構造の建築物に比べて，単位重量は半分程度になることから，より高層なもしくは大スパンの建築物を建設することができる．

第2章

2.1 工場などは，その用途から大空間を確保する必要があり，かつ搬入出口を確保するために，1 方向に広い間口が必要となることから，梁間方向をラーメン構造とする．一方で，事務所ビルなどと異なり，桁行方向には人の出入りができる扉および換気用の窓が確保されていればよいことから，経済性が高く，少ない重量で強度を確保できる筋かい構造が用いられる．

第3章

3.1 表 3.2 に示すように，SS 材は降伏点（引張強さ）の下限値は定められているものの，降伏比や降伏点の上限値が規定されていない．また，炭素量の上限値やシャルピー値も規定されていないことから，溶接には適さない．

一方，SN 材 B 種は降伏比や降伏点の上限値および溶接性能を確保するために必要とされる炭素量の上限値やシャルピー値，不純物であるリン（P）・硫黄（S）の上限値，溶接性能に対する影響度の指標である炭素等量 C_{eq}（式 (3.4)）が規定されており，優れた溶接性能を有する．

そのため，柱に溶接される梁の一部（ブラケット）は，SN400B 材であれば製作できるが，SS400 材では製作できない．そして，SS400 材には降伏点の上限値が規定されていないことから，鋼材の降伏応力度 σ_y と基準強度 F が大きく異なる可能性がある．そのため，実際の梁の曲げ耐力（$\sigma_y \cdot Z_p$）が設計時に想定した梁の曲げ耐力（$F \cdot Z_p$）よりも高くなると，柱で先に塑性ヒンジを形成し，図 2.10 (b) のような柱崩壊を生じる危険があることから，現在では SS400 材が大梁に用いられることはない．

なお，SN 材が開発される以前は，SS 材に比べて溶接性能に優れた SM 材がブラケットに用いられていたものの，降伏点の上限値が規定されておらず，実際には，設計時に想

定した崩壊形と異なる可能性があることから，現在では SN 材が用いられている．

　　ダイアフラム溶接時に板厚方向に大きな引張応力が作用し，板厚方向に変形（伸縮）することから，板厚方向にも力学特性（塑性変形）に対して制限値を設けている SN400C が用いられる．

3.2　1995 年の兵庫県南部地震では多くの鋼構造部材で脆性破壊を生じ，建築物が倒壊した．そのため，塑性変形能力が期待される大梁や柱に適用されるこれらの鋼材については，脆性破壊防止のためにシャルピー吸収エネルギーに関する規定が設けられている．

第 5 章

5.1　(1)　**解図 5.1** のとおり．節点を押している矢印は圧縮，節点を引いている矢印は引張を表す．

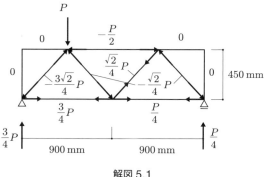

解図 5.1

(2)　式 (5.14) より，

$$\Lambda = \pi \sqrt{\frac{E}{0.6\sigma_y}} = \pi \sqrt{\frac{2.05 \times 10^5}{0.6 \times 235}} = 120$$

(3)　弦材および斜材の細長比 λ_1，λ_2 を求める．

弦材：

　　断面積 $A_1 = 2640 \, \text{mm}^2$，断面二次モーメント $I_1 = 1.06 \times 10^5 \, \text{mm}^4$ より，断面二次半径は $i_1 = \sqrt{\dfrac{I_1}{A_1}} = \sqrt{\dfrac{1.06 \times 10^5}{2.64 \times 10^3}} = 6.34 \, \text{mm}$ となる．よって，$\lambda_1 = \dfrac{2l}{i_1} = 142$ となる．

斜材：

　　断面積 $A_2 = 2280 \, \text{mm}^2$，断面二次モーメント $I_2 = 6.86 \times 10^4 \, \text{mm}^4$ より，断面二次半径は $i_2 = \sqrt{\dfrac{I_2}{A_2}} = \sqrt{\dfrac{6.86 \times 10^4}{2.28 \times 10^3}} = 5.49 \, \text{mm}$ となる．よって，$\lambda_2 = \dfrac{\sqrt{2}l}{i_2} = 116$ となる．

　　弦材は $\lambda_1 > \Lambda$，斜材は $\lambda_2 < \Lambda$ であることから，弦材の曲げ座屈応力度は式 (5.11) より，斜材の曲げ座屈応力度は式 (5.15) より求められる．

$$弦材：\sigma_{\text{cr},c1} = \frac{\pi^2 E}{\lambda_1^2} = \frac{\pi^2 \times 2.05 \times 10^5}{142^2} = 100 \, \text{N/mm}^2$$

$$\text{斜材}：\sigma_{cr,c2} = \left\{1 - 0.4\left(\frac{\lambda_2}{\Lambda}\right)^2\right\}\sigma_y = \left\{1 - 0.4\left(\frac{116}{120}\right)^2\right\} \times 235$$
$$= 147 \text{ N/mm}^2$$

(4)　圧縮応力が作用している部材は，弦材が部材 CE，斜材が部材 BC，部材 CD，部材 EF である．斜材は同じ断面および長さであることから，もっとも応力が大きい部材 BC で曲げ座屈を生じる．そのため，弦材 CE と斜材 BC のどちらかで最初に曲げ座屈を生じることになる．問 (3) で求めた曲げ座屈応力度に断面積を乗じ，座屈荷重を求める．

$$\text{弦材}：P_{cr1} = \sigma_{cr,c1} \cdot A_1 = 100 \times 2640 = 2.64 \times 10^5 \text{ N}$$
$$\text{斜材}：P_{cr2} = \sigma_{cr,c2} \cdot A_2 = 147 \times 2280 = 3.35 \times 10^5 \text{ N}$$

問 (1) で求めた各部材の応力に P_{cr1}，P_{cr2} を代入すると，曲げ座屈するときの鉛直荷重 P が求められる．

$$\text{弦材}：P_{cr1} = \left|-\frac{P}{2}\right| \text{ より，} P = 2P_{cr1} = 5.28 \times 10^5 \text{ N}$$
$$\text{斜材}：P_{cr2} = \left|-\frac{3\sqrt{2}}{4}P\right| \text{ より，} P = \frac{4}{3\sqrt{2}}P_{cr2} = 3.16 \times 10^5 \text{ N}$$

よって，斜材の曲げ座屈時の P が小さいことから，最初に曲げ座屈を生じるのは部材 BC で，そのときの鉛直荷重は $P_{cr} = 3.16 \times 10^5$ N となる．

(5)　引張応力が作用している部材は，弦材が部材 BD，部材 DF，斜材が部材 DE である．弦材は同じ断面および長さであることから，応力が大きい部材 BD で最初に引張降伏を生じる．そのため，弦材 BD と斜材 DE のどちらかで最初に降伏を生じることになる．問 (4) と同様に

$$\text{弦材}：P_{y1} = \frac{3}{4}P \text{ より，} P = \frac{4}{3}P_{y1} = \frac{4}{3} \times 2640 \times 235 = 8.27 \times 10^5 \text{ N}$$
$$\text{斜材}：P_{y2} = \frac{\sqrt{2}}{4}P \text{ より，} P = \frac{4}{\sqrt{2}}P_{y1} = \frac{4}{\sqrt{2}} \times 2280 \times 235 = 1.52 \times 10^6 \text{ N}$$

となり，弦材の降伏時の P が小さい．しかし，この値は，問 (4) で求めた斜材座屈時の鉛直荷重 P_{cr} よりも大きいことから，最初に生じるのは部材 BC での曲げ座屈で，そのときの鉛直荷重は $P_{max} = 3.16 \times 10^5$ N となる．

5.2　(1)　例題 5.2 と同様，支点補剛は弱軸回りの座屈変形に対してのみであり，強軸回りにはされていないことから，強軸回り，弱軸回りそれぞれについて座屈応力度 σ_{cr} を求める．最初に，共通の係数について求める．

$$\text{断面積}：A = 2.01 \times 10^3 \text{ mm}^2$$
$$\text{限界細長比：式 (5.14) より，} \Lambda = \pi\sqrt{\frac{E}{0.6\sigma_y}} = \pi\sqrt{\frac{2.05 \times 10^5}{0.6 \times 235}} = 120$$

次に，それぞれの軸回りについて諸元を求める．

強軸回り（x 軸回り）：
　圧縮材の上端はピン支持，下端は固定支持となることから，表 5.1 より座屈長さ係数 $k = 0.7$ となる．

$$断面二次モーメント：I_x = 1.76 \times 10^7 \text{ mm}^4$$

$$断面二次半径：i_x = \sqrt{\frac{I_x}{A}} = \sqrt{\frac{1.76 \times 10^7}{2.61 \times 10^3}} = 82.1 \text{ mm}$$

$$細長比：\lambda_x = \frac{kl}{i_x} = \frac{0.7 \times 8500}{82.1} = 72.5$$

$\lambda_x < \Lambda$ より，式 (5.15) を用いる．

$$\sigma_{\text{cr},cx} = \left\{ 1 - 0.4 \left(\frac{\lambda_x}{\Lambda} \right)^2 \right\} \sigma_y = \left\{ 1 - 0.4 \left(\frac{72.5}{120} \right)^2 \right\} \times 235 = 201 \text{ N/mm}^2$$

弱軸回り（y 軸回り）：

　　最初に，最適補剛位置 z を求める．圧縮材の上端はピン支持，下端は固定支持，横補剛位置はピン支持となることから，表 5.1 より

　　　　圧縮材上部（x）：両端ピン支持で座屈長さ係数 $k = 1.0$

　　　　圧縮材下部（$l - x$）：上端ピン支持，下端固定支持で座屈長さ係数 $k = 0.7$

となる．そのため，圧縮材上部と圧縮材下部の長さの比が $0.7 : 1$ となるとき，両者の座屈応力度は等しくなる．

$$z = \frac{8500}{1 + 0.7} \times 0.7 = 3500 \text{ mm}$$

$$断面二次モーメント：I_y = 1.34 \times 10^6 \text{ mm}^4$$

$$断面二次半径：i_y = \sqrt{\frac{I_y}{A}} = \sqrt{\frac{1.34 \times 10^6}{2.61 \times 10^3}} = 22.7 \text{ mm}$$

$$細長比：\lambda_y = \frac{l}{i_y} = \frac{3500}{22.7} = 154$$

$\lambda_y > \Lambda$ より，式 (5.11) を用いる．

$$\sigma_{\text{cr},cy} = \frac{\pi^2 E}{\lambda_y^2} = \frac{\pi^2 \times 2.05 \times 10^5}{154^2} = 85.3 \text{ N/mm}^2$$

　　強軸回り，弱軸回りの座屈応力度のうち，小さいほうが圧縮材の座屈応力度となることから

$$\sigma_{\text{cr},c} = 85.3 \text{ N/mm}^2$$

となる．

(2)　補剛剛性は，式 (5.18) より

$$k_b = 2 \times \frac{P_{\text{cr}2}}{z} = 2 \times \frac{\sigma_{\text{cr},c} A}{z} = 2 \times \frac{85.3 \times 2.61 \times 10^3}{3500} = 127 \text{ N/mm}$$

補剛力は，式 (5.19) より

$$R_b = 0.02 \sigma_{\text{cr},c} A = 0.02 \times 85.3 \times 2.61 \times 10^3 = 4.45 \times 10^3 \text{ N}$$

となる．

第6章

6.1 問 (1), (2) のいずれの場合も，式 (6.29) を用いて横座屈モーメントを算定することから，各物理量を最初に求めておく．

$$\text{梁の弱軸回りの断面二次モーメント}: I_y = 2.14 \times 10^7 \text{ mm}^4$$
$$\text{ねじり定数}: J_T = 7.02 \times 10^5 \text{ mm}^4$$
$$\text{曲げねじり定数}: I_w = 1.25 \times 10^{12} \text{ mm}^6$$
$$\text{断面係数}: Z_x = 1.84 \times 10^6 \text{ mm}^3$$

(1) モーメント修正係数は，両端で曲げモーメントが 0，梁中央で最大となっていることから，図 6.19 より $C = 1.0$ となる．横座屈長さは梁端なので $l_b = 20$ m である．これらを式 (6.29) に代入すると，

$$M_{cr} = \left\{ \frac{\pi^4 \times (2.05 \times 10^5)^2 \times 2.14 \times 10^7 \times 1.25 \times 10^{12}}{(20 \times 10^3)^4} \right.$$
$$\left. + \frac{\pi^2 \times 2.05 \times 10^5 \times 2.14 \times 10^7 \times 7.80 \times 10^4 \times 7.02 \times 10^5}{(20 \times 10^3)^2} \right\}^{1/2}$$
$$= 8.13 \times 10^7 \text{ Nmm} = 81.3 \text{ kNm}$$

となる．横座屈応力度は，式 (6.36) のように M_{cr}/Z_x で求められることから，上で求めた M_{cr} と Z_x を代入することで求められる．

$$\sigma_{cr,b} = \frac{8.13 \times 10^7}{1.84 \times 10^6} = 44.2 \text{ N/mm}^2$$

横座屈時の鉛直荷重 P と横座屈モーメントの関係は，**解図 6.1** (a) より

$$P_{cr} = \frac{M_{cr}}{0.35l} = \frac{81.3 \text{ kNm}}{0.35 \times 20 \text{ m}} = 11.6 \text{ kN}$$

となる．

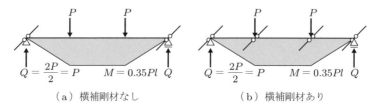

（a）横補剛材なし   （b）横補剛材あり

解図 6.1

(2) 補剛区間が 3 か所ある．梁端側の横座屈長さ $l_b = 0.35l$，梁中央側の横座屈長さ $l_b = 0.3l$ である．梁端側，梁中央側のモーメント修正係数は，それぞれ式 (6.30) より次のように求められる．

$$\text{梁端側}: C = 1.75 + 1.05 \times 0 + 0.3 \times 0^2 = 1.75$$
$$\text{梁中央側}: C = 1.75 + 1.05 \times (-1) + 0.3 \times (-1)^2 = 1$$

横座屈長さは梁端側で $l_b = 0.35l = 7$ m，梁中央側で $l_b = 0.3l = 6$ m である．これらを式 (6.29) に代入すると，

梁端側：

$$M_{\mathrm{cr}} = 1.75 \left\{ \frac{\pi^4 \times (2.05 \times 10^5)^2 \times 2.14 \times 10^7 \times 1.25 \times 10^{12}}{(7 \times 10^3)^4} \right.$$

$$\left. + \frac{\pi^2 \times 2.05 \times 10^5 \times 2.14 \times 10^7 \times 7.80 \times 10^4 \times 7.02 \times 10^5}{(7 \times 10^3)^2} \right\}^{1/2}$$

$$= 5.37 \times 10^8 \ \mathrm{Nmm} = 537 \ \mathrm{kNm}$$

梁中央側：

$$M_{\mathrm{cr}} = \left\{ \frac{\pi^4 \times (2.05 \times 10^5)^2 \times 2.14 \times 10^7 \times 1.25 \times 10^{12}}{(6 \times 10^3)^4} \right.$$

$$\left. + \frac{\pi^2 \times 2.05 \times 10^5 \times 2.14 \times 10^7 \times 7.80 \times 10^5 \times 7.02 \times 10^5}{(6 \times 10^3)^2} \right\}^{1/2}$$

$$= 3.88 \times 10^8 \ \mathrm{Nmm} = 388 \ \mathrm{kNm}$$

となる．横座屈応力度は，次式より求められる．

$$\text{梁端側：} \sigma_{\mathrm{cr},b} = \frac{5.37 \times 10^8}{1.84 \times 10^6} = 292 \ \mathrm{N/mm^2}$$

$$\text{梁中央側：} \sigma_{\mathrm{cr},b} = \frac{3.88 \times 10^8}{1.84 \times 10^6} = 211 \ \mathrm{N/mm^2}$$

以上より，梁中央側の横座屈応力度が小さいことから，梁中央側で横座屈を生じ，横座屈応力度は $\sigma_{\mathrm{cr},b} = 211 \ \mathrm{N/mm^2}$ となる．

そのため，横座屈時の鉛直荷重 P_{cr} は横座屈応力度（横座屈モーメント）が小さい梁中央側の値となる．横座屈時の鉛直荷重 P と横座屈モーメント M_b の関係は，解図6.1 (b) より

$$P_{\mathrm{cr}} = \frac{M_{\mathrm{cr}}}{0.35l} = \frac{388 \ \mathrm{kNm}}{0.35 \times 20 \ \mathrm{m}} = 55.4 \ \mathrm{kN}$$

となる．

第7章

7.1　(1)　圧縮と曲げを受ける板の弾性座屈応力度が最大となる場合とは，7.1.5 項の式 (7.9) の k_1 が最大となる場合である．つまり，「式中の α が最大となる」＝「式 (7.10) の $\sigma_{\min}/\sigma_{\max}$ が最小となる」場合である．そして，引張応力が作用しない場合であることから，式 (7.10) の $\sigma_{\min}/\sigma_{\max}$ が最小となるのは 0 のときであり，

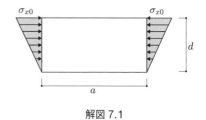

解図7.1

解図7.1 に示す応力状態である．そのため，曲げによる引張応力位置（板下端部）で次式が成り立つ場合となる．

$$\frac{M}{Z} - \frac{N}{A} = 0$$

上式に断面係数 $Z = td^2/6$，断面積 $A = dt$ を代入すると，$N = 6M/d$ となる．

(2) 軸力と曲げを受ける板の弾性座屈応力度で，問 (1) より式 (7.10) の $\sigma_{\min}/\sigma_{\max} = 0$ となることから，$\alpha = 1$ となる．これを式 (7.9) に代入すると

$$k_1 = \alpha^3 + 3\alpha^2 + 4 = 8$$

となる．弾性座屈応力度は，式 (7.6) より

$$\sigma_{\mathrm{cr},l} = k_1 \frac{E}{12(1-\nu^2)}\left(\frac{t}{d}\right)^2 = 8 \times \frac{2.05 \times 10^5}{12(1-0.3^2)}\left(\frac{4.5}{400}\right)^2 = 19.0 \ \mathrm{N/mm^2}$$

となる．

第 9 章

9.1 床の構造計算をする場合は，表 9.2 にその床に積載できる荷重の最大値を示している．一方，地震力を計算する場合は，地震時に作用する水平力（層せん断力）を計算する際の積載荷重として，建築物の使用状況における平均的な値を設定している．そのため，床の構造計算をする場合が地震力を計算する場合よりも大きくなる．

9.2 (1) 各層のせん断力は式 (9.6) より求められる．

$$Q_i = C_i \sum_{j=i}^{n} w_j \tag{9.6a, 再掲}$$

$$C_i = Z \cdot R_t \cdot A_i \cdot C_0 \tag{9.6b, 再掲}$$

建築物の一次固有周期 T：
　鋼構造なので，式 (9.10) の $\alpha = 1.0$，階高は 1 階で 9 m，2，3 階で 7.5 m の 3 階建てなので，$h = 24$ m より

$$T = 0.03h = 0.72 \ [秒]$$

となる．

振動特性係数 R_t：
　第二種地盤なので $T_c = 0.6$，建築物の一次固有周期 $T = 0.72$ 秒より，式 (9.8) から

$$R_t = 1 - 0.2\left(\frac{T}{T_c} - 1\right)^2 = 1 - 0.2 \times \left(\frac{0.72}{0.6} - 1\right)^2 = 0.992$$

となる．

層せん断力係数の高さ方向の分布係数 A_i：
　A_i は式 (9.11) より求められる．

$$A_i = 1 + \left(\frac{1}{\sqrt{\alpha_i}} - \alpha_i\right)\frac{2T}{1+3T} \tag{9.11, 再掲}$$

建物の一次固有周期 $T = 0.72$ であり，α_i は式 (9.12) より次のように求められる．

$$\alpha_1 = \frac{\sum_{j=1}^{3} w_j}{\sum_{j=1}^{3} w_j} = \frac{2700 \ \mathrm{kN} + 2400 \ \mathrm{kN} \times 2}{2700 \ \mathrm{kN} + 2400 \ \mathrm{kN} \times 2} = 1.00$$

$$\alpha_2 = \frac{\sum_{j=2}^{3} w_j}{\sum_{j=1}^{3} w_j} = \frac{2700 \ \mathrm{kN} + 2400 \ \mathrm{kN}}{2700 \ \mathrm{kN} + 2400 \ \mathrm{kN} \times 2} = 0.680$$

$$\alpha_3 = \frac{\sum_{j=3}^{3} w_j}{\sum_{j=1}^{3} w_j} = \frac{2700 \text{ kN}}{2700 \text{ kN} + 2400 \text{ kN} \times 2} = 0.360$$

これらの α_i と T を式 (9.11) に代入すると

$$A_1 = 1.0, \quad A_2 = 1.24, \quad A_3 = 1.60$$

となる.

標準層せん断力係数 C_0：

$$C_0 = 0.2$$

層せん断力係数 C_i：

Z と上記で求めた R_t, A_i, C_0 を式 (9.6b) に代入すると

$$C_1 = 0.179, \quad C_2 = 0.221, \quad C_3 = 0.286$$

となる.

層せん断力 Q_i：式 (9.6a) より

$$Q_1 = 1.34 \times 10^3, \quad Q_2 = 1.13 \times 10^3, \quad Q_3 = 7.72 \times 10^2 \text{ [kN]}$$

(2)　両者で建物高さが等しいことから，固有周期 T，振動特性係数 R_t が等しく，Z および構造物の総重量も両者で等しい.

①そのため，C_1 も等しく，最下層の層せん断力（ベースシア）Q_1 は等しいものの，各階の重量が異なることから，2，3 層では α_i が異なるため，同一階での C_i も異なる.

②本問題の C_2，C_3（さらにいえば A_2，A_3）と例題 9.1 の C_3，C_5（A_3，A_5）は等しいことから，本問題の Q_2，Q_3 と例題 9.1 の Q_3，Q_5 は等しい．すなわち，総重量が等しく，当該階以上の重量が等しいので，α_i は同じ値となる．そして，T が等しいことから，A_i も等しい．さらに，R_t，Z も等しいことから，C_i も等しくなる.

つまり，同じ地盤条件にある建物については，形状（階数や平面形状）によらず，高さや重量が等しければ，最下層の層せん断力は等しく，当該階以上の重量が等しければ，それ以外の層せん断力も等しくなる.

9.3　降伏比は Y.R. $= F/F_u$ として求められることから，F 値および F_u 値が等しい SN400，SS400，SM400 材の降伏比は等しく，**解表 9.1** のようにまとめられる.

　9.3 節では「設計時に用いる基準強度は，JIS で規定された降伏応力度の下限値と引張強さの下限値の 70% のうち，小さいほうの値を採用する」としている．降伏比が 0.7 以

解表 9.1

鋼種	SN400 SS400 SM400 など	SN490 SM490 など	SS490	SS540	SM520
F	235	325	275	375	355
F_u	400	490	490	540	520
Y.R.	0.59	0.66	0.56	0.69	0.68

下の場合，F 値は $0.7F_u$ よりも小さいことから，解表 9.1 に示す鋼材は降伏応力度の下限値により定まることがわかる．

9.4 (1) 最初に細長比を求める．

帯板形式の細長比 λ_1 は素材の細長比であることから，溝形鋼 1 本の y 軸回りの細長比を求める．

$$i_1 = \sqrt{\frac{I_y}{A}} = \sqrt{\frac{2.6 \times 10^5}{1.19 \times 10^3}} = 14.8$$

$$\lambda_1 = \frac{l_1}{i_1} = \frac{500}{14.8} = 33.8$$

つづり材全体の y 軸回りの細長比 λ_{ye} は，式 (5.23) より次のように求められる．e は問図 (b) より重心位置 C_y の 2 倍と，はさみ板厚 9 mm の和である．

$$e = 15.4 \times 2 + 9 = 39.8$$

$$i_y = \sqrt{\frac{2\{A(e/2)^2 + I_y\}}{2A}} = \sqrt{\left(\frac{e}{2}\right)^2 + \frac{I_y}{A}} = \sqrt{\left(\frac{e}{2}\right)^2 + i_1^2}$$

$$= \sqrt{19.9^2 + 14.8^2} = 24.8$$

$$\lambda_{ye} = \sqrt{\lambda_y^2 + \frac{m}{2}\lambda_1^2} = \sqrt{\left(\frac{l}{i_y}\right)^2 + \frac{m}{2}\lambda_1^2} = \sqrt{\left(\frac{4000}{24.8}\right)^2 + \frac{2}{2} \times 33.8^2} = 165$$

つづり材全体の x 軸回りの細長比は，次のように求められる．

$$i_x = \sqrt{\frac{2 \times 1.88 \times 10^6}{2 \times 1.19 \times 10^3}} = 39.7$$

$$\lambda_x = \frac{4000}{39.7} = 101$$

$\lambda_x < \lambda_{ye}$ より，非充腹軸方向（y 軸回り）に座屈することがわかる．

鋼種は SN400A より $F = 235$ N/mm^2 であることから，限界細長比 Λ は式 (9.19) より

$$\Lambda = \pi\sqrt{\frac{E}{0.6F}} = \pi\sqrt{\frac{2.05 \times 10^5}{0.6 \times 235}} = 120$$

となる．

$\lambda_{ye} > \Lambda$ より，長期許容曲げ応力度 f_c の算出には式 (9.18) を用いる．

$$f_c = \frac{0.277}{(\lambda/\Lambda)^2}F = \frac{0.277}{(165/120)^2} \times 235 = 34.4 \text{ N/mm}^2$$

よって，長期許容圧縮力は二つの溝形鋼の断面積を上で求めた f_c に乗じることで次のように求められる．

$$N_c = 2A \cdot f_c = 2 \times 1.19 \times 10^3 \times 34.4 = 8.19 \times 10^4 \text{ N} = 81.9 \text{ kN}$$

(2) つづり材に作用するせん断力は，式 (5.27) より求められる．

$$Q_k = 0.02 \times 8.19 \times 10^4 = 1.64 \times 10^3 \text{ N} = 1.64 \text{ kN}$$

はさみ板に作用するせん断力は，式 (5.29) に上式で求めた Q_k を代入することで求められる．

$$Q_b = \frac{Q_k l_1}{ne} = \frac{1.64 \times 10^3 \times 500}{1 \times 39.8} = 2.06 \times 10^4 \text{ N} = 20.6 \text{ kN}$$

1 面せん断摩擦であることから，上記の値を上回る許容せん断耐力は表 9.8 より M16 （30.2 kN）を選べばよい．

9.5 (1)　最初に **解図 9.1** に示すような破断線を仮定し，板厚の薄い 16 mm の添板について有効断面積を求める．破断線は下記の 5 本となる．

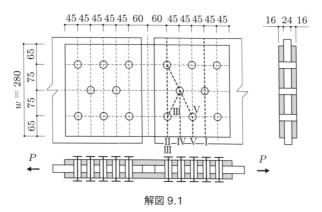

解図 9.1

破断線 I：

ボルト孔が一つであることから，$\alpha = 1.0$ となり，式 (4.3) より

$$A_e = A_0 - \sum \alpha dt = 280 \times 16 - 1.0 \times 25 \times 16 = 4080 \text{ mm}^2$$

破断線 II：

ボルト孔が二つであるが，並列であることから $\alpha = 1.0$ となり，式 (4.3) より

$$A_e = A_0 - \sum \alpha dt = 280 \times 16 - 2 \times 1.0 \times 25 \times 16 = 3680 \text{ mm}^2$$

破断線 III：

ボルト孔が三つである．第 1 ボルトは右から 5 列目，上から 1 行目で $\alpha = 1.0$ となる．

第 2 ボルトは右から 4 列目，上から 2 行目のボルトであるから $g = 75$，$b = 45$ となる．$b/g = 45/75 = 0.6$ を式 (4.4) に代入すると，$\alpha = 0.9$ となる．

また，第 3 ボルトは右から 5 列目，上から 3 行目のボルトであることから，第 2 ボルトと同様，$g = 75$，$b = 45$ となるので，$\alpha = 0.9$ となる．よって，式 (4.3) より

$$A_e = A_0 - \sum \alpha dt = 280 \times 16 - (1.0 + 2 \times 0.9) \times 25 \times 16 = 3360 \text{ mm}^2$$

破断線 IV：

ボルト孔が二つである．

第 1 ボルトは右から 5 列目，上から 1 行目で，$\alpha = 1.0$ となる．

第 2 ボルトは右から 4 列目，上から 2 行目のボルトであるから $g = 75$，$b = 45$ となるので，$\alpha = 0.9$ となる．よって，式 (4.3) より

$$A_e = A_0 - \sum \alpha dt = 280 \times 16 - (1.0 + 0.9) \times 25 \times 16 = 3720 \text{ mm}^2$$

破断線 V：

ボルト孔が三つである.

第 1 ボルトは右から 5 列目，上から 1 行目で $\alpha = 1.0$ となる.

第 2 ボルトは右から 4 列目，上から 2 行目のボルトであるから $g = 75$，$b = 45$ となるので，$\alpha = 0.9$ となる.

また，第 3 ボルトは右から 3 列目，上から 3 行目のボルトであることから第 2 ボルトと同様に $g = 75$，$b = 45$ となるので，$\alpha = 0.9$ となる. よって，式 (4.3) より

$$A_e = A_0 - \sum \alpha dt = 280 \times 16 - (1.0 + 2 \times 0.9) \times 25 \times 16 = 3360 \text{ mm}^2$$

以上より，破断線 III もしくは V の場合が最小断面積となることから，これに SN400 材の長期許容引張応力度 $f_t = F/1.5 = 235/1.5 = 156.7 \fallingdotseq 156 \text{ N/mm}^2$ を乗じると $P_t = 3360 \times 156 = 5.24 \times 10^5 \text{ N} = 524 \text{ kN}$ となる. 9.3.1 項（p. 152）で説明したように，許容応力度は安全側となるように，有効数字 4 桁目を切り捨てる.

なお，母材についての最小断面積を求めると，添え板と同様に破断線は III もしくは V であり，板厚を 16 mm から 24 mm とすることで，次のように求められる.

$$A_e = A_0 - \sum \alpha dt = 280 \times 24 - (1.0 + 2 \times 0.9) \times 25 \times 24 = 5040 \text{ mm}^2$$

これに長期許容引張応力度 $f_t = 156 \text{ N/mm}^2$ を乗じると，$P_t = 5040 \times 156 = 7.86 \times 10^5 \text{ N} = 786 \text{ kN}$ となる.

(2) 解図 9.1 の接合は 2 面せん断であることから，表 8.4 より，M24 の普通ボルト（強度区分 4.6，4.8）なので長期許容せん断力は 65.2 kN である. これにボルト本数の 8 を乗じると，$P_t = 521.6 \text{ kN} \fallingdotseq 521 \text{ kN}$ となる.

一方，この接合部における鋼板の長期許容引張耐力を考えるとき，母材（$t = 24 \text{ mm}$）もしくは添板（この場合は 2 枚なので $t = 16 \times 2 = 32 \text{ mm}$）のうち，小さいほうの値を用いることになる. そのため，添板 2 枚の合計よりも母材の板厚のほうが薄いことから，問 (1) で求めた母材の長期許容引張耐力（$P_t = 786 \text{ kN}$）と比較すると，普通ボルトの長期せん断力（$P_t = 521 \text{ kN}$）のほうが小さい. よって，この接合部の長期許容引張耐力は $P_t = 521 \text{ kN}$ となる.

(3) 高力ボルト摩擦接合の長期許容せん断耐力は，式 (9.42) にボルト軸断面積を乗じることで求められる. ただし，ここでは表 9.8 の 2 面摩擦の許容せん断耐力 136 kN を用いる. これにボルト本数の 8 を乗じると

$$136 \times 8 = 1.09 \times 10^3 \text{ kN}$$

となり，問 (1) で求めた母材の長期許容引張耐力（$P_t = 786 \text{ kN}$）のほうが小さいことから，$P_t = 786 \text{ kN}$ がこの接合部の長期許容引張耐力となる.

なお，母材および添板の形状を変えずに高力ボルトの性能を発揮させるには（接合部の耐力を向上させるには），たとえば，これらの鋼板を SN400 から SN490（$f_t = 216$ N/mm²）に変えればよい. このとき部材の長期許容引張耐力は

$$P_t = 5040 \times 216 = 1.09 \times 10^6 \text{ N} = 1.09 \times 10^3 \text{ kN}$$

となる.

9.6 最初に，(a)，(b) で共通である有効のど厚 a を求めると，

$$a = 0.7S = 0.7 \times 16 = 11.2 \text{ mm}$$

となる．

(a) の場合：

有効長さ l_e は側面すみ肉溶接の場合，始端と終端ですみ肉溶接サイズ S だけ差し引いた長さである．そこで，

$$l_e = 270 - 2 \times 16 = 238 \text{ mm}$$

となる．次に，有効断面積 A_e は (有効のど厚 a) × (有効長さ l_e) であることから

$$A_e = a \cdot l_e = 11.2 \times 238 = 2.67 \times 10^3 \text{ mm}^2$$

となる．長期許容せん断応力度 f_s は表 9.5 に示すとおりである．溶接金属は母材と同等以上の強度を選択することになるが，耐力を算定する場合，母材と等しい値を用いることから

$$f_s = \frac{F}{1.5\sqrt{3}} = \frac{235}{1.5\sqrt{3}} = 90.4 \text{ N/mm}^2$$

となる．これらを乗じることで，すみ肉溶接 1 本分のせん断耐力が求められる．

$$Q_s = A_e \cdot f_s = 2.67 \times 10^3 \times 90.4 = 2.41 \times 10^5 \text{ N} = 241 \text{ kN}$$

この接合部のすみ肉溶接箇所は片側の上下の板で 2 か所ずつ，合計 4 か所あることから

$$P_t = 241 \times 4 = 964 \text{ kN}$$

となる．

(b) の場合：

有効長さ l_e には，始端と終端ですみ肉溶接サイズ S を差し引き，まわし溶接部分は有効長さに含めないことから

$$l_e = l_{e1} + l_{e2} = (270 - 16) \times 2 + 280 = 508 + 280 = 788 \text{ mm}$$

となる．なお，側面溶接と前面溶接で継目強度が異なることから（1.4 倍），有効長さをそれぞれ l_{e1}，l_{e2} と表記する．次に，有効断面積 A_e は

$$A_e = a \cdot l_{e1} + a \cdot l_{e2} = A_{e1} + A_{e2} = 11.2 \times 508 + 11.2 \times 280$$
$$= 5.69 \times 10^3 + 3.14 \times 10^3 = 8.83 \times 10^3 \text{ mm}^2$$

となる．有効断面積もそれぞれ A_{e1}，A_{e2} と表記する．これらを乗じることで，1 面のせん断耐力が求められる．

$$Q_s = A_{e1} \cdot f_s + 1.4 A_{e2} \cdot f_s = 5.69 \times 10^3 \times 90.4 + 1.4 \times 3.14 \times 10^3 \times 90.4$$
$$= 9.12 \times 10^5 \text{ N} = 912 \text{ kN}$$

この接合部は片側の板に 2 面ですみ肉溶接されていることから，

$$P_t = 912 \times 2 = 1824 \text{ kN}$$

となる．

添板および母材の長期許容引張耐力は

添板：$P_t = 280 \times 16 \times 156 \times 2 = 1.40 \times 10^6$ N $= 1400$ kN

母材：$P_t = 280 \times 24 \times 156 = 1.05 \times 10^6$ N $= 1050$ kN

となることから，この接合部の長期許容引張耐力 P_t は

(a) の場合：$P_t = 964$ kN　（溶接部）

(b) の場合：$P_t = 1050$ kN　（母材）

となる．

9.7　式 (9.17) の安全率 $\nu = \dfrac{3}{2} + \dfrac{2}{3}\left(\dfrac{\lambda}{\Lambda}\right)^2$ の適用範囲は，$\lambda \le \Lambda$ であることから，ν の最小値は $\lambda = 0$，ν の最大値は $\lambda = \Lambda$ となる．それぞれを代入すると，ν の範囲は $1.5 \le \nu \le 2.17$ となる．また，$\nu = 1.5$ となるのは $\lambda = 0$（座屈を生じない場合）となる．

9.8　基準強度 F 値を用いた限界細長比 Λ は式 (9.19) より求められる．

$$\Lambda = \pi\sqrt{\frac{E}{0.6F}} \tag{9.19，再掲}$$

F 値が等しい SN400，SS400，SM400 材の Λ は等しく，**解表 9.2** のようにまとめられる．ただし，ヤング係数を $E = 2.05 \times 10^5$ N/mm^2 としている．

解表 9.2

鋼種	SN400 SS400 SM400 など	SN490 SM490 など	SS490	SS540	SM520
F	235	325	275	375	355
Λ	120	102	111	94.8	97.5

9.9　共通点：

　　λ は l_b/i_y で梁の横座屈細長比と同様，座屈長さを断面半径で除したものである．幅厚比は細長比の座屈長さに相当するものが幅 d，断面二次半径に相当するものが板厚 t であり，いずれも無次元量となる．

　　相違点：

　　細長比には部材全断面の断面二次半径を用いるが，横座屈細長比には，圧縮フランジの断面二次半径を用いる．幅厚比は板厚であり，断面二次半径ではない．

9.10　(1)　許容曲げ応力度 f_b は式 (9.31) より求められることから，問図 9.5 の (a)〜(c) の場合について l_b を変数とした許容曲げ応力度曲線を描くために，f_{b1} と f_{b2} に関する係数を以下のように求める．

限界細長比：$\Lambda = \pi\sqrt{\dfrac{E}{0.6F}} = \pi\sqrt{\dfrac{2.05 \times 10^5}{0.6 \times 235}} = 120$

圧縮フランジの断面二次モーメント：$I_f = \dfrac{200^3 \times 17}{12} = 1.13 \times 10^7$ mm^4

圧縮フランジとウェブの 1/6 の断面積：

$$A_1 = 200 \times 17 + \frac{600 - 17 \times 2}{6} \times 11 = 4.44 \times 10^3 \text{ mm}^2$$

梁の横座屈に対する断面二次半径 $^*i_y$：

A_1, I_f より次式となる.

$$^*i_y = \sqrt{\frac{I_f}{A_1}} = 50.4 \text{ mm}$$

圧縮フランジの断面積：$A_f = 200 \times 17 = 3.40 \times 10^3 \text{ mm}^2$

モーメント修正係数 C は，式 (9.27) より問図 (a)〜(c) についてそれぞれ次のように求められる.

(a) 一様曲げ（等曲げモーメント）で M_1 と M_2 の大きさは等しいが，単曲率であることから，$M_2/M_1 = -1$ となる. よって

$$C = 1.75 + 1.05\left(\frac{M_2}{M_1}\right) + 0.3\left(\frac{M_2}{M_1}\right)^2$$
$$= 1.75 + 1.05 \times (-1) + 0.3 \times (-1)^2 = 1$$

(b) $M_2 = 0$ より $C = 1.75$

(c) M_1 と M_2 で曲げモーメントは逆向きであり，複曲率であることから $M_2/M_1 = 1$ となる. これを式 (9.27) に代入すると

$$C = 1.75 + 1.05 \times 1 + 0.3 \times 1^2 = 3.1$$

となる. ただし，$C \leq 2.3$ という条件があることから

$$C = 2.3$$

となる.

問図 (a)〜(c) の許容曲げ応力度は，次式を用いて**解図 9.2** のように描ける.

$$f_b = \min\{f_t, \max(f_{b1}, f_{b2})\} \tag{9.31, 再掲}$$
$$f_{b1} = \frac{F}{1.5}\left\{1.0 - 0.4\frac{(l_b/{}^*i_y)^2}{C\Lambda^2}\right\} = \left\{1.0 - 0.4\frac{(l_b/{}^*i_y)^2}{C\Lambda^2}\right\}f_t \tag{9.29, 再掲}$$
$$f_{b2} = \frac{1}{1.5}\frac{0.65E}{l_b h/A_f} = \frac{89000}{l_b h/A_f} \tag{9.30, 再掲}$$

(2) 式 (9.29), (9.30) に $l_b = 8$ m を代入することで求められるが，ここでは解図 9.2 から読み取ると，(a) 65 N/mm², (b) 95 N/mm², (c) 110 N/mm² である. ( ) の式番号がこの値が得られた式である. 上に凸となっている部分は式 (9.29) の f_{b1}, 下に凸となっている部分は式 (9.30) の f_{b2} であり，参考までに解図中に式 (9.31) で採用されている許容応力度（f_t, f_{b1}, f_{b2}）の範囲を示している.

なお，式から求めた場合，(a) 63.0 N/mm²（式 (9.30)），(b) 94.0 N/mm²（式 (9.29)），(c) 109 N/mm²（式 (9.29)）であり，ほぼ等しいことがわかる.

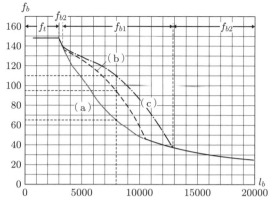

解図 9.2

9.11 最初に，問 (1)，(2) に共通する諸元を算出する．

基準強度 F 値は SN400B，BCP235 ともに $F = 235 \text{ N/mm}^2$ である．

限界細長比：$\Lambda = \pi \sqrt{\dfrac{E}{0.6F}} = \pi \sqrt{\dfrac{2.05 \times 10^5}{0.6 \times 235}} = 120$

モーメント修正係数 C：

式 (9.27) より

$$C = 1.75 + 1.05\left(\frac{M_2}{M_1}\right) + 0.3\left(\frac{M_2}{M_1}\right)^2$$
$$= 1.75 + 1.05 \times 0.5 + 0.3 \times 0.5^2 = 2.35 > 2.3$$

となる．

(1) 各諸元は下記のとおりである．

$$A = 9.81 \times 10^3 \text{ mm}^2, \quad I_x = 2.09 \times 10^8 \text{ mm}^4, \quad Z_x = 1.23 \times 10^6 \text{ mm}^3$$
$$I_y = 3.65 \times 10^7 \text{ mm}^4, \quad I_f = 1.82 \times 10^7 \text{ mm}^4, \quad A_1 = 3.97 \times 10^3 \text{ mm}^2$$

これらの値を用いると，下記のようになる．

$$i_y = \sqrt{\frac{3.65 \times 10^7}{9.81 \times 10^3}} = 61.0 \text{ mm}, \quad \lambda = \frac{7000}{61.0} = 115$$
$$\nu = \frac{3}{2} + \frac{2}{3}\left(\frac{115}{120}\right)^2 = 2.11$$
$${}^*i_y = \sqrt{\frac{1.82 \times 10^7}{3.97 \times 10^3}} = 67.7 \text{ mm}$$

次に，許容圧縮応力度，許容曲げ応力度を求める．

許容圧縮応力度：

$\lambda \leq \Lambda$ より，式 (9.17) を用いる．

$$f_c = \frac{F}{\nu}\left\{1.0 - 0.4\left(\frac{\lambda}{\Lambda}\right)^2\right\} = \frac{235}{2.11}\left\{1.0 - 0.4\left(\frac{115}{120}\right)^2\right\} = 70.5 \text{ N/mm}^2$$
$$1.5f_c = 106 \text{ N/mm}^2$$

許容曲げ応力度：

式 (9.29)～(9.31) より

$$f_{b1} = \frac{F}{1.5}\left\{1.0 - 0.4\frac{(l_b/{}^*i_y)^2}{C\Lambda^2}\right\} = \frac{235}{1.5}\left\{1.0 - 0.4\frac{(7000/67.7)^2}{2.3 \times 120^2}\right\}$$
$$= 136 \text{ N/mm}^2$$

$$f_{b2} = \frac{89000}{l_b h/A_f} = \frac{89000}{7000 \times 340/(250 \times 14)} = 131 \text{ N/mm}^2$$

また，$f_t\ (= F/1.5 = 156 \text{ N/mm}^2)$ より

$$f_b = \min\{f_t, \max(f_{b1}, f_{b2})\} = 136 \text{ N/mm}^2$$

よって

$$1.5f_b = 204 \text{ N/mm}^2$$

となる．次に，作用応力度を求める．

$$_c\sigma_b = \frac{M_1}{Z_x} = \frac{150 \times 10^6}{1.23 \times 10^6} = 122 \text{ N/mm}^2$$

$$\sigma_c = \frac{P}{A} = \frac{300 \times 10^3}{9.81 \times 10^3} = 30.6 \text{ N/mm}^2$$

よって，この柱の作用応力度に対する検定は次のようになる．

$$\frac{\sigma_c}{1.5f_c} + \frac{{}_c\sigma_b}{1.5f_b} = \frac{30.6}{106} + \frac{122}{204} = 0.887 \le 1$$

より OK となる．

(2)　各諸元は下記のとおりである．

$$A = 1.14 \times 10^4 \text{ mm}^2, \quad I = 1.08 \times 10^8 \text{ mm}^4, \quad Z_x = 8.65 \times 10^5 \text{ mm}^3$$

これらの値を用いると，下記のようになる．

$$i_y = \sqrt{\frac{1.08 \times 10^8}{1.14 \times 10^4}} = 97.3 \text{ mm}, \quad \lambda = \frac{7000}{97.3} = 71.9$$

$$\nu = \frac{3}{2} + \frac{2}{3}\left(\frac{71.9}{120}\right)^2 = 1.74$$

次に，許容圧縮応力度，許容曲げ応力度を求める．

許容圧縮応力度：

$\lambda \le \Lambda$ より，式 (9.17) を用いる．

$$f_c = \frac{F}{\nu}\left\{1.0 - 0.4\left(\frac{\lambda}{\Lambda}\right)^2\right\} = \frac{235}{1.74}\left\{1.0 - 0.4\left(\frac{71.9}{120}\right)^2\right\} = 116 \text{ N/mm}^2$$

$$1.5f_c = 174 \text{ N/mm}^2$$

許容曲げ応力度：

角形鋼柱は閉断面であり，横座屈を生じない．そのため，許容曲げ応力度は $f_b = f_t$ で，$1.5f_b = F = 235 \text{ N/mm}^2$ となる．

この柱の作用応力度は問 (1) と同様に，次のように求められる．

$$_c\sigma_b = \frac{M_1}{Z_x} = \frac{150 \times 10^6}{8.65 \times 10^5} = 173 \text{ N/mm}^2$$

$$\sigma_c = \frac{P}{A} = \frac{300 \times 10^3}{1.14 \times 10^4} = 26.3 \text{ N/mm}^2$$

よって，検定は

$$\frac{\sigma_c}{1.5f_c} + \frac{_c\sigma_b}{1.5f_b} = \frac{26.3}{174} + \frac{173}{235} = 0.887 \leq 1$$

より OK となる．

9.12 幅厚比制限値は，「一次設計時には弾性時に柱や梁のフランジ・ウェブが局部座屈を生じないように弾性座屈応力度を定めている」ことから，基準強度が大きくなると，基準強度まで局部座屈を生じさせないように，弾性座屈応力度も大きくしなければならない．そして，式 (7.6) に示す弾性座屈応力度において，板のヤング係数 E，ポアソン比 ν は材料に起因するものであり，鋼であれば定数となる．板の周辺の支持条件が同じ場合，座屈長さ係数 k_1 は等しいことから，弾性座屈応力度を大きくするためには幅厚比 d/t を小さくする必要があるためである．

9.13 (1) 断面積 $A_b = 1.24 \times 10^3 \text{ mm}^2$，短期許容引張応力度 $1.5f_t = F = 235 \text{ N/mm}^2$ より

$$P_y = A_b \times 1.5f_t = 2.91 \times 10^5 \text{ N}$$

(2) ボルト径を決めていないため，表 9.8 に示されている M16，M20，M22，M24 について確認する．また，筋かい材は水平方向から 60° の角度で取り付いているので，引張力 T，せん断力 Q は次のように求められる．

$$T = P_y \cdot \cos 60° = 1.46 \times 10^5 \text{ N}, \quad Q = P_y \cdot \sin 60° = 2.52 \times 10^5 \text{ N}$$

ボルト 1 本あたりに作用する引張応力度 σ_t，せん断応力度 τ は次式より求められ，**解表 9.3** のとおりとなる．

$$\sigma_t = \frac{T}{n \cdot A}, \quad \tau = \frac{Q}{n \cdot A}$$

A：ボルト軸断面積

解表 9.3

ボルト径	M16	M20	M22	M24
A [mm²]	201	314	380	452
σ_t [N/mm²]	182	116	96.1	80.8
τ [N/mm²]	313	201	166	139

解表 9.4

ボルト径	M16	M20	M22	M24
N_0 [kN]	106	165	205	238
$1.5f_{st}$ [N/mm²]	147	175	184	190
$\tau/1.5f_{st}$	2.13	1.15	0.90	0.73

(3) 引張応力が作用するときの許容せん断応力度 f_{st} は式 (9.44) で求められる．

式中の σ，A は解表 9.3 に示されている．f_s は長期許容応力度なので，表 9.7 を 1.5 倍とした値，設計ボルト張力 N_0 は表 9.8 の値で，**解表 9.4** に示すとおりである．よって，各ボルトの許容せん断応力度 $1.5f_{st}$ は解表に示す値となる．

　高力ボルトの検定は，解表 9.3 の τ と解表 9.4 の $1.5f_{st}$ の比として示される．よって，検定比 $\tau/1.5f_{st} \leq 1$ である M22，M24 の高力ボルトが安全となる．

9.14　(1)　板の局部座屈に対しては，フランジおよびウェブの幅厚比が制限値以内となっているかを確認する．フランジの幅厚比制限値は表 9.6 の「1 縁支持他縁自由の板要素」で，基準強度 $F = 235 \ \text{N/mm}^2$ の値 16 を用いる．

$$\frac{b}{t_f} = \frac{200/2}{17} = 5.88 \leq 16$$

　同様に，ウェブの幅厚比制限値は表 9.6 の「2 縁支持他縁自由の板要素」で基準強度 $F = 235 \ \text{N/mm}^2$ の値を用いるが，「梁のウェブ」であることから 71 となる．

$$\frac{d}{t_w} = \frac{600 - 2 \times 17}{11} = 51.5 \leq 71$$

(2)　許容曲げ応力度で設計する際，梁の横座屈に対して厳しい条件となるように梁長は柱芯長さを 5.2 m，支持条件は単純支持とする．
　次に，梁の諸元を求める．

$$\Lambda = \pi\sqrt{\frac{E}{0.6F}} = \pi\sqrt{\frac{2.05 \times 10^5}{0.6 \times 235}} = 120$$
$$I_{f1} = 1.13 \times 10^7 \ \text{mm}^4$$
$$A_1 = 4.44 \times 10^3 \ \text{mm}^2$$
$$Z = 2.48 \times 10^6 \ \text{mm}^3$$

よって

$$^*i_y = \sqrt{\frac{I_{f1}}{A_1}} = 50.4 \ \text{mm}$$

となる．また，図 6.19 (d) よりモーメント修正係数は $C = 1.0$ となる．
　よって

$$f_{b1} = \frac{F}{1.5}\left\{1.0 - 0.4\frac{(l_b/^*i_y)^2}{C\Lambda^2}\right\} = \frac{235}{1.5}\left\{1.0 - 0.4\frac{(5200/50.4)^2}{120^2}\right\}$$
$$= 110 \ \text{N/mm}^2$$
$$f_{b2} = \frac{89000}{l_b h/A_f} = \frac{89000}{5200 \times 600/(200 \times 17)} = 97.0 \ \text{N/mm}^2$$

となる．長期許容曲げ応力度は $f_b = \min\{f_t, \max(f_{b1}, f_{b2})\}$ で，ここでは $f_t = F/1.5 = 156 \ \text{N/mm}^2$ であることから，許容曲げ応力度は $f_b = 110 \ \text{N/mm}^2$ となる．
　一方，梁の作用曲げ応力度は

$$\sigma_b = \frac{M}{Z} = \frac{280 \times 1000 \times 5200/4}{2.48 \times 10^6} = 147 \ \text{N/mm}^2$$

となる．検定比は $\sigma_b/f_b = 147/110 = 1.34$ で NG となる．
　そこで，梁中央に横補剛材を設けることとする．なお，ここでは横補剛材に関する情報（断面や材長）が示されていないため検定は行わないが，補剛剛性および補剛力を式 (9.32)，(9.33) で確認する必要がある．

梁端から梁中央までを横座屈長さ l_b とすると，モーメント修正係数は $C = 1.75$，$l_b = 2600$ mm となることから

$$f_{b1} = \frac{F}{1.5}\left\{1.0 - 0.4\frac{(l_b/{}^*i_y)^2}{C\Lambda^2}\right\} = \frac{235}{1.5}\left\{1.0 - 0.4\frac{(2600/50.4)^2}{1.75 \times 120^2}\right\}$$
$$= 150 \text{ N/mm}^2$$

$$f_{b2} = \frac{89000}{l_b h/A_f} = \frac{89000}{2600 \times 600/(200 \times 17)} = 194 \text{ N/mm}^2$$

$$f_t = \frac{F}{1.5} = 156 \text{ N/mm}^2$$

となる．よって，長期許容曲げ応力度は $f_b = \min\{f_t, \max(f_{b1}, f_{b2})\} = 156$ N/mm^2 となり，検定比は $\sigma_b/f_b = 147/156 = 0.942$ で OK となる．

なお，H–500 × 300 × 11 × 18（実寸の梁せいは 488 mm）に変更すると，横補剛材を設けない場合であっても $f_b = 156$ N/mm$^2 \leq \sigma_b = 130$ N/mm^2 となり OK となる．断面二次モーメント I_x は小さくなるものの，梁せいが小さくなり断面係数 Z が大きくなるため，存在応力 σ_b も小さくなる．そして，広幅フランジとすることで f_b が大きくなることから，横補剛材を設けない場合には，このような断面変更も有効な手段となりうる．

(3) 梁端接合部を設計する際，応力が大きくなる条件として梁長は柱フェイス（柱の梁側フランジ）間長さを 4.8 m とする．また，柱梁接合部による正確な固定度がわからないため，支持条件は接合部にとって厳しくなるように固定支持とする．

溶接サイズは，設問で「できるだけ大きく」と指定されていることから，それぞれ板厚と等しく，フランジ $S = 17$ mm，ウェブ 11 mm とする．なお，梁ウェブが溶接する柱フェイスの板厚および梁フランジが溶接するダイアフラムの板厚はいずれも 19 mm，22 mm であり，厚さは十分に確保されている．フランジは完全溶け込み溶接，ウェブはすみ肉溶接であり，完全溶け込み溶接継目は母材と同等以上の降伏応力度であることから σ_y，すみ肉溶接継目はせん断降伏応力度 τ_y（$= \sigma_y/\sqrt{3}$）となる．

最初に，溶接継目の断面性能を求める．

フランジ：

完全溶け込み溶接であるため，有効のど厚 a はフランジ板厚 t_f であることから，$a = 17$ mm となる．**解図 9.3** に示すように有効長さ l_e はフランジ幅 B（$= 200$ mm）となるものの，上述の完全溶け込み溶接継目とすみ肉溶接継目の降伏応力度の違い（σ_y と τ_y）を考慮して τ_y に換算した l'_e とすると

$$l'_e = 200 \times \frac{f_t}{f_s} = 200 \times \sqrt{3} = 346 \text{ mm}$$

となる．

ウェブ：

すみ肉溶接であるため，有効のど厚 a_w はサイズ $S = 11$ mm より式 (8.9) に代入すると，

$$a_w = 0.7 \times 11 = 7.7 \text{ mm}$$

となる．解図 9.3 に示すように，有効長さ l_e はウェブせい H（$= 600$ mm）から上下フランジの板厚 t_f（$= 17$ mm）および上下のスカラップ高さ 25 mm，始終端の溶接サイ

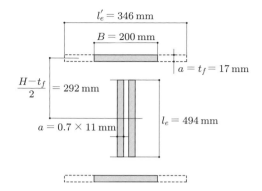

解図 9.3　梁端の溶接継目断面図

ズ S（$= 11$ mm）を差し引くことで求められる.

$$l_e = H - 2t_f - 2r - 2S = 600 - 2 \times 17 - 2 \times 25 - 2 \times 11 = 494 \text{ mm}$$

以上より，溶接継目断面は解図 9.3 となる．溶接継目の断面二次モーメントは

$$I_e = 2 \times \frac{l'_e \cdot t_f^3}{12} + 2 \times t_f \cdot l'_e \cdot \left(\frac{H - t_f}{2}\right)^2 + 2 \times \frac{a_w \cdot l_e^3}{12}$$

$$= 2 \times \frac{346 \times 17^3}{12} + 2 \times 17 \times 346 \times \left(\frac{600 - 17}{2}\right)^2 + 2 \times \frac{7.7 \times 494^3}{12}$$

$$= 1.15 \times 10^9 \text{ mm}^4$$

となる.

　曲げモーメントによるフランジとウェブの溶接継目の応力を算定するためにフランジ端およびウェブ端の断面係数を求めると

$$Z_{ef} = \frac{I_e}{H/2} = \frac{1.15 \times 10^9}{600/2} = 3.83 \times 10^6 \text{ mm}^3$$

$$Z_{ew} = \frac{I_e}{l_e/2} = \frac{1.15 \times 10^9}{494/2} = 4.66 \times 10^6 \text{ mm}^3$$

となる．また，ウェブ部分のすみ肉溶接継目断面積は

$$A_w = \sum a_w \cdot l_e = 2 \times 7.7 \times 494 = 7.61 \times 10^3 \text{ mm}^2$$

となる.

　次に，溶接継目の作用応力を求める.

せん断力：

$$Q = \frac{P}{2} = 140 \text{ kN}$$

曲げモーメント：

　両端固定で中央集中荷重を受ける梁端の曲げモーメントは

$$M = \frac{Pl}{8} = \frac{280 \times 4.8}{8} = 168 \text{ kNm}$$

となる.

フランジの作用応力度：

式 (8.24) より

$$\sigma_M = \frac{M}{Z_{ef}} = \frac{168 \times 10^6}{3.83 \times 10^6} = 43.9 \text{ N/mm}^2$$

となる．

ウェブ作用応力度：

式 (8.27) より

$$\tau_M = \frac{M}{Z_{ew}} = \frac{168 \times 10^6}{4.66 \times 10^6} = 36.1 \text{ N/mm}^2 \quad (曲げモーメント M による)$$

式 (8.26) より

$$\tau_Q = \frac{Q}{\sum a_w \cdot l_e} = \frac{140 \times 10^3}{7.61 \times 10^3} = 18.4 \text{ N/mm}^2 \quad (せん断力 Q による)$$

よって，式 (8.28) より

$$\tau_C = \sqrt{\tau_M^2 + \tau_Q^2} = \sqrt{36.1^2 + 18.4^2} = 40.5 \text{ N/mm}^2$$

となる．

最後に許容応力度を求め，検定する．

許容応力度：

荷重は長期荷重であることから，長期許容応力度を用いる．鋼種は SN400B であることから $F = 235$ N/mm^2，フランジは完全溶け込み溶接であることから $f_t \ (= F/1.5 = 235/1.5) = 156$ N/mm^2，ウェブはすみ肉溶接であることから $f_s \ (= f_t/\sqrt{3} = F/1.5\sqrt{3}) = 90.4$ N/mm^2 となる．

検定：

フランジ（完全溶け込み溶接）：$\sigma_M = 43.9$ N/mm$^2 \leq f_t = 156$ N/mm^2

ウェブ（すみ肉溶接）：$\tau_C = 40.5$ N/mm$^2 \leq f_s = 90.4$ N/mm^2

となり，いずれも OK である．

(4) 最初に，梁継手（柱フェイスから 600 mm）における作用応力度を求める．せん断力は**解図 9.4** (a)，(b) ともに $Q = P/2 = 140$ kN である．曲げモーメントは解図 (a)，(b) のうち，大きいほうの値を採用することとする．

(i) 柱芯–芯間で単純支持の場合：$M_a = 140 \times (0.2 + 0.6) = 112$ kNm

(ii) 柱フェイス間で固定支持の場合：端部曲げモーメントは梁中央と等しく，固定端である梁フェイスから梁継手までは 600 mm であることから，

$$M = \frac{Pl}{8} = \frac{280 \times 4.8}{8} = 168 \text{ kNm}$$

より，

$$M_b = 168 - 140 \times 0.6 = 84 \text{ kNm}$$

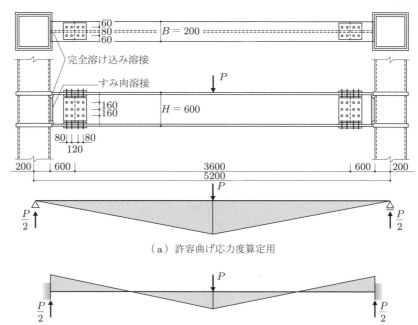

（a）許容曲げ応力度算定用

（b）梁端接合部および梁継手部の応力度検定用

解図 9.4　梁長と材端支持条件の設定

よって，検討すべき作用曲げモーメントは

$$M = \max(M_a, M_b) = 112 \text{ kNm}$$

となる．ここでは 8.5.1 項の梁継手で説明したように，曲げモーメントはフランジとウェブの断面二次モーメントの割合でそれぞれ負担すると仮定する．せん断力はウェブで負担するものとし，さらに継手部重心における曲げモーメントが同時に作用するものとする．

$$M_f = \frac{I_f}{I} M = \frac{5.78 \times 10^8}{7.44 \times 10^8} \times 112 = 87.0 \text{ kNm}$$

$$M_w = \frac{I_w}{I} M = \frac{1.66 \times 10^8}{7.44 \times 10^8} \times 112 = 25.0 \text{ kNm}$$

$$M_w' = M_w + Q \cdot e = 25.0 + 140 \times \frac{0.08 + 0.12}{2} = 39.0 \text{ kNm}$$

フランジに作用する圧縮力は，フランジが負担する曲げモーメントをフランジ中心間距離で除すことで求められる．

$$N_f = \frac{M_f}{h_f} = \frac{87.0}{0.6 - 0.017} = 149 \text{ kN}$$

一つのフランジにはブラケット側と梁側で 4 本ずつのボルトが配置されることから，ボルト 1 本あたりに作用するせん断力は次式となる．

$$N_{f1} = \frac{149}{4} = 37.3 \text{ kN} < 60.3 \quad （表 9.8 の M16 の 2 面摩擦）$$

2 面摩擦接合であることから，M16 ボルトで OK となる．

次に，ウェブに作用するボルトせん断力を求める．ブラケット側と梁側で 6 本ずつのボルトが配置されることから，せん断力 Q によるボルト 1 本あたりの作用せん断力は

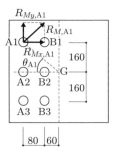

解図 9.5　ボルト接合部

$$R_Q = \frac{Q}{n} = \frac{140}{6} = 23.3 \text{ kN}$$

となる．曲げモーメントによって生じるせん断力を求めるために，**解図 9.5** に示す各ボルトの重心からの距離 r_i を求める．重心 G は縦破線の位置となることから

$$\text{A1, A3：} r_{A1} = r_{A3} = \sqrt{160^2 + 140^2} = 213 \text{ mm}, \quad \text{A2：} r_{A2} = 140 \text{ mm}$$
$$\text{B1, B3：} r_{B1} = r_{B3} = \sqrt{160^2 + 60^2} = 171 \text{ mm}, \quad \text{B2：} r_{B2} = 60 \text{ mm}$$

となる．A1 と A3，B1 と B3 に作用するせん断力はそれぞれ等しいことから，A1，B1 の作用するせん断力を求めることとする．そこで A1，A2，B1，B2 の作用せん断力は

$$R_{M,A1} = \frac{M'_w}{\sum r_i^2} r_{A1} = \frac{39.0 \times 10^3}{2 \times 213^2 + 140^2 + 2 \times 171^2 + 60^2} \times 213 = 48.2 \text{ kN}$$

$$R_{M,A2} = \frac{M'_w}{\sum r_i^2} r_{A2} = \frac{39.0 \times 10^3}{2 \times 213^2 + 140^2 + 2 \times 171^2 + 60^2} \times 140 = 31.7 \text{ kN}$$

$$R_{M,B1} = \frac{M'_w}{\sum r_i^2} r_{B1} = \frac{39.0 \times 10^3}{2 \times 213^2 + 140^2 + 2 \times 171^2 + 60^2} \times 171 = 38.7 \text{ kN}$$

$$R_{M,B2} = \frac{M'_w}{\sum r_i^2} r_{B2} = \frac{39.0 \times 10^3}{2 \times 213^2 + 140^2 + 2 \times 171^2 + 60^2} \times 60 = 13.6 \text{ kN}$$

となることから，もっとも大きいせん断力となる A1 について検定する．なお，曲げモーメントに 10^3 を乗じているのは単位を m から mm としたためである．これを水平方向（x 方向）と鉛直方向（y 方向）に分解すると

$$R_{Mx,A1} = R_{M,A1} \sin\theta = 48.2 \times \frac{160}{213} = 36.1 \text{ kN} \quad (x \text{ 方向})$$

$$R_{My,A1} = R_{M,A1} \cos\theta = 48.2 \times \frac{140}{213} = 31.7 \text{ kN} \quad (y \text{ 方向})$$

よって，合応力は

$$R_{A1} = \sqrt{R_{Mx}^2 + (R_Q + R_{My})^2} = \sqrt{36.1^2 + (23.3 + 31.7)^2} = 65.8 \text{ kN}$$

となる．A1 のボルトに作用する応力度を上回るようにボルトを選定する．

$$R_{A1} = 65.8 \text{ kN} < 94.2 \text{ kN} \quad (\text{表 9.8 の M20 の 2 面摩擦})$$

フランジとウェブに使用するボルト径は同じものなので，M20 とする．

母材ボルト孔欠損部分および添板の検定：

ボルト孔径は 8.3.2 項で説明したとおり，ボルト径に対して +2 mm 以内なので，ここでは 22 mm とする．

ボルト孔により断面欠損した梁の断面二次モーメント，断面係数およびウェブの断面積を求める．圧縮側，引張側ともにボルト孔を控除すると

$$I_e = 6.05 \times 10^8 \text{ mm}^4, \quad Z_e = I_e/(H/2) = 2.02 \times 10^6 \text{ mm}^3$$
$$A_e = 5.50 \times 10^3 \text{ mm}^2$$

となる．よって，梁母材に生じる応力度は

$$\sigma = \frac{M}{Z_e} = \frac{112 \times 10^6}{2.02 \times 10^6} = 55.4 \text{ N/mm}^2 \leq f_t = 156 \text{ N/mm}^2$$
$$\tau = \frac{Q}{A_e} = \frac{140 \times 10^3}{5.50 \times 10^3} = 25.5 \text{ N/mm}^2 \leq f_s = 90.4 \text{ N/mm}^2$$

となり OK である．ボルトによる欠損を考えない添板の断面積は

$$A_{f,p} = 8.64 \times 10^4 > 6.80 \times 10^4 \text{ mm}^2 \quad \text{（梁フランジ断面積）}$$
$$A_{w,p} = 8.64 \times 10^4 > 6.23 \times 10^4 \text{ mm}^2 \quad \text{（梁ウェブ断面積）}$$

より，母材より大きいことから OK である．また，ボルトによる欠損を考えない添板の断面二次モーメントは

$$I_p = 9.10 \times 10^8 > 7.44 \times 10^8 \text{ mm}^4$$

より，母材よりも大きいことから OK である．

参考文献

1) 高梨晃一，福島暁男：基礎からの鉄骨構造，森北出版

2) 橋本篤秀，岡田久志，山田丈富：初めて学ぶ鉄骨構造基礎知識，市ヶ谷出版社

3) （一社）日本鋼構造協会：わかりやすい鉄骨の構造設計，技報堂出版

4) 松井千秋：建築鉄骨構造，オーム社

5) 橋本篤秀 監修：建築構造用鋼材の知識，鋼構造出版

6) 井上一朗，吹田啓一郎：建築鋼構造―その理論と設計，鹿島出版会

7) 日本建築学会：鋼構造許容応力度設計規準（2019）

8) 日本建築学会：鋼構造座屈設計指針（2018）

9) 日本建築学会：鋼構造接合部設計指針（2021）

10) 和泉正哲：建築構造力学 1，培風館

11) 元結正次郎：建築構造力学，市ヶ谷出版社

12) 日本建築学会，土木学会編：1995 年阪神・淡路大震災スライド集，丸善

13) 国土交通省国土技術政策総合研究所，（国研）建築研究所：建築物の構造関係技術基準解説書

14) 高梨晃一，福島暁男：最新鉄骨構造，森北出版

15) 元結正次郎ほか：建築構造，市ヶ谷出版社

16) （一社）日本鉄鋼連盟：鉄骨造建築物の耐震・耐津波安全性と鋼材について

17) AISC: Specification for the Design, Fabrication and Erection of Structural Steel for Buildings, 1969

18) 若林実：鉄骨構造学詳論，丸善

19) 日本建築学会：鋼構造物の座屈に関する諸問題 2022

20) 長柱研究委員会 編：弾性安定要覧，コロナ社

21) 若林實ほか：繰返し軸方向力を受ける部材の弾塑性挙動に関する実験的研究（その 1），（その 2），日本建築学会大会学術講演梗概集，pp. 1315–1316, 1972.10, pp. 971–972, 1973.10

索　引

英数字

Λ　48
λ　41
λ_e　56
ν　28
σ_u　28
σ_y　28
a　114
BCP 材　35
BCR 材　34
C　76
CFT 構造　3
D　92
E　28
f_b　155
F_u　151
F 値　151
G　28
I, I_f, I_y　45, 73, 74
I_w　73
J_T　73
k　93
l_e　114
l_k　48
P-δ 効果　88
RC 構造　3
S　115
SM 材　33
SN 材　33
SRC 構造　3
SS 材　33
STKR 材　32
STK 材　32
T 形断面　75
Y.R.　28

あ行

アーク手溶接　110

アーチ構造　16
厚板　5
圧延鋼材　32
圧縮強度　1
圧縮実験　48
アンカーボルト　134
一般構造用圧延鋼材　33
一般構造用角形鋼管　32
一般構造用炭素鋼鋼管　32
ウェブ継手　119
薄板　5
内ダイアフラム形式　129
埋め込み型柱脚　137
円形鋼管　6, 17
応力振幅　32
大梁　17, 83
帯板形式　55

か行

海溝型地震　145
開先　112
角形鋼管　5, 17
下弦材　86
ガスト影響係数　145
ガセットプレート　23
形鋼　5
硬さ　31
完全固定支持　47
完全溶け込み溶接　112
基準強度　151
基準風速　144
許容圧縮応力度　152
許容せん断応力度　160
許容引張応力度　152
許容曲げ応力度　154
形状係数　67, 148, 178
限界細長比　48
弦材　57

建築基準法　2
建築構造用圧延鋼材　33
建築構造用冷間成形角形鋼管　34
高応力低サイクル疲労　32
剛床仮定　19
控除係数　37
剛性率　173
剛接合形式　127
構造計算規定　2
高層建築物　2
構造特性係数　148, 177
構造骨組用風荷重　144
拘束応力　116
降伏応力度　28
降伏耐力　45
降伏棚　28
降伏比　28
降伏モーメント　66
構面外座屈　60, 85
構面内座屈　60, 85
高力六角ボルト　105
コークス　7
小梁　17, 83
コンクリート充填鋼管構造　3

さ行

最小圧縮応力度　95
最小縁端距離　103
最大圧縮応力度　95
最大荷重　45
最大せん断応力度　71
材端支持条件　48
座屈係数　93
サブマージアーク溶接　111
サン・ブナンねじれ　74, 154
残留応力　48
支圧破壊　103
シェル構造　16

軸組み工法　1
自動溶接　111
絞り　28
シャルピー衝撃試験　31
充腹軸　44
ショア硬さ　31
衝撃　31
上弦材　85
初期不整　48
ジョンソン式　49
振動特性係数　146
水平スティフナー　96
スカラップ　128
筋かい付きラーメン構造　16
スタッド　18
すべり係数　110
すみ肉溶接　113
すみ肉溶接サイズ　115
スラブ　5
製鉄所　3
石炭　4
石灰石　4
設計ボルト張力　106
全強設計　163
線材　5
全塑性状態　20
全塑性モーメント　13, 66
全体崩壊形　20
せん断剛性　55
せん断弾性係数　28
せん断破壊　103
せん断変形　55
銑鉄　4
層間変形角　173
層せん断力　145
層せん断力係数の高さ方向の分布係
　　数　147
層崩壊形　21
素材　57
塑性断面係数　66
塑性ヒンジ　20
塑性変形能力　177
反り変形　85
存在応力設計　162

た行
大空間構造物　3
縦スティフナー　96
短期荷重　142
短期許容応力度　151

単曲率　77
炭酸ガスアーク溶接　111
単純支持　46
弾性限　28
炭素　4, 32
炭素鋼　32
炭素当量　32
単調引張載荷　27
断面係数　66
地域係数　146
地表面粗度区分　145
中間スティフナー　97
中層建築物　2
鋳鉄　8
柱梁接合部パネル　129
長期荷重　141
長期許容応力度　151
超高層建築物　2
直下地震　145
継手応力　123
継目無鋼管　5
低応力高サイクル疲労　32
低層建築物　2
定着長さ　134
鉄筋コンクリート構造　3
鉄鉱石　4
鉄骨製作工場　3
鉄骨鉄筋コンクリート構造　3
通しダイアフラム形式　129
突出部　41
トルシア形高力ボルト　105

な行
内陸型地震　145
ねじれ変形　73
熱間圧延　5
根巻き型柱脚　137
ノンスカラップ　128

は行
バウシンガー効果　30
はさみ板形式　55
はしぬけ破断　103
破断伸び　28
ハニカムビーム　10
幅厚比　93
腹材　60
反曲点　48
半自動溶接　111
比強度　1

非充腹軸　44
ひずみ硬化開始点　28
ビッカース硬さ　31
ピッチ　102
引張強度　1
引張試験　27
引張強さ　28
引張破壊　103
必要保有水平耐力　148, 176
被覆アーク溶接　110
標準ボルト張力　106
標点間距離　27
平鋼　5
ビレット　5
疲労曲線　32
疲労破壊　32
広幅断面　22
ピン接合形式　126
ファブリケーター　3
風力係数　144
複曲率　77
部分溶け込み溶接　113
ブラケット　6
フランジ継手　119
ブリネル硬さ　31
ブルーム　5
平面トラス　25
ベースプレート　135
へりあき破断　103
偏心距離　41
偏心曲げモーメント　40
偏心率　174
辺長比　93
ポアソン比　28
棒材　5
補剛剛性　51, 156
補剛力　51, 156
細長比　41
細幅断面　22
保有水平耐力　148, 177
ボルト群重心　122
ボルト孔　36
ボルト張力　109

ま行
丸棒　6
溝形鋼　6
密度　1
モーメント修正係数　76

や行

屋根構造　16

山形鋼　6

ヤング係数　28

有効カバープレート形式　55

有効断面係数　41

有効断面積　114

有効長さ　114

有効のど厚　114

床スラブ　17

溶接欠陥　117

溶接構造用圧延鋼材　33

溶接変形　116

横曲げ回転変形　85

ら行

ラチス形式　55

ラチス材　57

ラーメン構造　16

立体トラス　25

リベット接合　8

冷間成形　5

冷間成形角形鋼管　32

錬鉄　8

露出型柱脚　133

ロックウェル硬さ　31

わ行

ワグナーの曲げねじれ　74, 154

著者略歴

木村祥裕（きむら・よしひろ）

1995 年　東京工業大学大学院理工学研究科建築学専攻博士課程 修了
　　　　　東京工業大学工学部建築学科 助手
2000 年～2001 年　ワシントン大学土木工学科客員研究員
2004 年　長崎大学工学部構造工学科 助教授
2007 年　同 准教授
2009 年　同 教授
2011 年　東北大学大学院工学研究科都市・建築学専攻 教授
2012 年　東北大学未来科学技術共同研究センター 教授
2019 年　東北大学大学院工学研究科都市・建築学専攻 教授
　　　　　現在に至る
　　　　　博士（工学）
2017 年　日本建築学会賞（論文）受賞
2019 年　文部科学大臣表彰科学技術賞（研究部門）受賞
他多数

建築鋼構造の基礎

2023 年 8 月 31 日　　第 1 版第 1 刷発行

著者　　　木村祥裕

編集担当　藤原祐介（森北出版）
編集責任　富井　晃・福島崇史（森北出版）
組版　　　プレイン
印刷　　　日本制作センター
製本　　　　同

発行者　　森北博巳
発行所　　森北出版株式会社
　　　　　〒102-0071　東京都千代田区富士見 1-4-11
　　　　　03-3265-8342（営業・宣伝マネジメント部）
　　　　　https://www.morikita.co.jp/

MEMO